Trede & Klee · Fußballheimat Hamburg

AF634259

Den Fußballerinnen und Fußballern
der Hansestadt

Broder-Jürgen Trede & Ralf Klee

Fußballheimat Hamburg

100 Orte der Erinnerung

Arete Verlag Hildesheim

Die Autoren

Broder-Jürgen Trede (Jahrgang 1974), aufgewachsen als Pastorensohn auf den Inseln Föhr und Fehmarn, zog 1994 fürs Studium der Sportwissenschaft und Journalistik nach Hamburg, wo er trotz einiger Umzüge (Winterhude, Barmbek, Hoheluft, Winterhude, Volksdorf) Wurzeln schlug und heimisch wurde. Arbeitet als freier Journalist und Hochschuldozent zu Sport, Medien und Geschichte. Lebt das Happelsche Axiom („Ein Tag ohne Fußball ist ein verlorener Tag.") und ist der Sportart spätestens seit seinem ersten Stadionbesuch 1986 (HSV – BVB 4:2 im nasskalten Novemberregen) rettungslos verfallen – aktiv einst als lauf- und kopfballstarker Sechser für Cosmos Nieblum und den SV Fehmarn, mittlerweile beobachtend als Live-Reporter für blinde und sehbehinderte Fernsehzuschauer und Stadionbesucher sowie fürs Vereinsradio beim Hamburger SV.

Ralf Klee (Jahrgang 1973), aufgewachsen auf der Elbinsel Wilhelmsburg, dort einst kompromissloser Verteidiger („ebenso schlagsicher wie zuverlässig") beim ESV Einigkeit und Mitglied des Heimatkundevereins, erweiterte seinen Horizont durch das Studium der Sportwissenschaft und Journalistik in Hamburg. Ab 1994 als Journalist und Autor tätig, forschte nach dem Diplom zur Kulturgeschichte des Sports und seiner Medien. Hat sich dort durch die Entdeckung der ältesten Farbaufnahmen der deutschen Nationalmannschaft (Deutschland – Norwegen 1937 auf Agfacolor) um die Ikonographie der Sportart verdient gemacht. Ferner: Mitarbeit an verschiedenen Expositionen, u.a. Hamburgs Fußball im Nationalsozialismus (2016). Inzwischen im Schuldienst und dort seitdem als „Entwicklungshelfer" tätig und glücklich: „Lehrer ist ein Traumberuf."

Bibliografische Information der Deutschen Nationalbibliothek

Die Deutsche Bibliothek verzeichnet diese Publikation in der Deutschen Nationalbibliografie; detaillierte bibliografische Daten sind im Internet über http://dnb.ddb.de abrufbar.

2., durchgesehene Auflage 2021

© 2020, 2021 Arete Verlag Christian Becker, Elisabethgarten 31, 31135 Hildesheim
www.arete-verlag.de; E-Mail: bestellung@arete-verlag.de

Das Werk und seine Teile sind urheberrechtlich geschützt. Jede Nutzung in anderen als den gesetzlich zugelassenen Fällen bedarf der vorherigen schriftlichen Einwilligung des Verlages. Dies gilt auch und insbesondere für Vervielfältigungen, Übersetzungen, Verfilmungen und die Einspeicherung sowie Datenvorhaltung in elektronischen und digitalen Systemen. Die automatisierte Analyse des Werkes, um daraus Informationen insbesondere über Muster, Trends und Korrelationen gemäß §44b UrhG („Text und Data Mining") zu gewinnen, ist untersagt.

Layout, Satz und Umschlaggestaltung: Composizione Katrin Rampp, Kempten
Titelfoto: Stadtderby FC St. Pauli vs. HSV, Oberliga Nord, 13.2.1960
Redaktionsschluss: 1. November 2020
Grafiken: Matthias Hunger
Druck und Verarbeitung: ScandinavianBook, Neustadt an der Aisch
ISBN: 978-3-96423-038-6

Inhaltsverzeichnis

Vorwort

Moin, liebe Leserinnen und Leser!

Das „Tor zur Welt". Besungen, beliebt, bestaunt. Eine wichtige Drehscheibe des internationalen Handels, aber auch eine bedeutende Kulturmetropole. Jährlich von 7,6 Mio. Touristen angelaufen, Heimathafen für 1,8 Mio. Menschen. Auch fußballerisch hat unsere Stadt einiges zu bieten, wenn auch aktuell kein Verein ihren stolzen Namen mehr in der 1. Bundesliga vertritt. So werden jedes Wochenende auf den Sportplätzen zwischen Wohldorf und Kirchwerder, Rissen und Altengamme unzählige Geschichten geschrieben. Große und kleine. Dramen und Komödien. Rapper gründen Vereine, zwei Wilhelmsburger Schwestern werden über Nacht afghanische Nationalspielerinnen. Und, und, und ... Zu viel für ein Buch.

Schon ein flüchtiger Blick zurück lässt den unfassbaren Fußball-Anekdoten-Schatz der Stadt erahnen. Hamburg hat bei der Entwicklung des Spiels in Deutschland von Beginn an eine führende Rolle gespielt. Frühe Vereins- und Verbandsgründungen lassen sich hier verorten, die Namen der Sportanlagen hatten über die Stadtgrenzen hinaus einen guten Klang. Manche sind inzwischen spurlos verschwunden; die Verfasser haben es Mitte der 1990er-Jahre als Studenten am Beispiel des HSV-Sportplatzes am Rothenbaum vis-à-vis des Uni-Campus hautnah miterlebt. Eine ähnlich dramatische Veränderung der Hamburger Fußballlandschaft ist gegenwärtig zu beobachten: Manche Plätze werden überbaut, andere modernisiert und verlieren ihr ursprüngliches Gesicht. Der Kunstrasen breitet sich aus, der einst verhasste Grandplatz wird zur Rarität und steht auf der roten Liste. Auch der Blick in Klubhaus und Kabine lässt ein bisschen sentimental werden: Wo sind die kömbefleckten Tresen aus dunklem Echtholz geblieben? Wo die gusseisernen Spülkästen? Was ist mit dem Geruch von Franzbranntwein und Früchtetee in schlecht belüfteten Umkleiden? Nicht alles ist weg. Einige der nostalgischen Orte gibt es noch immer. Doch wie lange noch?

Für uns war die Arbeit an diesem Buch eine spannende Reise durch die (Wahl-)Heimat. Verrückt und faszinierend, was sich manchmal nur wenige Meter abseits der üblichen Wege entdecken lässt. Wir empfehlen: Unbedingt nachmachen! Und wir hoffen, einen Wegweiser für solche schönen Erfahrungen und kleinen Alltagsfluchten zu liefern. Hin zu Orten, an denen man den Fußball spüren und bestaunen kann, vielleicht ja mit einer Bratwurst in der einen und einem Kaltgetränk in der anderen Hand, um dabei dann zu denken: Was für ein großartiges Spiel! Was für eine grandiose Stadt!

Johanneum (historisch)

Die Bulldoggen der Gelehrtenschule

Nachdem im Jahr 2005 am Speersort die Reste der legendären Hammaburg freigelegt wurden, hatte sich das Museum für Archäologie etwas Besonderes ausgedacht: Die Installierung einer modernen Informationsstele, „Archäoskop“ genannt. Mit dessen Hilfe sollen Interessierte einen Einblick in die Geschichte des Ortes bekommen. Ein Film lässt sich abspielen, der sich ausführlich mit der Hammaburg beschäftigt, für das Johanneum aber, das später an gleicher Stelle stand, nur einen Satz übrig hat.

Dabei war die renommierte Anstalt auch eine Keimzelle, nämlich für die Bildung und den Fußballsport. In der 1529 vom Reformator Johannes Bugenhagen gegründeten „Gelehrtenschule des Johanneums“ wehte früh der Geist des Humanismus. Die Anstalt wurde zur bevorzugten Schule der Hamburger Patrizierfamilien. Deren Söhne sollten die bestmögliche Ausbildung erhalten, mit viel Raum zum freien Denken und Forschen. 1876 wagte man sich an ein besonderes Experiment: Waren die Schüler bereit, sich auf ein englisches Spiel einzulassen, das individuelle Kreativität und Teamfähigkeit fördert? Wenn überhaupt, dann doch wohl hier in Hamburg, der englischsten Stadt des Kontinents. Die Schule erarbeitete ein zweiseitiges Regelwerk für „Foot-Ball“. Rugby und Fußball waren darin allerdings noch nicht vollständig voneinander getrennt: „Der Ball darf mit der Hand aufgehalten, aber unter allen Umständen nur mit dem Fuß weitergetrieben werden.“ Kurios: die Unterteilung der Spieler in „Goalkeeper“, „leichte Brigade“ und „Bulldoggen“. Ging ein Ball ins Toraus, durfte man dem Leder hinterherrennen, um das Besitzrecht zu klären. Es gab dann entweder Abschlag vom Tor oder einen „free place kick“ an dem Ort, an dem der Ball die Linie ins Aus überquert hatte – die Ecke war noch nicht erfunden.

Eine jener Bulldoggen war Franz Ferdinand Eiffe, der berichtete: „1876–78 besuchte ich das Johanneum. Hier machten wir die ersten Versuche mit dem Fußball auf dem Klassenhofe am Speersort. Da aber zu viele Fensterscheiben dran glauben mussten, verlegten wir den Schauplatz an die Moorweide.“ Verlegt wurde 1914 auch die komplette Lehranstalt – nach Winterhude, wo bis heute unterrichtet wird. Das alte Gebäude am Domplatz fungierte fortan als Staatsbibliothek, bis es 1943 bei einem Luftangriff zerstört wurde.

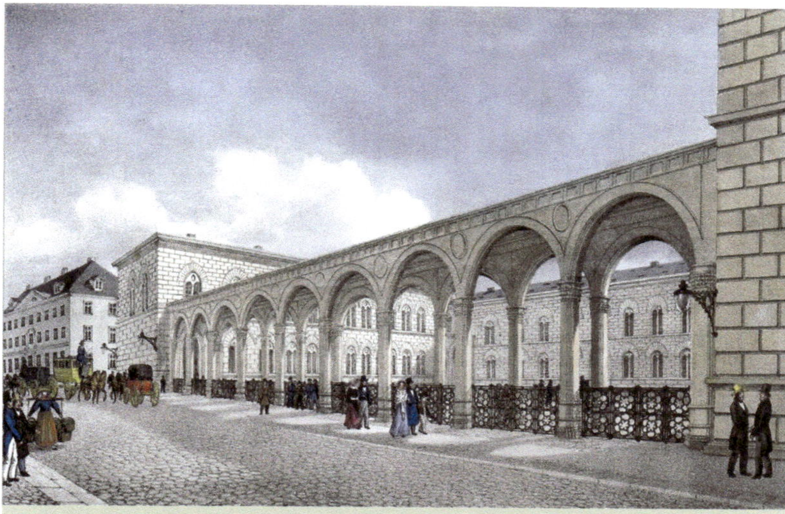

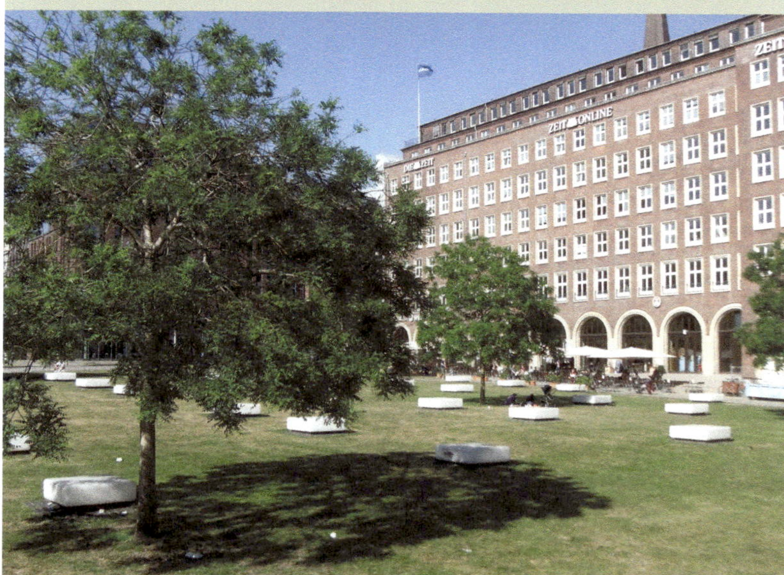

HARTE 4 FAKTEN

Adresse: Domplatz (Domstraße/Speersort), 20095 Hamburg

Johanneum heute: Maria-Louisen-Straße 114 (Winterhude)

Domplatz-Relikt: Bugenhagen-Denkmal auf dem Schulhof

Ehemalige Schüler: zwölf spätere Bürgermeister, Ralph Giordano, Tobias Hauke, Heinrich Hertz, Walter Jens, Wolfgang Petersen, Gottfried Semper, Peer Steinbrück

Textilhaus Peter Holm (historisch)

Märchenclub mit Bettbezug

Fußballverrückte mit hochtrabenden Visionen hat es viele gegeben. Albert Goetz war zweifellos einer von ihnen. Der Unternehmer führte zu Beginn der 1950er-Jahre die Textilhaus-Kette „Betten-Holm", deren Hauptgeschäft in der Mönckebergstraße lag. Die tägliche Arbeit mit Gardinen, Teppichen und Lattenrosten füllten den erfolgreichen Selfmademan jedoch nicht aus. Goetz wandte sich dem eigenen Firmensportverein zu und engagierte für sein Unternehmen eine Reihe namhafter Fußballspieler wie Jupp Posipal, Alfred Beck oder Dieter Seeler. Es wurde nach dem Credo eingestellt: „Wichtig ist das Schussbein, alles Kaufmännische kann man lernen." Mit dieser Strategie beherrschte der „SC Holm" den Hamburger Betriebssport. Nachdem am 9. August 1952 in einem Freundschaftsspiel sogar der HSV mit 4:3 besiegt wurde, träumte Goetz vom ganz großen Fußball – im DFB.

Er fusionierte dazu mit dem kriselnden Ottensener SV 07 zum neuen „FC Grün-Weiß" und trickste so den Hamburger Fußball-Verband aus, der eine Aufnahme der Firmensportler verhindern wollte. Goetz, der sich gerne in amerikanischen Straßenkreuzern präsentierte, ließ daraufhin an der Niendorfer Kollaustraße eine Sportanlage mit „zwei billardglatten Fußballplätzen mit englischer Rasensaat" errichten, dazu mehrere Tennisplätze und ein Clubhaus mit „Bar, Gesellschaftsraum, Sitzungssaal, Fechtsaal, Duschräumen, Freiterrasse und Fernsehapparat". Sportlich gelang binnen drei Jahren der Durchmarsch in die zweithöchste Spielklasse. Die Konkurrenz erblasste vor Neid, der Fußballfreund staunte: „An den Fußball-Stammtischen in den Hamburger Vereinskaten zählt man sich derweil an den Bierdeckeln ab, dass der grünweiße Märchenclub, der sich bislang noch mit der Fußball-Plebs der unteren Klassen herumschlagen muss, 1957 Deutscher Fußballmeister werden kann", schrieb der Spiegel 1954.

So weit kam es bekanntlich dann doch nicht. Albert Goetz, dem Ligatabellen irgendwann wichtiger als Bilanzen waren, musste 1957 den Bankrott der Firma verkünden. Sein Verein hielt sich noch bis 1962 im Amateuroberhaus, ehe es auf der Ligaleiter steil bergab ging. 1976 fusionierte man mit dem Nachbarn Eimsbütteler SV zum ESV Grün-Weiß, der vor allem auf Nachwuchsarbeit setzt.

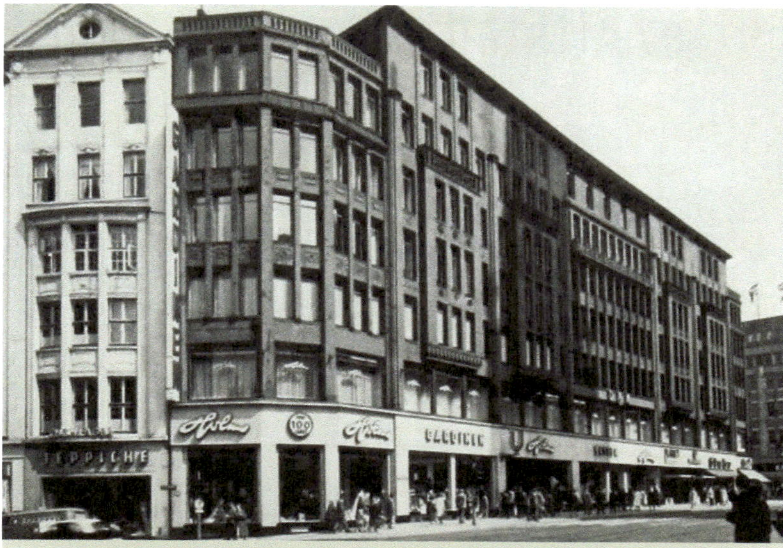

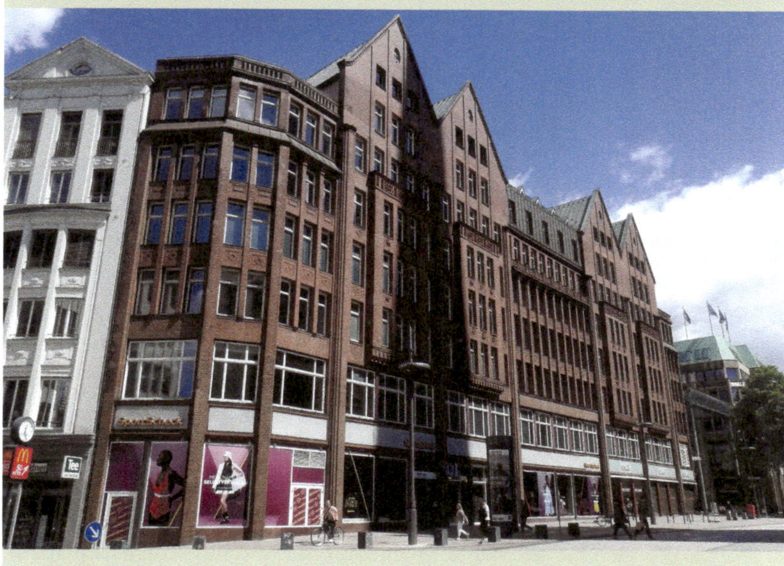

HARTE 4 FAKTEN

Adresse: Mönckebergstraße 18, 20095 Hamburg

heute: Filiale des Sportartikel-Händlers SportScheck

Luftschloss: „32.000-Mann-Stadion“ an der Kollaustraße

heute: Trainings- und Nachwuchsleistungszentrum des FC St. Pauli („Welcome to the Hell of St. Pauli“)

Rathaus und Rathausmarkt

Der Traum von Balkonien

Das 1897 fertiggestellte Rathaus ist ein wahrer Prachtbau. Von außen gibt ihm Wünschelburger Sandstein sein Gepräge, innen künden monumentale Gemälde und gediegenes Mobiliar vom Stolz und Reichtum der hanseatischen Kaufleute, der „Pfeffersäcke". 647 Räume hat es und ist damit, wenn man so will, das mit Abstand größte „Klubheim" der Stadt, schließlich ist hier seit dem Jahr 2000 der Rathauskicker e.V., die Auswahl der Bürgerschaft und Verwaltung, zu Hause. Schon häufig wurden neben Staatsoberhäuptern, Königen und Kaisern auch die Herrscher des grünen Rasens standesgemäß empfangen.

So begrüßte 1928 Bürgermeister Carl Petersen in vollem Ornat die HSV-Mannschaft nach dem Gewinn der Deutschen Meisterschaft. Das Hamburger Mittagsblatt betonte: „Schlanke, sehnige Sportgestalten waren es, die der Senat (…) ehren wollte. Es ist das erste Mal, dass unsere Vaterstadt dem Sport eine Anerkennung bringt." Es blieb nicht die letzte: 1938 wurde die Nordmarkauswahl als frischgebackener Pokalsieger empfangen, 1960, 1979 und 1982 wieder der HSV, nach dessen Meisterschaftstriumphen. Unvergessen dabei der Auftritt von Kapitän Horst Hrubesch, dessen Version von „Kling-Glöckchen" zwar keinen Plattenvertrag zur Folge hatte, wohl aber die 30.000 Fans auf dem Rathausmarkt und Bürgermeister Klaus von Dohnanyi zum Mitsingen animierte. Auch enthusiastische „Uwe, Uwe"-Rufe hallten mehrfach durch die ehrwürdigen Gemäuer: 1960, als Seelers Wahl zu Deutschlands bestem Fußballer im Ratsweinkeller zünftig begossen wurde. 1996, als er hier seinen 60. Geburtstag feierte. Und 2003, als er zum 30. Ehrenbürger der Stadt ernannt wurde.

Auf „Balkonien" indes war fußballmäßig schon lange nichts mehr los. St. Pauli feierte seine Aufstiege lieber auf dem Kiez. Und die letzten HSVer, die die begehrteste Präsentationsfläche der Stadt entern durften, waren die Handballer nach ihrem Gewinn der Meisterschaft (2011) und der Champions League (2013). Vielleicht hilft da ein Blick auf die Phoenix-Skulptur am Rathausturm. Sie erinnert an den großen Brand von 1842 mit der lateinischen Parole: „Resurgam". Ich werde wiederauferstehen. Also: Auf, ihr Männer!

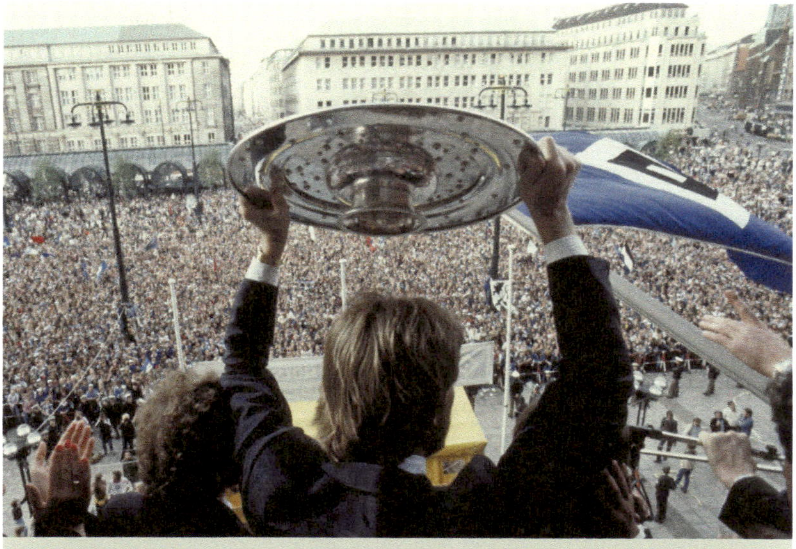

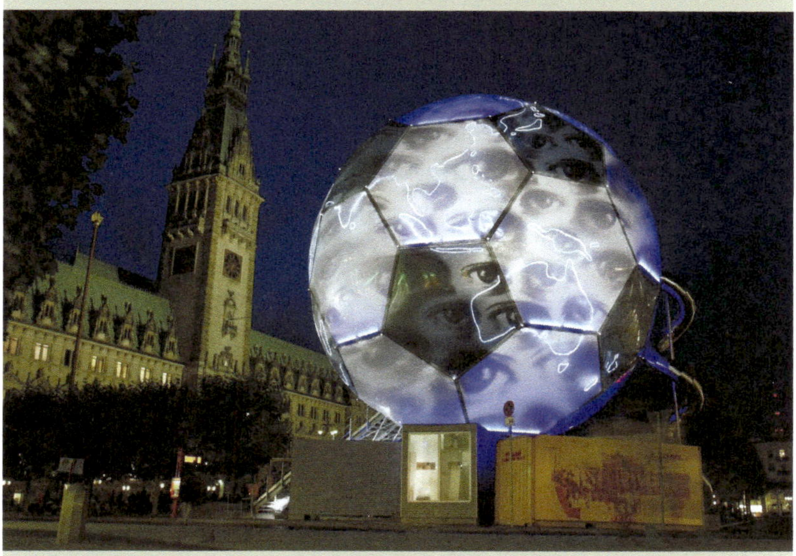

HARTE 4 FAKTEN

Adresse: Rathausmarkt 1, 20095 Hamburg

Blankpoliert: „Glanz und Gloria des HSV" (23.3. – 13.4.1995)

Kultiviert: André Hellers WM-Globus (31.8. – 8.11.2004)

Recherchiert: „Hamburger Fußball im Nationalsozialismus" (14.1. – 7.2.2016)

Bierlokal Tucherbräu (historisch)

Auf der Suche nach dem Urstoff

Das Tucherbräu lag ideal. Im Herzen der Stadt, mit Blick auf die Alster. Wenn man denn nach draußen blickte, denn innen tobte das Leben. In der oberen Etage seines Etablissements hatte Gastwirt Georg Spieker den „schönsten Billardsalon Hamburgs“ eingerichtet. Im unteren Teil spielte zu festen Zeiten die Kapelle Cylarius, und natürlich gab es in der Brauereihauptstadt Hamburg auch Bier. Hier setzte der patente Wirt auf auswärtige Spezialitäten und bot das namensgebende bayrische Tucherbräu, den Tucherbock und den „sudetendeutschen Saazer Urstoff“ an.

Das Lokal wurde schnell zu einem beliebten Treffpunkt, in den auch Vertreter der neuen Sportbewegung einkehrten. So fand im Jahre 1904 im Tucherbräu ein Fechtturnier statt und auch die Siegerehrung des großen 50-Kilometer-Radrennens wurde hier abgehalten. Am frühen Morgen des 15. April 1905 kamen Fußballfunktionäre aus ganz Norddeutschland im Tucherbräu zusammen, wenn auch nicht ganz freiwillig. Der DFB hatte die vielen Kleinverbände dazu gedrängt, sich doch endlich unter einem größeren Dach zusammenzufinden. Die fußballsportliche Kleinstaaterei schade der Bewegung. Nach einem „zwanglosen Beisammensein“ beantragte Johannes Runge aus Braunschweig, als Leichtathlet im Jahr zuvor Olympiateilnehmer in St. Louis, gleich zu Beginn der Sitzung „schon jetzt die Gründung vorzunehmen“. Niemandem war an großen Debatten gelegen, und so brachte man die lästigen Formalitäten rasch hinter sich und wählte Heinrich Thran vom SV St. Georg zum 1. Vorsitzenden des neuen „Norddeutschen Fußball-Verbandes“. Danach wurde kurz über inhaltliche Fragen geplaudert und sich schlussendlich auf die Suche nach dem Urstoff gemacht.

Der Akt im Tucherbräu war folgenschwer. Es gab nun einen großen regionalen Flächenverband im Norden als Zusammenschluss der Verbände Hamburg-Altona, Bremen, Hannover, Herzogthum Braunschweig, Kiel und Mecklenburg. In den regionalen Zeitungen war nichts davon zu lesen, stattdessen berichteten die Blätter ausführlich von der Internationalen Katzenschau im Hamburger Velodrom. Die Lobby von Padischah, einem „mächtigen Perserkater“ und Dodo, einem „afrikanischen Masken-Angorakater von altem Adel“ war einfach größer.

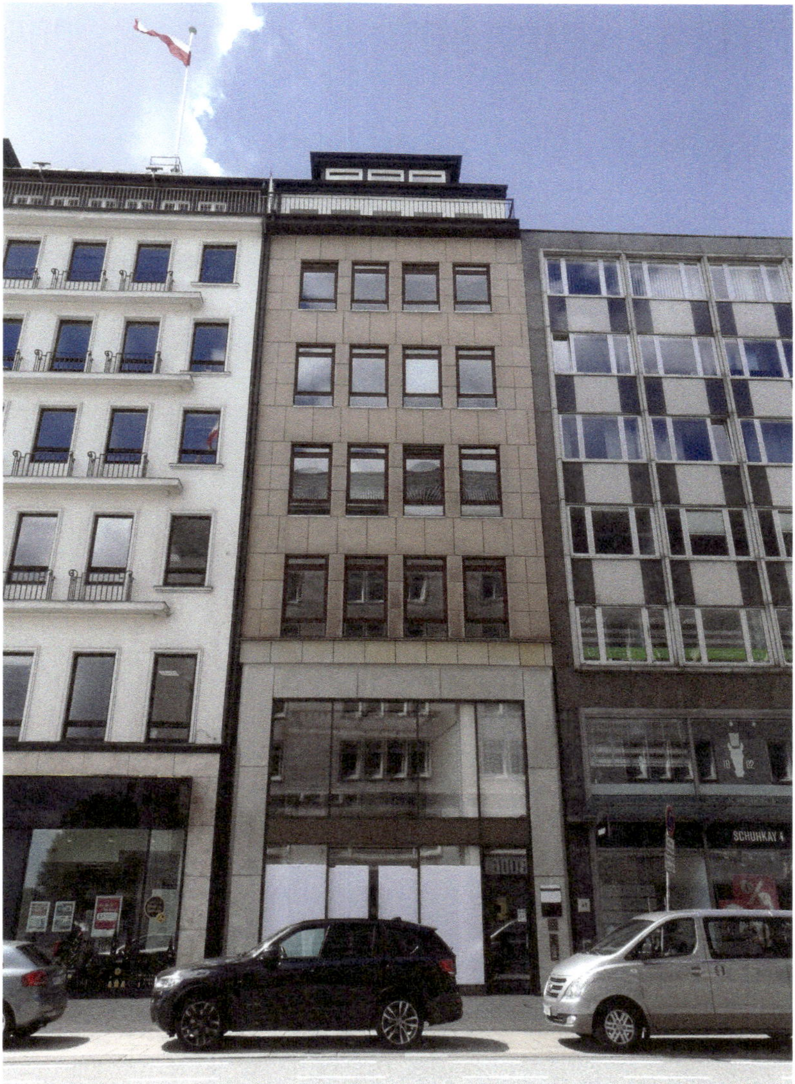

HARTE **4** FAKTEN

Adresse: Jungfernstieg 40, 20354 Hamburg

NFV-Vereine 1905/2020: 44/3.744

Rekordmann: Eduard Wolpers (53 NFV-Auswahlspiele)

99 Jahre Hamburg: Geschäftsstellen u. a. im Ballinhaus (ab 1924) und Haus des Sports (bis 2004), seither: Weserstadion

Streit's Hotel (historisch)

Einigkeit im Streit's

Das Lied der Deutschen – es ist von ganz besonderer Geschichte und Wirkungskraft. Spielt man es mit Streichinstrumenten, berührt einen die Melodie Haydns sanft melancholisch. Spielt man es mit dem Blech eines Orchesters, droht mancher vor Stolz zu platzen. Im Text spiegelt sich die Sehnsucht nach einem deutschen Einheitsstaat, der die Flickschusterei der Fürstentümer und deren Gesetzgebung beiseite wischt. Einigkeit. Recht. Freiheit. Später haben politische Extremisten das Lied vereinnahmt, umgedeutet und missbraucht. Seitdem spielt man es mit Bedacht und nur noch selten. Jüngere Generationen kommen meist über den Sport mit der Nationalhymne in Berührung, wie bei Olympischen Spielen oder vor Partien der Fußball-Nationalmannschaft. Wer die Hymne einmal live im Stadion gehört hat, weiß um ihre Wirkung – im Positiven wie im Negativen.

Die erste öffentliche Aufführung der Hymne fand am 5. Oktober 1841 in Hamburg statt. Der liberale Politiker Karl Welker logierte im Streit's Hotel, als ihm abends um 22:30 Uhr von der „Hamburger Liedertafel" und der „Hamburger Turnerschaft von 1816" ein Ständchen gesungen wurde – „bei Fackelschein und mit Hornmusik" des Hamburger Bürgermilitärs. August Heinrich Hoffmann von Fallersleben selbst, der die Worte zu den Noten ersann, war als ergriffener Augen- und Ohrenzeuge zugegen.

Im folgenden Jahr musste der Prachtbau am Jungfernstieg während des großen Hamburger Brandes mit 500 Pfund Schwarzpulver gesprengt werden, um die Ausbreitung des Feuers zu verhindern. Der Wiederaufbau des Nobel-Hotels gelang, und es wurde viele Jahre später mehrfach vom Fußball für repräsentative Zwecke genutzt. So trafen sich dort 1938 nach dem Städtespiel Hamburg gegen Berlin Funktionäre und Sportler zum gemeinsamen Bankett. Laut Menükarte wurde exquisit getafelt und legierte Spargelsuppe, gebackene Seezunge mit Kartoffelsalat und Ochsenfilet gespickt mit Pommes Dauphin kredenzt. Wer noch Platz hatte, der bekam die Eisbombe mit Waffeln und etwas Kaffee serviert. Ordinärer Hamburger Köm war zwar nicht aufgeführt, dennoch dürfte für Vadder Seeler abseits des Protokolls noch ein „Lütter" dringewesen sein. Man war ja im Streit's.

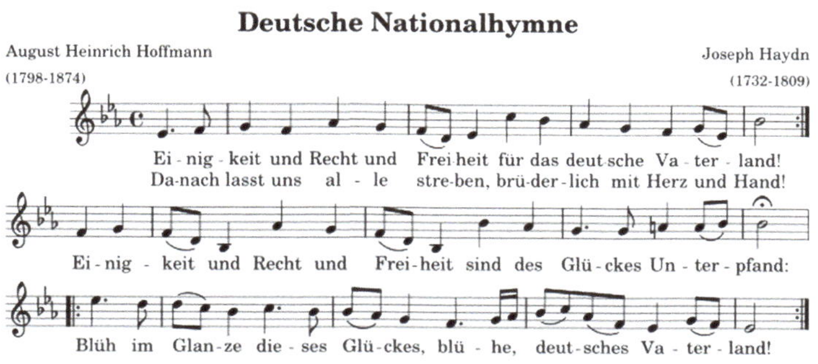

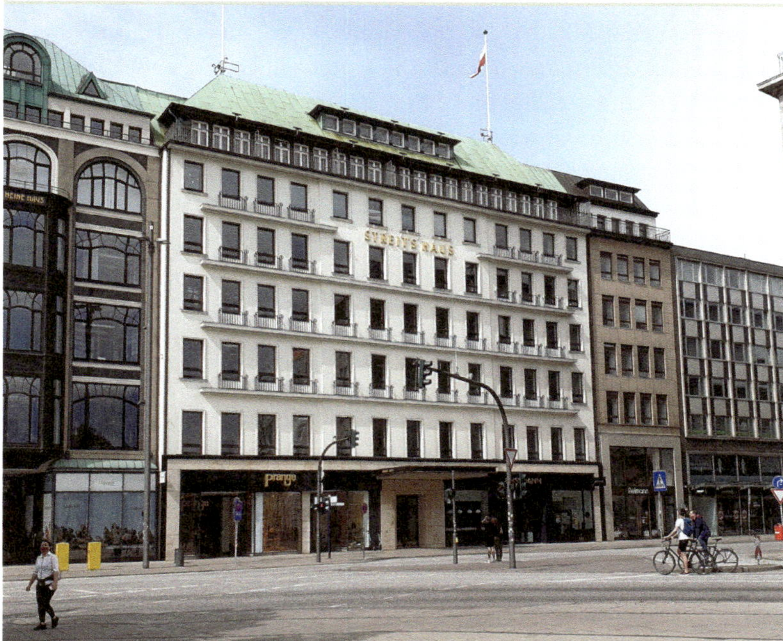

HARTE **4** FAKTEN

Adresse: Jungfernstieg 38, 20354 Hamburg

Umbau: in den 1950er-Jahren zum Kontorhaus

Streit's Filmtheater: Legendäres Premierenkino (1956–2013)

Offizielle Hymne: ab 1922 (auf Erlass von Reichspräsident Friedrich Ebert) bis 1945 und wieder seit 1952

Axel-Springer-Haus

Europas Nummer 1

24.2.1988 – ein publizistischer Paukenschlag aus Hamburg: An diesem Tag kam die erste Ausgabe an die Kioske. Der Beginn einer neuen Zeitrechnung: Der Mittwoch ist seither „Sport Bild-Tag". Einführungs(kampf)preis: 30 Pfennige, danach eine Mark. Erster Titelheld: Kolumnist Udo Lattek, ein echter Lautsprecher. Seine Zeile: „Jetzt schreibe ich!" Oha!

Ein neuer, forsch auftretender Akteur im Kampf um Spiel- und Marktanteile auf dem Fußballfeld. Denn auch wenn „Sport" auf dem neuen Baby der „Bild"-Familie draufstand, so war doch vor allem eines drin: Fußball, Fußball, Fußball. Und ein bisschen bunter Rest. Zu Olympia auch mal ein bisschen mehr. Die Print-Konkurrenz jedenfalls horchte auf, allen voran der traditionell am Montag und Donnerstag erscheinende „kicker", in dessen Phalanx da so offensiv reingerätscht wurde. Doch auch die etablierten Springer-Schreiber hatten einen neuen Rivalen bekommen. Im Hamburger Verlagshaus was das gut sichtbar: durch eine strikte personelle und vor allem räumliche Trennung der Redaktionen. Die Leser honorierten die neue Auswahl. „Sport Bild" punktete nicht nur mit frischer Optik, sondern auch mit Inhalt: gut recherchierten und von der hauseigenen Dokumentation geprüften Hintergrundgeschichten, aber natürlich auch regelmäßig mit boulevardtypischer Zuspitzung. Auch mal einen raushauen!

Am 6.2.2019 erschien die 1592. und letzte in Hamburg produzierte Ausgabe. Überstieg die Auflage zu Hochzeiten Mitte der 1990er-Jahre mehrfach die Millionen-Marke, werden aktuell nur noch knapp 200.000 Hefte verkauft. Die Reichweite beträgt 4,25 Mio. Leser (IVW 3/2020). Damit ist „Sport Bild" zwar noch immer „Europas Nummer 1", doch der Leser- und Abonnentenschwund folgt dem Trend und ist dramatisch. Springer bündelte seine Kräfte deshalb im „Kompetenzcenter Sport" und verlegte den Hauptsitz der Redaktion nach Berlin, wo „Sport Bild" und „Bild-Sport" seither eng zusammenarbeiten. Das Motto lautet „digital first" – wie in fast allen Medienhäusern. Nachrichten werden sofort online gestellt, der Zeitschrift bleiben die Kontexte und Bewertungen des Geschehenen. „Print ist noch nicht tot" – daran glaubt die Redaktion. Und vielleicht auch Sie, schließlich halten Sie ja ein Buch in Händen.

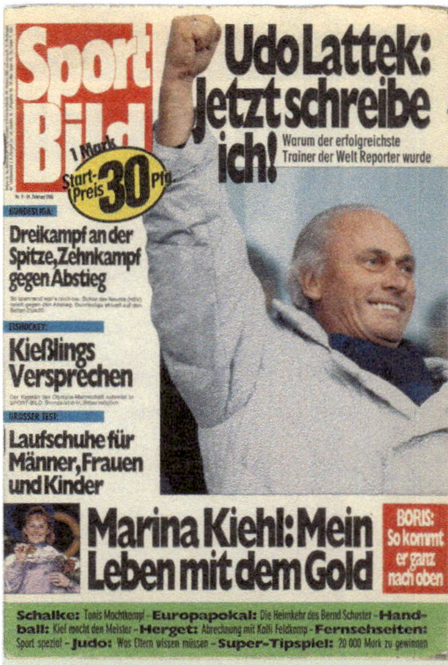

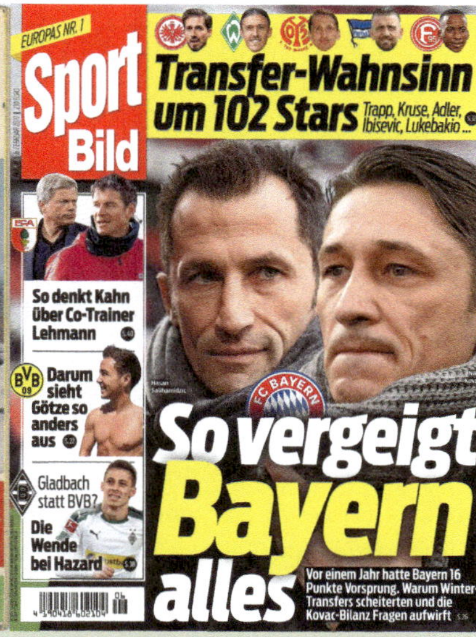

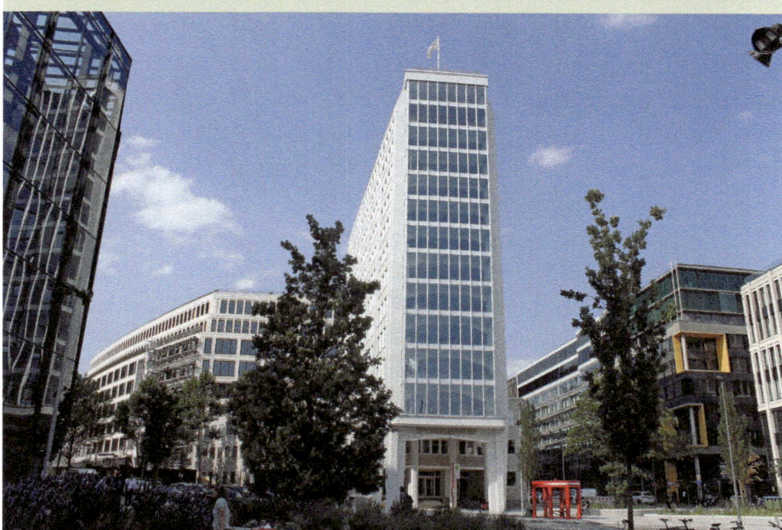

HARTE 4 FAKTEN

Adresse: Axel-Springer-Platz 1, 20355 Hamburg

(Axel) Caesars Palace: Verlagshauptsitz 1956–67

Baader-Meinhof: RAF-Bombenanschlag, 17 Verletzte (19.5.1972)

Uns Uwe: Seeler-Ausstellung in der Axel-Springer-Passage, 20.000 Besucher (16.11. – 16.12.2001)

Mitte/Neustadt 007

Schlachterei Miller (historisch)

Als es um die Wurst ging

„Nein, das Stadion am Millerntor ist nicht nach Karl Miller, einem der Urgesteine des FC St. Pauli benannt, wie man ungeprüft vermuten könnte“, witzelt St.-Pauli-Kenner Hermann Schmidt in seinem Buch über „Männer, Mythen und Malheure“ des Kiezklubs. Seinen Namen verdankt die bekannte Spielstätte vielmehr dem früheren westlichen Stadttor der Hansestadt. Davon erhalten ist heute nur noch das klassizistische Wachhäuschen von 1819 (Millerntordamm 2).

Miller (1913–1967), Rekordnationalspieler seines Klubs, hätte die Würdigung durchaus verdient gehabt. Der gelernte Metzger, ein schlagsicherer wie schlagfertiger Verteidiger, hatte das Herz am rechten Fleck, war Kumpeltyp, Kapitän und Kiez-Original. Mit seinem Namen ist die goldene Epoche des Vereins untrennbar verbunden. Die Erfolgsformel lautete: Kontakte und Koteletts. Und das kam so: Mit Beginn des Zweiten Weltkriegs wurde Miller als Soldat nach Dresden abkommandiert und holte als Gastspieler mit dem dortigen SC zweimal den deutschen Pokal. Nach dem Krieg gelang es ihm, etliche Mitspieler sowie Top-Kicker aus Berlin – darunter die DFB-Nationalspieler Appel, Dzur, Hempel und Schön – nach Hamburg zu locken. Sein unschlagbares Argument: eine Kalorienprämie. Das Schlaraffenland: die Schlachterei seines Vaters Karl Miller senior. Hier wurden die hungrigen „Fleischlegionäre“ nicht nur mit Suppe, Sülze und Schinken gespickt, sondern jahrelang auch die Mannschaftsbesprechungen abgehalten – Schlachtpläne für das Zerlegen des Gegners. Das funktionierte vortrefflich. Mit der Kraft aus den Millerschen Wurstkesseln, aber auch dank der Unterstützung eines weiteren „Magen-Mäzenaten“, Vorstandsmitglied und Geflügelkönig Richard Sump, gelangen in den Nachkriegsjahren sportliche Höhenflüge. Die „Wunderelf“ spielte den technisch vielleicht besten Fußball Deutschlands, schaffte es viermal in Folge in die DM-Endrunde, 1948 bis ins Halbfinale.

Das Ladengeschäft am Großneumarkt existiert noch immer. Doch Millers Knackwürste sind längst verzehrt, eine deftige Schlachterplatte kann man hier nicht mehr ergattern. Es geht mittlerweile filigraner zu. Feilgeboten werden japanische Wohn- und Küchenaccessoires wie Sojasoßen-Schälchen und Essstäbchen.

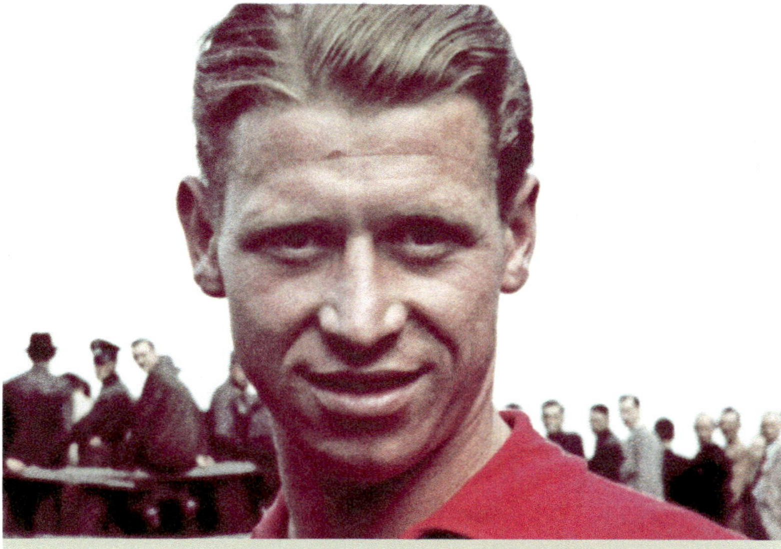

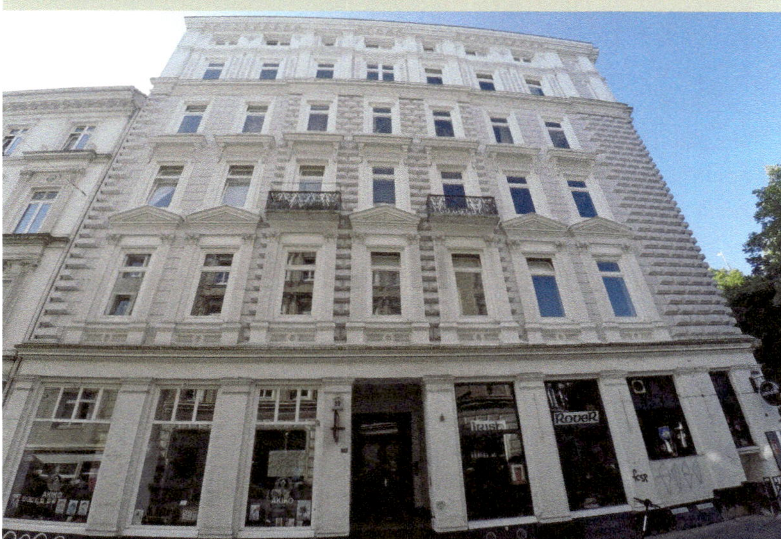

HARTE 4 FAKTEN

Adresse: Wexstraße 39, 20335 Hamburg

Wunder-Elf (u. a.): Appel, Dzur, Hempel, Machate, Schaffer

DFB-Elf: Miller (12x), Beck (1x), Porges (1x), Rahn (2x)

Jahrhundert-Elf: Thomforde – Trulsen, Frosch, Miller, Dammann – Mazingu-Dinzey, Meggle, Gronau, Stender – Osterhoff, Gerber

Hotel Mau (heute: Novum Hotel)

Glückszahlen

Das exakte Gründungsdatum des FC St. Pauli war fast 100 Jahre lang ein Mysterium. 1862 wurde der „Hamburg-St.-Pauli-Turnverein" aus der Taufe gehoben, in dem sich 1896 eine Spielabteilung gründete, in der wiederum ab 1899 auch gekickt wurde. Auf der Jahreshauptversammlung Ende 2008 einigten sich die Mitglieder darauf, dass in der Vereinssatzung fortan der 15.5.1910 als Geburtstag festgeschrieben sein möge – jener Tag also, an dem die Fußballsparte des Turnvereins dem Norddeutschen Fußballverband beigetreten sein soll. Der 5.5.1924 hätte durchaus auch getaugt, schließlich erhielten St. Paulis Fußballer an diesem Datum, als man die „reinliche Scheidung" von den Turnern vollzog, ihre Eigenständigkeit. Im Hotel Mau fand die Gründungsversammlung statt, auf der die Mitglieder den Kaufmann Henry Rehder zum ersten Präsidenten wählten.

Gut drei Jahrzehnte später wurde an gleicher Stelle ein anderer Zahlensalat sofort eindeutig sortiert: Am 9. Oktober 1955 um 16 Uhr schlug unter streng notarieller Aufsicht im Hotel Mau die Geburtsstunde des heutigen Zahlenlottos mit der Spielformel „6 aus 49". Als Losfee fungierte das Hamburger Waisenkind Elvira Hahn. Die Zwölfjährige („Wir mussten saubere Kniestrümpfe, Sandalen und einen Rock anziehen") fischte aus dem Ziehungsrad als erste Plexiglaskugel ausgerechnet die „13" – ein Raunen ging durch den Saal. Ein Dreivierteljahr lang assistierte Hahn damals Fortuna. Als Gage für den Sonntagsdienst gab es eine Tasse Kakao und ein Stück Kuchen, mitunter auch Geschenke dankbarer Gewinner – von einem Ehepaar etwa ein Sparbuch mit mehr als 1.000 DM. Sechs Richtige hatte am ersten Ziehungstag noch kein Spieler. Das passierte erst am 13.11.1955 und zwar gleich dreifach. Jeder Spieler erhielt damals knapp 60.000 DM. Zum ersten Lotto-Millionär wurde am 2. September 1956 ein Glückspilz aus Bremen.

Knapp zehn Jahre nach der Lotto-Premiere übertrug die ARD am 4.9.1965 die Ziehung dann zum ersten Mal live im Fernsehen. Seit Mitte 2013 lässt sich das Losverfahren nur noch im Internet verfolgen, präsentiert von Franziska Reichenbacher. Sie sagt: „Die Magie der Ziehung ist zwar verloren gegangen, doch die Faszination der Zahlen ist ungebrochen."

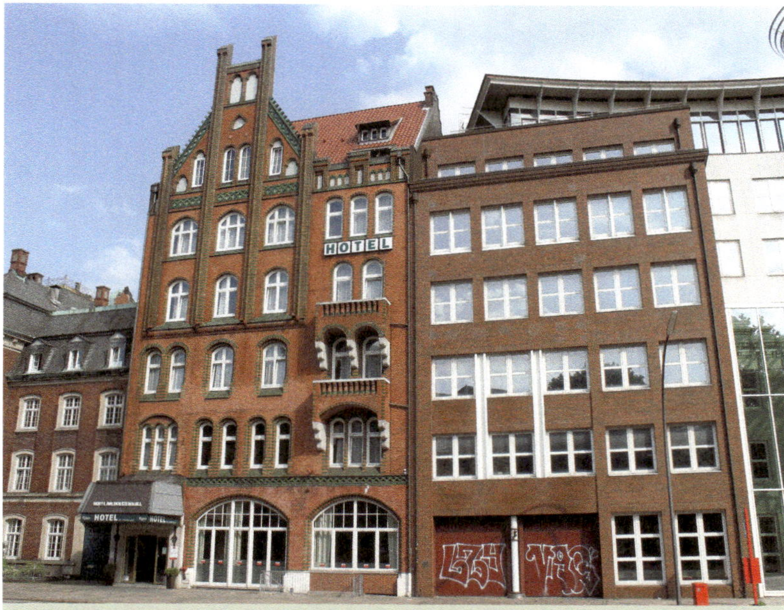

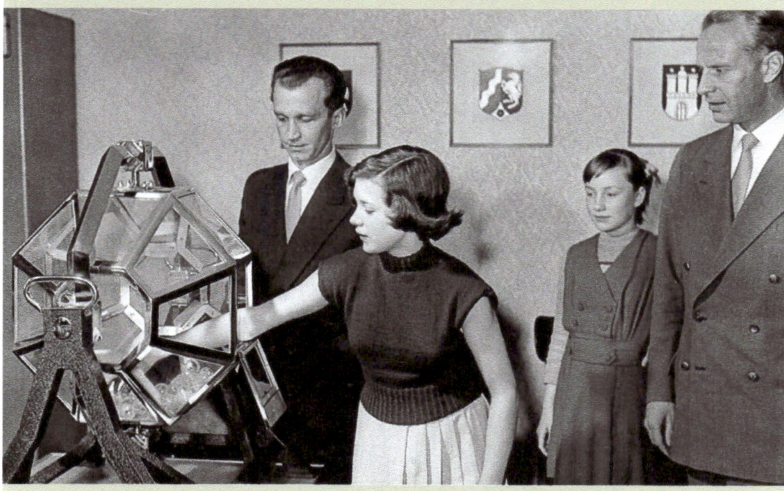

HARTE 4 FAKTEN

Adresse: Holstenwall 19, 20335 Hamburg
Logis: ab 55 Euro (Doppelzimmer, inkl. Frühstück)
Gute/schlechte Zahlen (Lotto): 6 (605-mal gezogen) / 13 (484-mal) (Stand: 2. 11. 2020)
Gute/schlechte Zahlen (FCSP): 117 Tore (1941/42), 10 Gegentore (1945/46) / 12 Tore (1919/20), 86 Gegentore (1977/78)

Heiligengeistfeld

Schauergeschichten und Grimms Märchen

Jubel. Trubel. Heiterkeit. Das Heiligengeistfeld ist mit Jahrmarkt („Dom"), Zirkus und Messen seit jeher der zentrale Veranstaltungsraum der Stadt. Das weitläufige Areal war auch immer mit besonderen Landmarken versehen. Heute der Bunker, früher eine Windmühle und ein spektakulärer Panorama-Rundbau. Dort bekamen die Besucher zur Jahrhundertwende bei elektrischer Beleuchtung für 50 Pfennige eine plastische 360-Grad-Rundschau der kaiserlichen Hochseeflotte und später der Schlacht bei Weißenburg geboten. „Public Viewing" lange vor der WM 2006, als an gleicher Stelle bis zu 70.000 sich und das Sommermärchen feierten.

Im Schatten des berühmten Gebäudes wagten sich beinahe unbemerkt einige Jugendliche der nahen Volksschule Jägerstraße an den „Football" heran. In jenen Jahren fanden sich in den Tageszeitungen wiederholt Meldungen zur vermeintlichen Gefährlichkeit dieser neuen Sportart, lanciert von deren Gegnern. Von zahlreichen Beinbrüchen und sogar Todesfällen wurde berichtet; dass sich diese beim Rugby ereignet hatten, wurde indes verschwiegen. Besonders schaurig die Geschichte des Schülers, der 1913 auf dem Heiligengeistfeld beim Bolzen derart in Rage geriet, dass er mit einem „eisernen Pickel" warf. Ein Unbeteiligter wurde getroffen, der daraufhin im Hafenkrankenhaus behandelt werden musste. Der Fußball war trotz solcher Horrorgeschichten aber nicht mehr aufzuhalten. Und das Heiligengeistfeld spielte dabei eine entscheidende Rolle: Etliche Vereine hatten auf dem sandigen Areal ihre erste Heimat. Der SC Victoria (Foto) trug dort zeitweilig seine Spiele aus, ebenso wie später der St. Pauli Turn-Verein. Auch das erste Städtespiel zwischen Hamburg und Berlin fand 1899 hier statt; beim 6:1-Sieg erzielte Hans Grimm (Altona 93) drei märchenhafte Tore.

Als 1919 der Panorama-Bau abgerissen wurde, entstanden mehrere feste Sportplätze auf dem Heiligengeistfeld, darunter auch der erste Rasenplatz des nun eigenständigen FC St. Pauli im Jahre 1925. Zeitgleich plante Architekt Dr. Max Bach dort ein visionäres Stadion, ausgelegt für 80.000 Zuschauer, mit einem „durch Maschinenkraft" verschließbarem Dach ausgestattet. Doch der „Deutsche Kampfplatz", die modernste Arena der Welt, blieb ein hanseatisches Luftschloss.

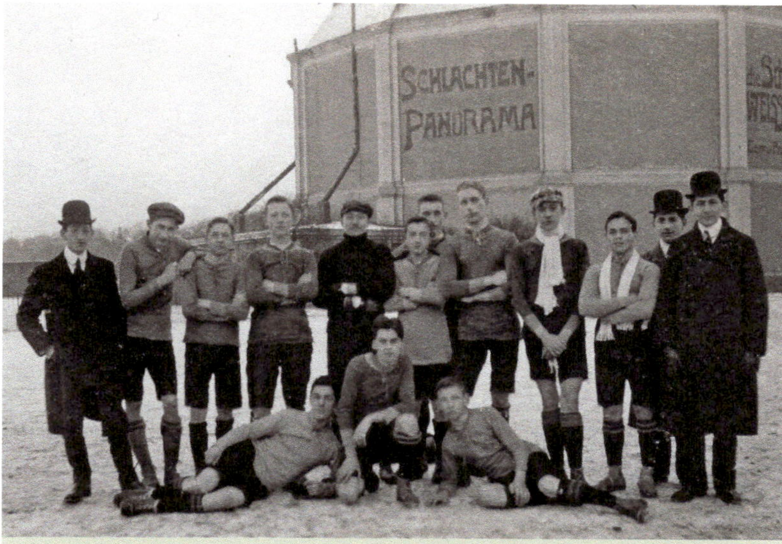

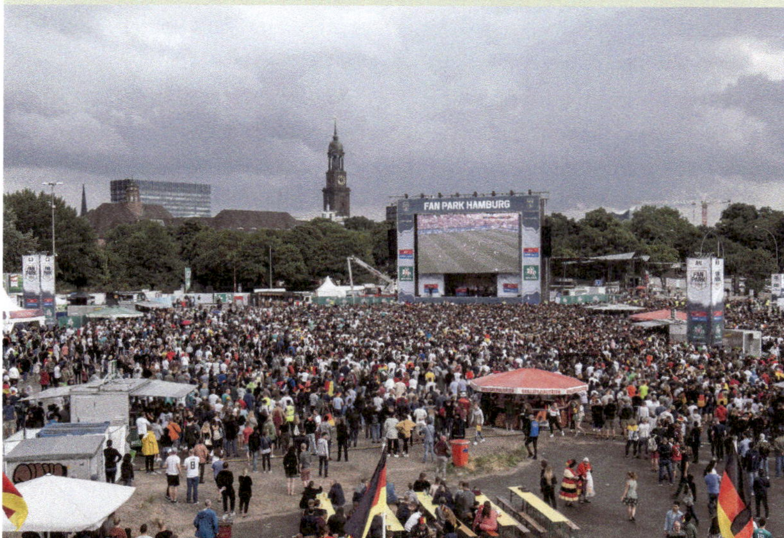

HARTE 4 FAKTEN

Adresse: Heiligengeistfeld, 20359 Hamburg

Platzherren: SC Hansa von 1911 (Feldstraße 71)

Revival: 360°-Shows in den Panometern in Leipzig und Dresden

Etymologie: benannt nach dem im 13. Jahrhundert errichteten Klosterkrankenhaus zum Heiligen Geist

Millerntor-Stadion (historisch)

Bühne für Wunderelf und Wunderkind

St. Paulis Fußballer hatten es nicht leicht, heimisch zu werden. Erst kämpften sie mit den Turnbrüdern, dann mit den Stadtvätern um einen geeigneten Platz zum Kicken. 1925 waren die Braun-Weißen in der Südost-Ecke des Heiligengeistfeldes, in etwa dort, wo sich heute der nördliche Ausgang der U-Bahn-Station St. Pauli befindet, fündig geworden und weihten hier ihren ersten Rasenplatz ein. Doch das sich „wie ein Teppich von dem Grau des Heiligengeistfeldes" abhebende Grün, wurde immer wieder zerstört: 1929 tummelten sich bei einer landwirtschaftlichen Ausstellung plötzlich Vieh und Ackergerät auf dem Spielfeld, 1935 bei der „Reichsnährstandsausstellung" wurde es von Pflugscharen, Schweinepfoten und SA-Stiefeln zerfurcht. Im März 1945 verursachten alliierte Bomber metertiefe Krater.

Es hieß einmal mehr: Anpacken! St. Paulis „Trümmermänner" errichteten in Handarbeit eine neue Heimstatt – schöner und größer als je zuvor, mit einer 17-stufigen Stehtraverse und Platz für 30.000 Zuschauer. Ein Akt der Anarchie, denn eine Baugenehmigung hierfür gab es nie. Die Anlage wurde zur Bühne für unvergessliche Spiele: Zwischen 1947 und 1951 qualifizierte sich hier St. Paulis „Wunderelf" viermal in Serie für die DM-Endrunde; man staunte aber auch über die Ballzauberer der Newell's Old Boys aus Rosario mit dem „kraftvoll-sehnigen ‚Comisario' Colman" (1950) und vom FC Santos mit „Wunderkind" Pelé (1959). Lokalhelden und Weltstars mussten sich auf der gegenüberliegenden Straßenseite in der „Tropfsteinhöhle" im Keller des „Café Siedler" umziehen, wo sich Schweiß, Wasserdampf und WC-Gerüche unvorteilhaft vermengten.

Ebenfalls zum Naserümpfen: Das juristisch-wackelige Fundament der Sportanlage. Es sollte sich bitter rächen: Bereits 1954 hatte Hamburgs Bausenator Johannes Büll (FDP) gemosert: „Der FC St. Pauli schnürt mit seinem Sportplatz in nicht vertretbarer Weise das Heiligengeistfeld, eine der wichtigsten und wertvollsten Freiflächen der Stadt, am Hauptzugang ein." 1960 schließlich, nach nur 14 Jahren glorreicher Geschichte, musste das Stadion zugunsten der Internationalen Gartenausstellung 1963 weichen. St. Paulis Fußballer mussten mal wieder umziehen.

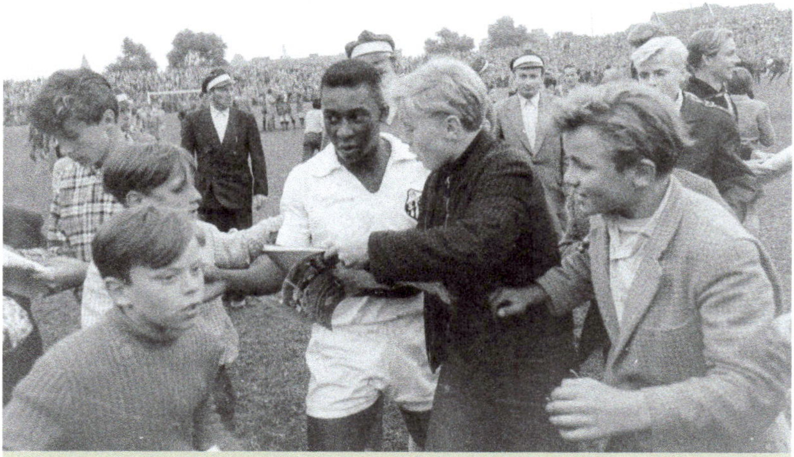

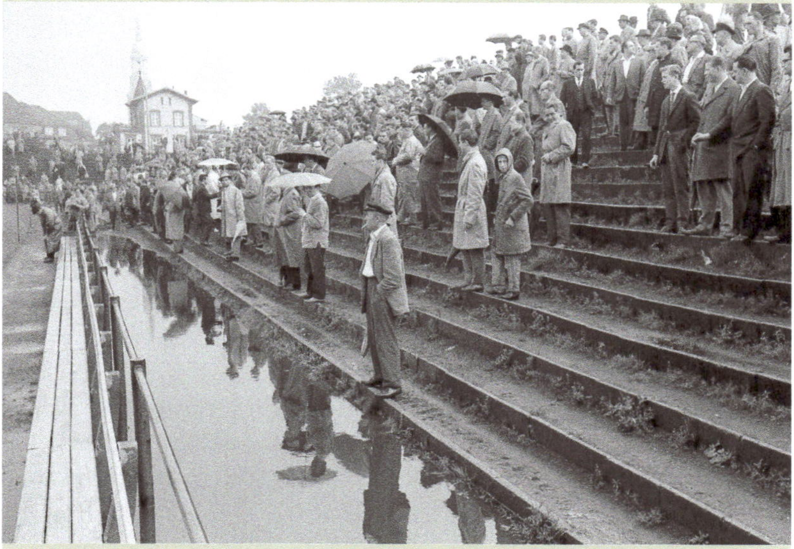

HARTE 4 FAKTEN

Adresse: Glacischaussee/Budapester Straße, 20335 Hamburg

Eröffnung: vs. ETV 0:3 (Bezirksliga, 23. 8. 1925)

Wiedereröffnung: vs. Schalke 1:0 (Freundschaft, 17. 11. 1946)

Rekordkulisse: 35.000 vs. HSV 5:0 (Oberliga Nord, 1. 4. 1951)

Hochbunker, Flak-Leitturm (historisch)

Im „Zauberspiegel“

Mehrmals war der große Moment verschoben worden. Ausgerechnet an Weihnachten 1952 sollte es mit dem Re-Start des seit 1944 ausgesetzten Fernsehbetriebes endlich klappen. Ein technisches Wunder, rund zwei Jahrtausende nach dem biblischen. Der „Zauberspiegel“ flimmerte, und die Zauberer vom Nordwestdeutschen Rundfunk (NWDR) bescherten die Besitzer der damals etwa 4.500 registrierten Fernsehgeräte reichlich. Unterm TV-Weihnachtsbaum lagen Kultur, Tanz, die erste Tagesschau – und natürlich Fußball. Besser noch: Live-Fußball. Eine Sensation!

Dafür hatten sich die Verantwortlichen ein Heimspiel des FC St. Pauli ausgesucht. Diese Wahl hatte vor allem technische und organisatorische Gründe: Das Hamburger Studio des NWDR war seit Ende 1950 direkt neben dem Millerntor-Stadion in einem ehemaligen Flakbunker auf dem Heiligengeistfeld untergebracht. Die empfindliche Ausrüstung für die Live-Übertragung musste also nicht weit transportiert werden. Gezeigt wurde St. Paulis Achtelfinal-Wiederholungsspiel im DFB-Pokal gegen SV Hamborn 07.

Die Fernseh-Pioniere hatten Glück: Das Wetter spielte mit an jenem 25. Dezember, ihre zwei Kameras fingen bei der turbulenten 3:4-Niederlage der Platzherren reichlich Tore ein, und eine Verlängerung, die angesichts der hereinbrechenden Dunkelheit und des fehlenden Flutlichts wohl zu einem Spielabbruch geführt hätte, wurde vermieden. „Wir können diese Sendung nur als gut gelungen bezeichnen“, resümierte entsprechend zufrieden das Fachblatt Fernsehen. Über die Kommentatoren der ersten Stunde, Paul Reymann und Harry Storz, hieß es, sie hätten „kein Wort zu viel gesagt“; ein heute fast undenkbares Lob. Der SPIEGEL prophezeite der Symbiose Fußball und Fernsehen eine blühende Zukunft: „Derartige Übertragungen (...) versprechen die Attraktion des Programms zu werden, denn hier hat das Fernsehen Dokumentarkraft. Es lässt den Zuschauer ein Ereignis miterleben“. Keine Zukunft hatte indes das Studio. Der Sender zog 1953 an seinen heutigen Standort nach Lokstedt um. Der Flakbunker wurde 1973/74 gesprengt und bis auf Teile des Fundaments abgerissen, um einer Vermittlungsstelle der Deutschen Bundespost Platz zu machen.

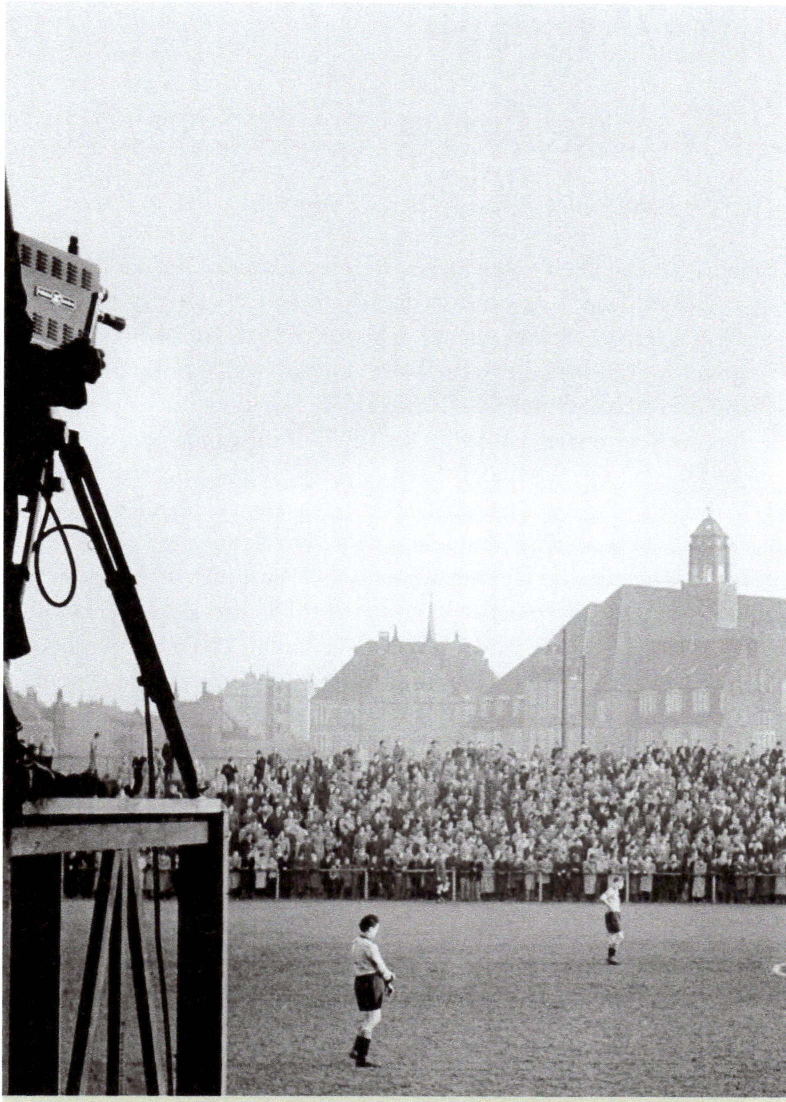

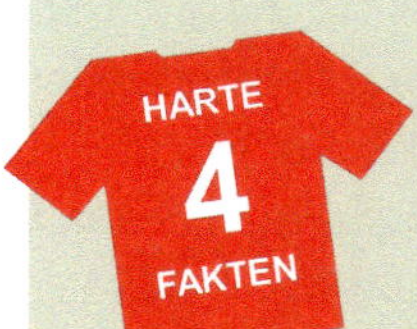

Adresse: Budapester Straße 18, 20359 Hamburg

Test-Spiel: HSV vs. Altona 93 4:3 (Oberliga Nord, 23. 8. 1952, NWDR)

BL-Live-Premiere: Werder vs. FC Bayern 2:0 (18. 5. 1982, NDR)

TV-Rekordkulisse: 34,65 Mio. bei Deutschland vs. Argentinien 1:0 n.V. (WM-Finale, 13. 7. 2014, ARD)

Zoë Sofabar (heute: Möwe Sturzflug)

Spiel es wieder und wieder!

Hamburg hat den Dreh raus: Die Hansestadt gilt als die Tischkicker-Hochburg in Deutschland. Nirgendwo ist die Dichte der 120 x 68 cm großen Spielfelder mit den an vier Stangen im 2-5-3-System fixierten Teams höher. Besonders gern wird rund um die Reeperbahn gezockt. Am Nobistor 38 befindet sich mit dem „Kixx" die mit 16 Tischen größte Location. Auch nebenan, am Hamburger Berg, reihen sich die Kicker-Kneipen aneinander und bieten kostenlose oder günstige Spielmöglichkeiten. Zweimal schon richtete Hamburg die Weltmeisterschaften aus; insgesamt sechs Frauen- und Männer-Teams von Alster und Elbe sind in der Bundesliga vertreten, darunter der FC St. Pauli, dessen 2009 gegründete und mittlerweile 360 Mitglieder starke Sparte den größten Tischfußballverein der Welt darstellt. Die Kiezkicker veranstalten im FCSP-Clubheim unter der Überschrift „Absolute Giganten" regelmäßig „Draw-your-Partner"-Turniere, bei denen erfahrene Ligacracks mit weniger versierten Spielern zu Teams zusammengelost werden.

Der Titel der Turnierreihe verweist auf einen legendären Film aus dem Jahr 1999: Die Geschichte um die letzten Stunden von Auswanderer Floyd, der mit seinen beiden besten Freunden Walter und Ricco durch die nächtliche Stadt cruist, ist eine einzige Liebeserklärung an das „Tor zur Welt". Verlieben muss man sich vor allem in das Tischkicker-Match, dem das Roadmovie mehr als zehn seiner 78 grandiosen Minuten widmet. Gedreht wurde es im Keller der einstigen „Zoë Sofabar". Schnitt und Kamera (Endoskop-Fahrten), Musik („The Notwist"), Sounddesign (das satte Knallen der versenkten Bälle, die Mechanik der Griffe, Federn und Stangen) und Dramaturgie sind perfekt – die Charaktere sowieso: neben den drei Kumpels auch ihre Gegner, der schmierig-frettchenhafte Dulle und der wortkarg-ballonseidene und Shake trinkende Snake, tischfußballerisch gedoubelt vom Hamburger Weltmeister Florian Lienkamp. Das alles ist ganz großes Kino und ganz großer Sport, absolut gigantisch und zurecht ein YouTube-Hit, für den gilt: „Spiel es wieder und wieder!" Popsänger Wincent Weiss machte daraus einen mit Platin ausgezeichneten Chart-Hit; 14 Hamburger Programmkinos wählten den Kult-Streifen 2016 für die Premiere ihrer Aktion „Eine Stadt sieht einen Film".

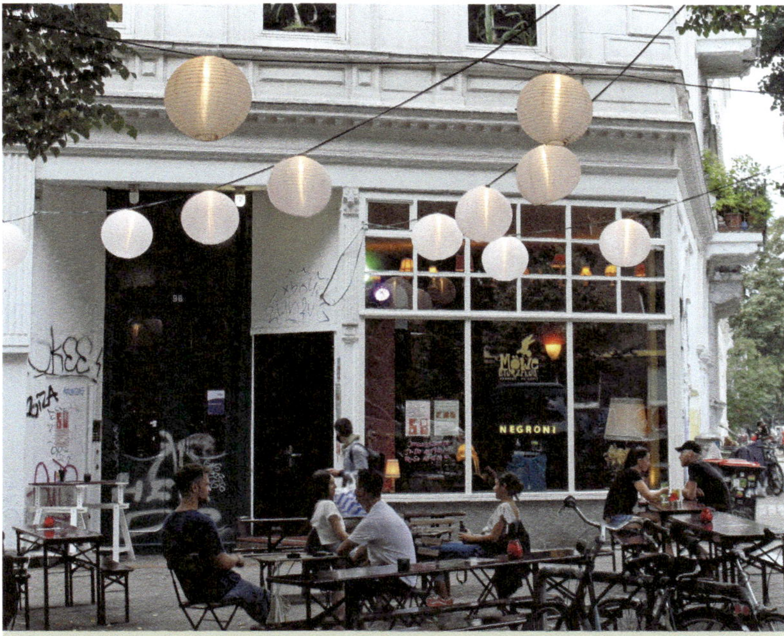

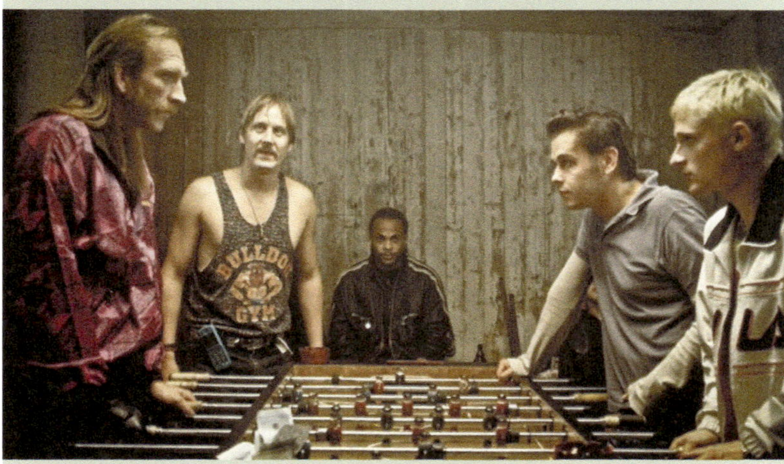

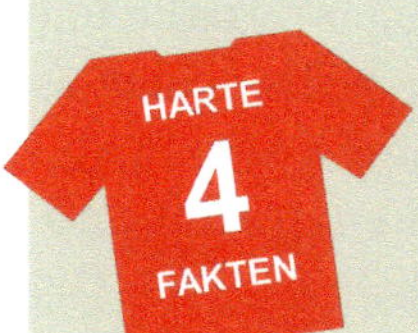

Adresse: Clemens-Schultz-Straße 96, 20359 Hamburg

WM 2006: Fischauktionshalle/Altona-Altstadt (25.–28. 5.)

WM 2017: Kampnagel/Winterhude (12.–16. 4.)

Bundesliga 2019: Frauen: 1. LØWEN, 11. Piranhas; Männer: 7. Silpion, 13. FC St. Pauli, 19. HSV, 21. Maschinerie

FC Hamburger Berg

Kreative Kicker mit Mission

Altruismus als Klub-Philosophie: „Uneigennützigkeit, Selbstlosigkeit, durch Rücksicht auf andere gekennzeichnete Denk- und Handlungsweise, das ist der Boden, auf dem wir wachsen oder untergehen." Auf Knopfdruck rezitiert der 1. Vorsitzende Ralph Hoffmann die Leitplanken des von ihm Anfang 2014 gemeinsam mit Türsteherkollegen der Klub- und Kneipenszene gegründeten Fußballvereins. Dessen Untergang ist nicht in Sicht, sein Wachstum sehr wohl. Aus der ursprünglichen Idee, einfach ein bisschen zu kicken und sich fit zu halten, ist längst eine viel größere Mission geworden. Hoffmann sagt: „Wir stehen grundsätzlich allen Menschen auf der Welt offen. Wir wollen eine Heimat und manchmal auch Lebenshilfe bieten. Mit Fußball geht das!" Mittlerweile spielen 150 Fußballer aus 17 Nationen und vier Kontinenten im FC Hamburger Berg. Tendenz: stark steigend.

Durch die Teilnahme an außergewöhnlichen Spielen, Turnieren und Trainings kombiniert mit reichlich (Wort-)Witz und Kreativität und noch mehr ehrenamtlichem Engagement schafft es der Verein immer wieder in die Schlagzeilen – weit über die Stadtgrenzen hinaus. Revolutionär Che Guevara („Seien wir realistisch, versuchen wir das Unmögliche!") stand Motto-Pate bei zwei erfolgreichen Weltrekord-Versuchen: Im Juni 2016 spielte man 111 Stunden lang im Sternschanzenpark gegen den VfL Wallhalben. Umgerechnet 74 Spiele oder zwei komplette Saisons am Stück binnen fünf Tagen und Nächten. Endstand: 722:568 für die Hamburger.

Die namensgebende, 170 Meter kurze Seitenstraße der weltberühmten Reeperbahn ist für den Verein längst zu klein geworden. Im Juni 2018 erdribbelten sich die Spieler vom Gründungsort aus die ganze Stadt. Achteinhalb Wochen am Stück, im Dreischichtsystem à sieben Spieler, immer mit dem Ball am Fuß. Nach über 4.000 Kilometern durch knapp 7.500 Straßen und „entlegenste Gegenden" waren das Ziel auf dem Hamburger Dom und der Rekord erreicht. Zur Belohnung gab es eine stattliche Spendensumme für den guten Zweck sowie eine Einladung zum Bürgerfest des Bundespräsidenten, der im Schloss Bellevue den abgewetzten Weltrekord-Ball signierte. Der nächste öffentlichkeitswirksame Coup ist bereits in Planung, getreu einem weiteren Klub-Motto: „Mehr geht, und wir arbeiten daran!"

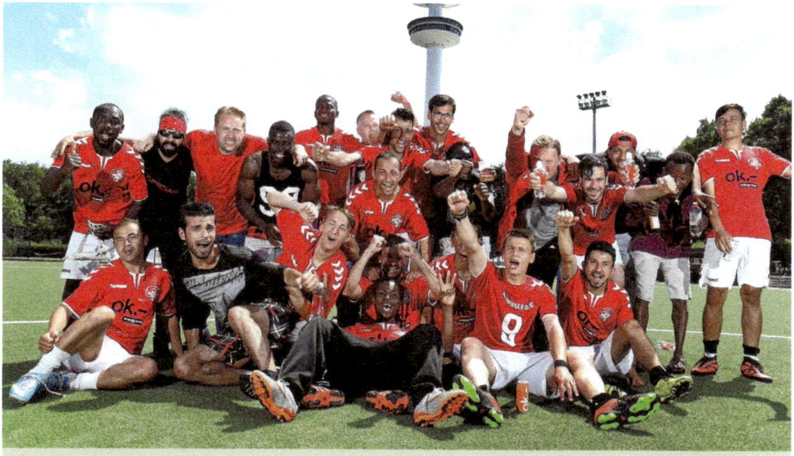

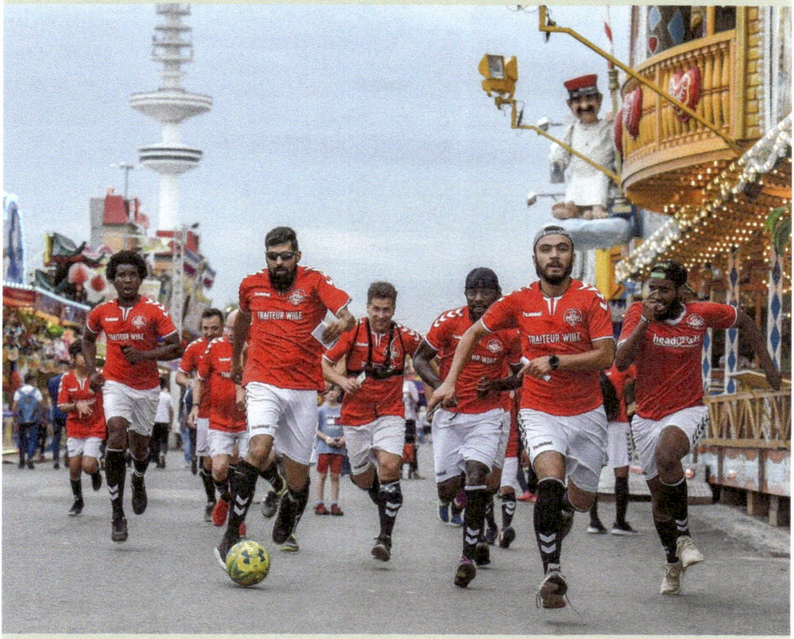

HARTE 4 FAKTEN

Gründungsort, Vereinskneipe: Headcrash, Hamburger Berg 13

Training, Geschäftsstelle: Wichmannstraße 29 (Grand)

Wettkampf: Sportplatz Memellandallee 7 (Naturrasen)

International: Partnerklubs in Accra/Ghana und Sri Ganganagar/Indien; www.fc-hamburger-berg.de

Wappen des FC St. Pauli

Beppos Betongold

Es ist ein repräsentatives wie funktionales Kunstwerk, die perfekte Kulisse für Selfies und sonstige Schnappschüsse und mit seinem Durchmesser von 2,40 Metern ein nicht zu verfehlender Treffpunkt. Hätte der FC St. Pauli hier eine Spendendose installiert oder für jedes Foto eine kleine Lizenzgebühr erhoben, so witzeln die Vereinshistoriker Christoph Nagel und Michael Pahl, wären locker ein Top-Transfer oder „Pinkelbecken aus Gold" drin gewesen.

Die Geschichte des Beton-Wappens liegt teilweise im Dunkeln: Fest steht, dass das Emblem nach Kriegsende von der Betonfirma Gizzi produziert wurde. Das seit 1914 in Harburg ansässige Familienunternehmen wurde zu diesem Zeitpunkt gemeinsam von den Brüdern Josef (kaufmännisch) und Pasquale (handwerklich) geführt, beides gute Fußballer. Josef, genannt „Beppo", etwa verteidigte in der DM-Endrunde 1944 an der Seite von St.-Pauli-Kapitän Karl Miller für den Luftwaffen SV Hamburg. In seinem Stammverein Harburger TB engagierte er sich zudem im Vorstand. Über die Verbindung zu Miller muss der Wappen-Deal eingefädelt worden sein. Die Gizzis lieferten, das Vereins-Logo grüßte ab Ende 1946 die Millerntor-Besucher vom Dach des Eingangsportals. Als Gegenleistung soll ein Spiel im Süderelbischen vereinbart worden sein. St. Paulis versierte Chronisten mutmaßen, dass das nie zustande kam. Braun-Weiße Zechprelle? Oder Recherche-Lücke? Für April 1948 jedenfalls ist ein freundschaftliches 4:1 des FCSP vor 7.000 Zuschauern auf der Jahnhöhe dokumentiert.

Neben dem Millerntor wurden auch zahlreiche andere Spielstätten mit Betonkunst made in Harburg vorsorgt. Der heutige Firmeninhaber Max Gizzi betont das „sehr große Engagement" seines Vaters Josef bei der Ausstattung von Kinderspielplätzen mit Kletterplastiken, die bekanntesten in Fisch- und Elefantenform. Klein-Max durfte die „Gebrauchstauglichkeit" der Werkstücke testen. Eine sehr hohe weist bis heute das FCSP-Monument auf. Nach dem Abriss des alten Millerntor-Stadions 1960 wurde es zunächst auf einer Freifläche am alten Südbunker aufgestellt. Als der wiederum 1974/75 abgetragen wurde, wanderte das Emblem erneut, ein paar Meter nach Norden, an seinen heutigen Standort, wo es seither mit braun-weiß-rotem Anstrich die Passanten erfreut.

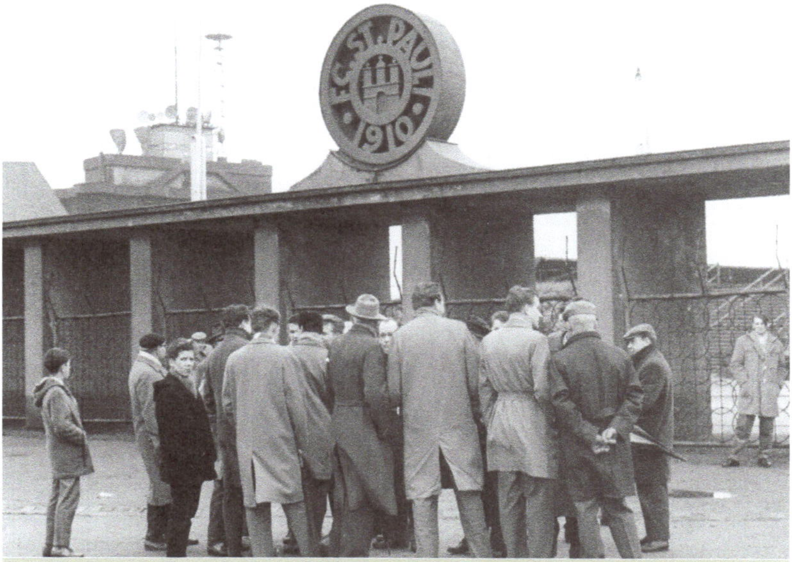

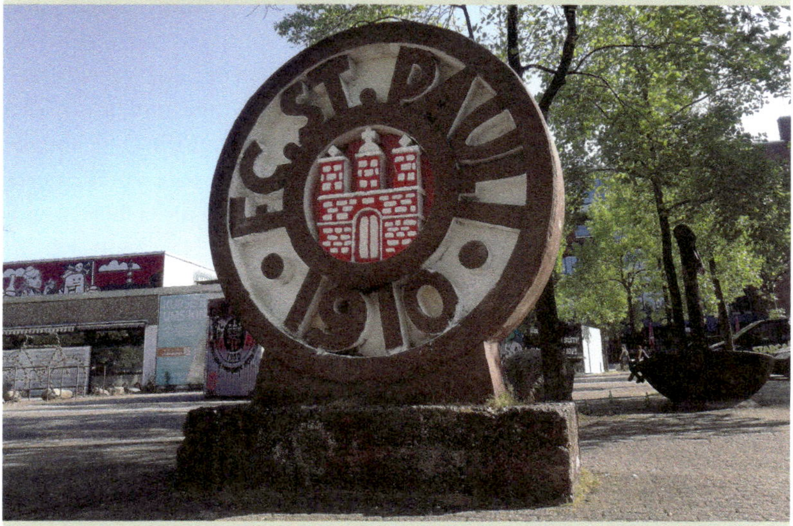

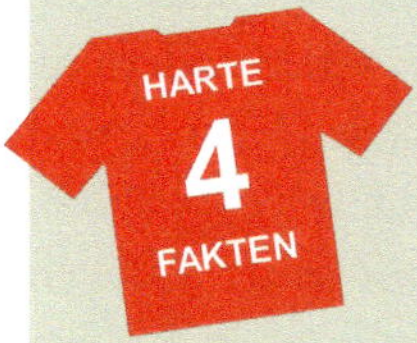

Adresse: Harald-Stender-Platz, 20359 Hamburg

Beton-Mische: Zement, Wasser, Gesteinskörnungen

Heraldik: Stadtbefestigung und Mariendom (1248–1807)

Fehlfarben: „Teer-und-Federn"- (5/2004) und Attentat in Blau-Weiß-Schwarz von HSV-Fans (2/2016)

Millerntor-Stadion

Heimathafen der „Freibeuter"

Wasser! In der Geschichte des FC St. Pauli hat es immer eine besondere Rolle gespielt. Die Nähe zum Hafen und den Brauereien, natürlich das Viva-con-Agua-Projekt des ehemaligen Ligaspielers Benjamin Adrion, das sich für eine gesicherte Versorgung mit Trinkwasser einsetzt. Im Jahre 1961 jedoch verfluchten die Anhänger des FC das lebensspendende Nass und eine Gruppe von Architekten. Die hatte eine Drainage für das neuerrichtete „hochmoderne" Millerntorstadion vergessen. Ein veritabler Bauskandal! Richtig einziehen konnte der Klub erst Ende 1963.

Die ruhmreichen Tage waren da bereits vorüber und der Verein mit Einführung der Bundesliga nur noch zweitklassig. Zudem kämpfte man mit Finanzproblemen und Zuschauerschwund. Das änderte sich Mitte der 1980er-Jahre, als neue Fangruppen die lichten Reihen im bereits wieder baufälligen Stadion füllten. Dort gab es endlich wieder Grund zum Jubeln: Der Aufstieg in die 2. Liga gelang 1984, der ins Oberhaus dann 1988 – vollbracht mit einer Mannschaft, welche stolz die Hamburger Stadtteile repräsentierte. Ein Erweckungserlebnis für Quartier und Verein, zudem die Geburtsstunde des „Kultphänomens". Hausbesetzer standen neben Hausbesitzern, die Totenkopffahne flatterte, das Fanzine „Millerntor Roar!" machte Politik. Publikumsliebling Dirk Zander wurde mit AC/DC-„Thunderstruck" abgefeiert und besungen. Dazu die manuelle Anzeigetafel und die großartigen Unzulänglichkeiten des Klubhauses. Hier traf sich ohne Schranken die Vereinsfamilie; Spieler waren bei Mannschaftssitzungen in den verranzten Räumlichkeiten nicht vor Interessenten sicher, die ihre Idole zum Tresen entführen wollten. Selbst Trainer Schulte wurde am Ärmel gepackt: „Helmut, komm' ma'. Astra wartet."

Jene (bier)seeligen Tage im alten Klubhaus sind seit dem mehrjährigen Umbau (2006–2015) vorbei. Die Pläne dazu waren eine Gratwanderung, den kommerziellen Anforderungen gerecht zu werden, aber den Charme und Werte (u.a. „Sitzen ist für'n Arsch") des etwas anderen Vereins zu bewahren. Mit ausreichend Stehplätzen, Kindergarten, Museum und einer schönen Backsteinfassade, in der sich optisch Hamburg und England treffen, Industriekultur und Sport eine Melange eingehen. Urteil: überaus gelungen!

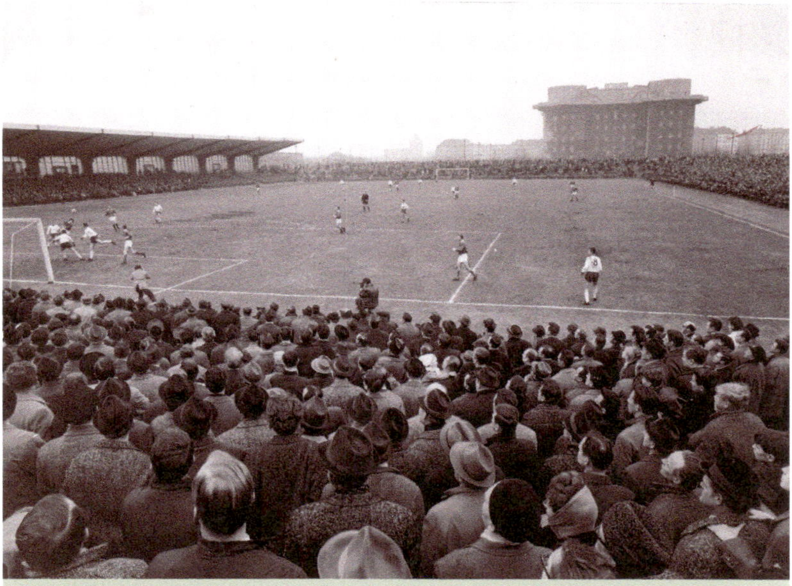

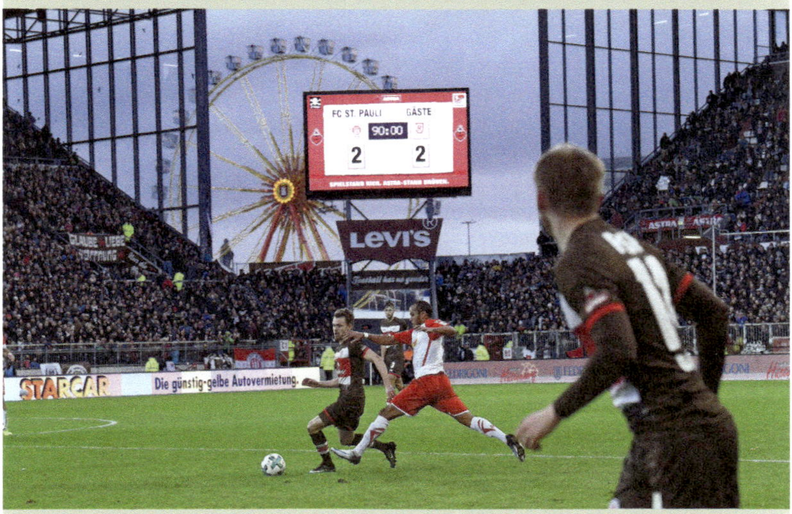

HARTE 4 FAKTEN

Adresse: Harald-Stender-Platz 1, 20359 Hamburg

Weltpokalsiegerbesieger: vs. FC Bayern 2:1 (6.2.2002)

Benefiz-Bohei: Tage der Legenden (2005–16)

„Bokal" 2005/06: Burghausen 3:2, Bochum 4:0, Berlin 4:3 n.V., Bremen 3:1, Bayern 0:3 (und so fast: Parcelona)

FC St. Pauli-Museum

Kiez kieken

Runde Geburtstage sind immer ein Anlass zurückzublicken auf Vergangenes; auf Höhen und Tiefen, Amüsantes und Trauriges. Sie sind aber auch Gelegenheit, sich Ziele für die Zukunft zu stecken. Das genau ist im Nachklang zum 100. Geburtstag des FC St. Pauli passiert. Jubiläumschroniken und eine Jubiläumsausstellung entstanden, und in Gesprächen mit langjährigen Fans und ehemaligen Vereinsgrößen wurde klar: Der Klub braucht ein eigenes Museum. Einen Ort des Erinnerns, der gleichermaßen eine Kontakt- und Bildungsstätte ist. Denn es gibt viel zu erzählen und geradezurücken.

So wurde der Verein „1910 e.V. – Museum für den FC St. Pauli" gegründet, der sich mit Planung und Umsetzung des Projekts befasste. Eine Herkulesaufgabe: Netzwerke mussten aufgebaut, Menschen gewonnen und Veranstaltungen organisiert werden. Ferner gestaltete sich die Akquise von Geldmitteln und Exponaten schwierig, denn ein Vereinsarchiv besaß der FC St. Pauli nicht. Zudem gab es Gerangel um den Standort. Auch die Polizei suchte Räumlichkeiten, als Ersatz für die verlorengegangene Domwache. Doch unter dem Druck der Fans, die die Kampagne „Museum statt Goliathwache" starteten, konnten die Aktiven und Unterstützer von 1910 e.V. die heutige Ausstellungsfläche für ihr Projekt sichern. Dort entstand trotz aller Geburtswehen ein Museum, das so ist wie der FC St. Pauli: erfrischend anders! Der Trägerverein hat aus der Not eine Tugend gemacht: Während andere Klubs stolz ihr Tafelsilber präsentieren, erzählt der FC St. Pauli seine Geschichte(n). Die „Helden" im braun-weißen Jersey sind da nur ein Element, die Fans und die Lebenswelten im Quartier finden ebenso Platz.

Exemplarisch dafür steht „Kiezbeben 2.0" – die Dauerausstellung des am 24.1.2020 eröffneten Museums. Sie handelt von der bewegten und bewegenden Zeit Mitte der 1980er-Jahre, als Punks, Alternative und Hausbesetzer nicht nur den Kiez veränderten, sondern auch die leeren Ränge des Millerntors in Beschlag nahmen und den Verein neu erfanden. Vor- und Nachbeben bis in die Neuzeit inklusive. Vieles aus jener „stilgebenden Epoche" ist längst „Kult" und „museumsreif". Es findet sich wieder – als Original oder in liebevoller Rekonstruktion.

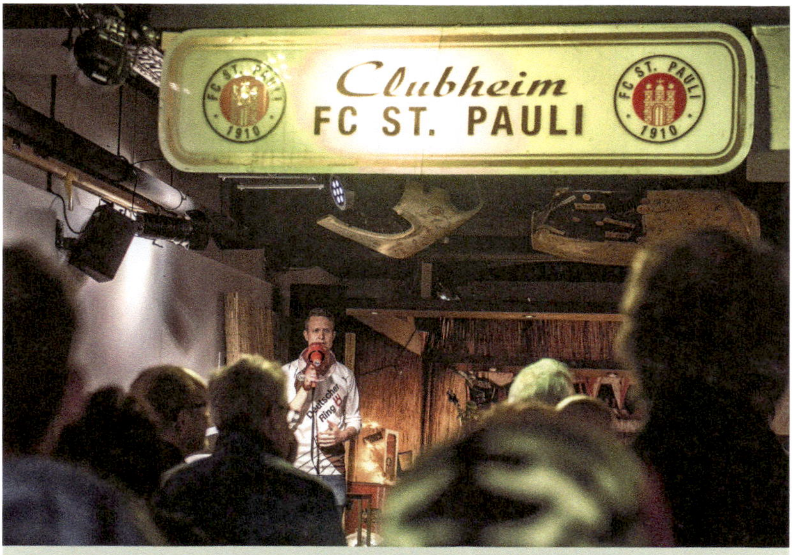

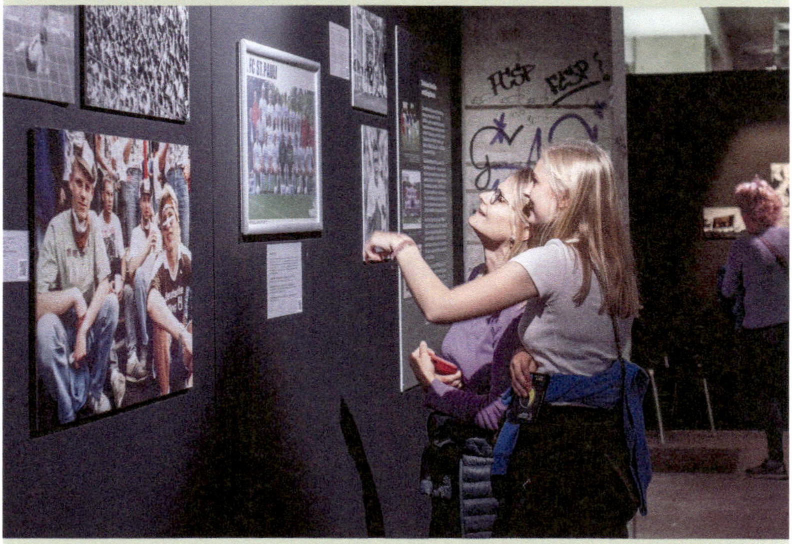

HARTE 4 FAKTEN

Adresse: Millerntor, Gegengerade, Heiligengeistfeld 1, 20359 Hamburg

Prost! Tresen des alten Clubheims

Woo-hoo! Analoge Anzeigetafel

„Sch… St. Pauli"! Hasstrophäensammlung

Fanladen

Im Herzen von St. Pauli

Mit dem Stadtrivalen unter einem Dach? Die Ende der 1980er-Jahre in der Stresemannstraße praktizierte Wohngemeinschaft konnte auf Dauer nicht gut gehen. Während das HSV-Fanprojekt noch immer in der alten Polizeiwache zu Hause ist, zogen die St. Paulianer aus. Und weiter, Richtung Kiez, dichter ran ans Millerntor: zunächst in einen ehemaligen Frisör-Salon am Pferdemarkt. Sven Brux, erster Angestellter des Fanladens und heutiger Orga-Leiter beim FCSP, erinnert sich: „20 m^2 klein, mit Kohleofen und zusammengeklaubtem Sperrmüllmobiliar und anfangs ohne Telefon." Sicher, kein Palast, „aber vor allem eins: Unser! Ein Treffpunkt und organisatorischer Dreh- und Angelpunkt für die Szene auch unter der Woche." (Frei-)Raum für Ideen und Impulse. Die Anhänger des Klubs waren nicht mehr nur zahlende Kunden, sondern mischten sich ein. Es ging um Vernetzung, Teilhabe und Mitgestaltung der Vereinspolitik: Her mit der Dauerkartenermäßigung für Arbeitslose und weiteren Frauen-Klos! Raus mit Rassisten und Nazis aus der Kurve! Die Signale wurden gehört, da ging plötzlich was! Das motivierte und hatte Strahlkraft – weit über die Stadtgrenzen hinaus.

Zu den Geburts- und Brutstätten der Fußballkultur sind auf St. Pauli seit jeher unbedingt auch die „Fanläden" mit Zapfanlage zu zählen, etwa der legendäre „Pfennig" (12/1994–3/1999) oder dessen Nachfolger „Jolly Roger" (seit 6/2002), in dem die Idee zum berühmten „Weltpokalsiegerbesieger"-Shirt entstand. Weit nach Mitternacht, bei einem spanischen Brandy der Marke Carlos I. „Nachts passieren im Kneipenumfeld die großartigsten Dinge, aber das Schwierigste ist, sich am nächsten Morgen daran zu erinnern", gab ein Beteiligter nüchtern zu Protokoll.

Der „offizielle" Fanladen ist nach Stationen in der Thaden- und Brigittenstraße inzwischen im Millerntor angekommen, mitten im Herzen von St. Pauli sozusagen. Hier ist jeder willkommen, der die Werte des Klubs lebt und sich einbringen möchte. Von hier aus entstehen weitere Impulse für den Verein, den Stadtteil und darüber hinaus; es wird kritisiert, wo es nötig erscheint, und geholfen, wo Solidarität notwendig ist. Das läuft nicht immer geräuschlos ab. Aber immer mit Leidenschaft.

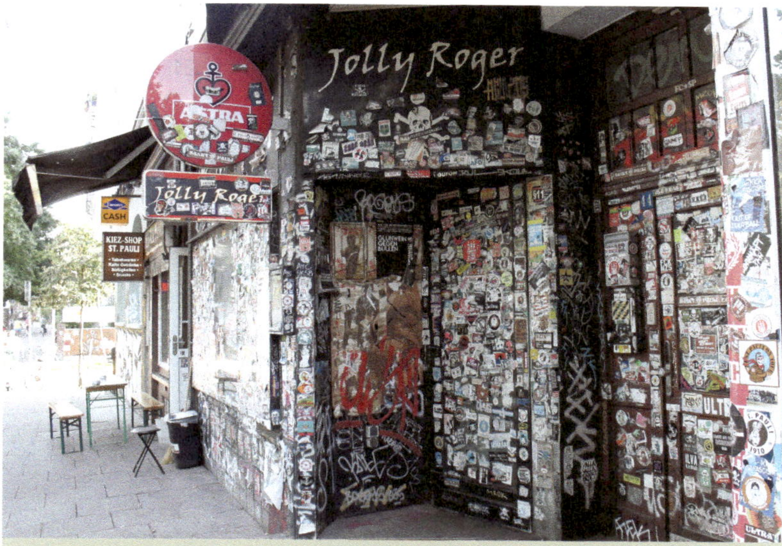

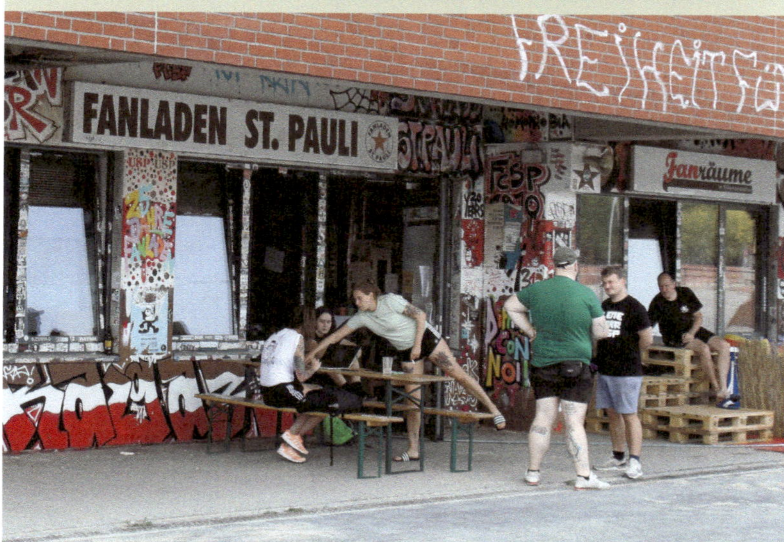

HARTE 4 FAKTEN

Adresse: Millerntor, Gegengerade, Heiligengeistfeld 1, 20359 Hamburg

Ausgangspunkt: Stresemannstraße 162 (WG mit dem HSV)

Stationen: Beim Grünen Jäger, Thadenstraße 94, Brigittenstraße 3

Sprachrohr: „Millerntor Roar! – Fans, Fußball, Viertel“, 28 Ausgaben (7/1989 – 4/1993)

Schilleroper

Erstmals auf die Ohren

Die Leser des Generalanzeigers erblickten Sensationelles: „Der Hamburger-Sportverein hat Vorsorge getroffen, dass das morgige Endspiel um die Deutsche Fußballmeisterschaft im Berliner Stadion auch in Hamburg in allen Phasen verfolgt werden kann. Zu diesem Zweck ist das Schiller-Theater gemietet, wo morgen zwischen 4 und 6 Uhr durch die Telefunkenanlage des Theaters eine Dauerverbindung mit dem Stadion hergestellt wird."

Am 9.6.1924 soll sich dann Vorstandsmitglied Paul Hauenschild vom Spielfeldrand gemeldet haben und schilderte – den Telefonhörer fest in der Hand – seine Eindrücke vom großen Finale. Neben dem Schiller-Theater war noch das Klubhaus des HSV in der Rothenbaumchaussee zugeschaltet. Die anwesenden Hörer wurden Zeugen eines medienhistorischen Meilensteins, denn die Übertragung aus Berlin war die erste Reportage von einem Fußballspiel in Deutschland. Der Hörfunk war bereits seit wenigen Monaten auf Sendung, aber an eine Direktübertragung von einem Sportereignis traute man sich noch nicht heran. Neben den technischen Unwägbarkeiten zweifelte man, ob eine Reportage von einer so schnellen Sportart überhaupt möglich sei. Der HSV bewies es mit seiner Telefonübertragung ins Schiller-Theater. Der dortige Intendant zeigte sich überhaupt sehr fußballaffin. So hatte das Theater zuvor die Revue „Hamburg – so siehst Du aus" im Programm, in der das letzte Treffen des HSV gegen Victoria auf dem Rothenbaum-Sportplatz verarbeitet wurde. Die Direktübertragung aus Berlin war, wenn man so will, nun der dramaturgische Höhepunkt. Die Reportage blieb lange spannend, das erhoffte Ende blieb jedoch aus. In der 87. Minute sorgte Nürnbergs Strobel mit dem 2:0 schließlich für die Ernüchterung.

Die mediengeschichtliche Pioniertat ist in Vergessenheit geraten, ebenso wie die Schilleroper. Seit 2006 steht Deutschlands letzter erhaltener fester Zirkusbau leer, seit 2012 dessen Stahlkonstruktion, ein bedeutendes Dokument der Freizeitarchitektur des 19. Jahrhunderts, unter Denkmalschutz. Doch der historische Rundbau rottet langsam, aber sicher vor sich hin. Es ist zu wünschen, dass er nicht verloren geht, weil Grundstückspekulationen offenbar wichtiger sind als unser kulturelles Erbe.

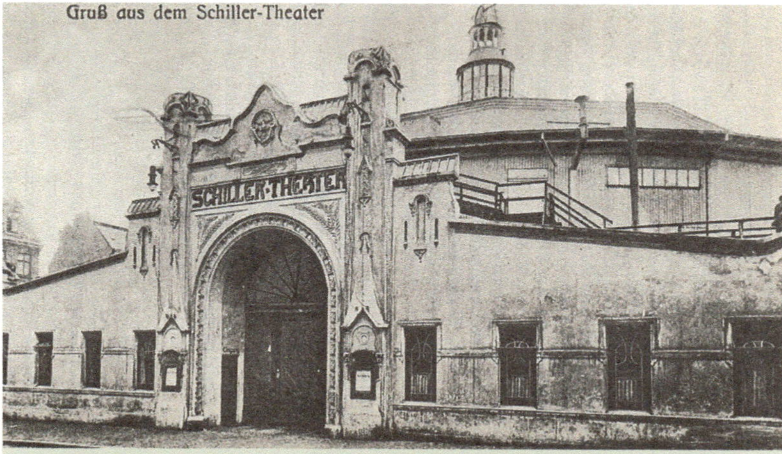

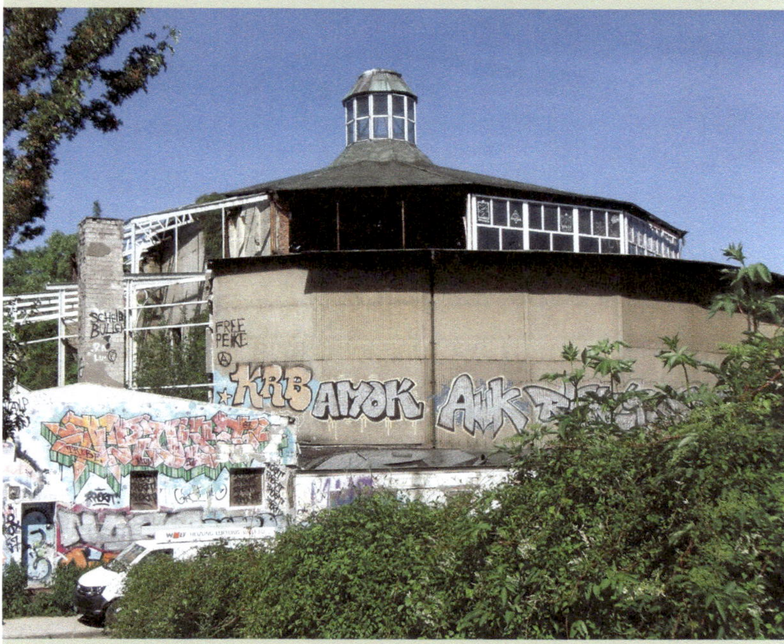

HARTE 4 FAKTEN

Adresse: Bei der Schilleroper 14/16/20, 22767 Hamburg

Erbaut: 1889–1891 für den Circus Busch

Umbau: 1904–1905 zum Theater und Opernhaus

Menschen, Tiere, Sensationen: Neben Filmstars wie Hans Albers und Asta Nielsen traten Elefanten und Polarbären auf.

Friedenseck (heute: Berliner Betrüger)

Deutscher Meister auf Knopfdruck

„Zu blöd zum Milchholen – fällt hin und verbiegt die Mark". So sagte man früher, wenn sich jemand besonders ungeschickt anstellte. Ein Spruch, der zu dieser Fußball-Geschichte so gar nicht passt. Nur das Milchholen: Den äußerst pfiffigen und vor allem fingerfertigen Jürgen Hillengaß nämlich führte sein „Kannen-Gang" Anfang der 1960er-Jahre bis zum Deutschen Meistertitel. Im Milchgeschäft von Gerhard Michler in der Lippmannstraße 1 entdeckte der Handelsschüler einen Aushang mit Werbung für den Tischfußball-Club St. Pauli. Dessen Trainings- und Spielzentrum befand sich nur 150 Meter die Straße hoch, im Hinterzimmer der Kneipe „Friedenseck". Bei Alsterwasser, Pils und Bockwurst wurde hier mittwochabends drei Stunden lang „Tipp-Kick" gespielt.

Hillengaß, jüngstes der 31 Vereinsmitglieder, wurde schnell und wortwörtlich zum Meister des flotten Präzisionsspiels, bei dem man durchs Antippen des Knopfes auf dem Kopf der Spielfigur deren Fuß bewegt und so den zwölfeckigen Ball kickt. Im Oktober 1963 ließ der damals 17-Jährige bei den Titelkämpfen in Hannover alle 145 Konkurrenten hinter sich und wiederholte seinen Triumph vier Jahre später beim „Heimspiel" im Haus des Sports am Schlump. „Man braucht ein gutes Auge, muss die Winkel richtig einschätzen und die Aufsetzer beherrschen", erklärt er heute, worauf es bei der Fußball-Simulation ankommt. „Richtig gut spielen kann ich aber nicht mehr", kokettiert Hillengaß, um im nächsten Augenblick dem Autor auf dem improvisierten Cafétisch-Spielfeld einen Plastikkubus nach dem anderen in die Maschen zu hämmern.

Das „Friedenseck" gibt es nicht mehr. Ein Platz für Kleinkunst ist der Ort aber geblieben. Das als „kleinstes Theater der Welt" guinnessbuchgekürte „Piccolo" war hier zu Hause, später dann das „Entrée", in dem u.a. Ulrich Tukur und seine Rhythmus Boys jazzten. Statt Tipp-Kick-Bällen werden seit Sommer 2005 hausgemachte Kuchen und leckeres Abendbrot angeschnitten und aufgetischt. Namenspate für die Cafébar, die sich abends in eine chillige Lounge verwandelt, ist die Bezeichnung für einen Würfelbecher: „Berliner Betrüger". Genau der richtige Ort für ein ehrliches Tipp-Kick-Revival. Viel Platz braucht es dafür nicht. Aber Fingerfertigkeit.

Hamburger Abendblatt | Die Hamburg-Seite | Donnerstag, 17. Oktober 1963

Hamburg hat wieder einen deutschen Fußballmeister

Der Tischfußball-Club St. Pauli holte sich den Titel

Der Fußball ist etwa so groß wie ein Stück Zucker. Das Stadion befindet sich in einem Lokal an der Lippmannstraße in Altona. Die Spieler: 29 Männer und zwei Frauen. Der Verein: der Tischfußball-Club „St. Pauli“. Der Erfolg: Deutsche Meisterschaft, errungen in Hannover.

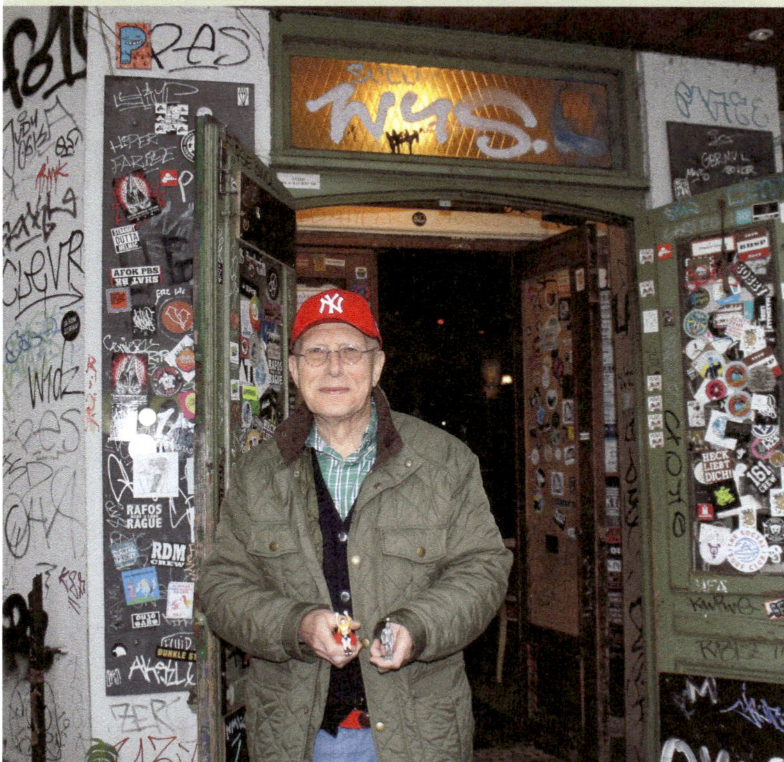

HARTE 4 FAKTEN

Adresse: Juliusstr. 15 / Lippmannstr. 34, 22769 Hamburg
DM Einzel: Jürgen Hillengaß (1963+1967), Hubertus „Hacki“ Jüttner (1987)
DM Mannschaft: SG Hamburg/Leck (1993), TKC Fortuna Hamburg (1997)
Pokalsieger: SG St. Pauli/Celle (1978), SG Hamburg/Quickborn (1988), SG Hamburg/Leck (1993+1996), TKC Fortuna Hamburg (2000)

Union-Stadion (historisch)

Csardas am Kreuzweg

Es ist laut, von überall brummt der Verkehr. Und dann steht da dieses klobige Hochhaus, das von den Hamburgern als „Post des Grauens" verteufelt wird. Schwer vorstellbar, dass sich an dieser Stelle einst ein schmuckes Stadion befand. Es gehörte dem SC Union Altona und wurde 1913 eingeweiht – in günstiger Lage, unmittelbar neben dem Kaltenkirchener Bahnhof und einer Straßenbahnlinie.

Im Jahr 1920 wurde dann in einem Spiel gegen den HSV die große Holztribüne eröffnet. Sie bot Platz für 600 Zuschauer, die Preiskategorien lauteten: Loge acht Mark, nummerierte Tribüne und Stuhlplätze im Innenraum sechs Mark, Tribünenvorraum fünf Mark – stolze Preise damals. Aber irgendwie musste das Geld ja generiert werden, schließlich setzten die „Jonier" große Anstrengungen daran, sportlich zum HSV aufzuschließen. Als Trainer wurde 1921 der Ungar Guyla Kertesz unter Vertrag genommen. Von Viktoria Wilhelmsburg kamen die Gebrüder Croonen an den Kreuzweg, es folgten von Makkabi Brünn Jozsef Künsztler und Ferenc Hires. Letzterer war ungarischer Nationalspieler und wurde von der Sportpresse als „bester Stürmer Deutschlands" gefeiert. Die Einkäufe glänzten eine Zeitlang im weißen Union-Jersey. Als 1924 der HSV am Kreuzweg zum Endrundenspiel um die Norddeutsche Meisterschaft antrat (Foto o.), stand der Hamburger Fußball kurz vor einer Zeitenwende. Das Spiel jedoch endete 1:1, der Altmeister hatte seinen Kopf gerade noch aus der Schlinge gezogen. Vom Spiel selbst sind zwei Stereofotos erhalten geblieben, die einen dreidimensionalen Blick auf das Stadion und das Spiel geben.

Im gleichen Jahr erreichte Union auch seinen spektakulärsten Erfolg, als Juventus am Kreuzweg gastierte und mit 1:2 verlor. In Erinnerung blieb vor allem eine kleine, große Geste: „Der italienische Altmeister hatte vom Denkmal seiner Gefallenen einen Efeuzweig mitgebracht und pflanzte ihn vor dem Denkmal der Union-Gefallenen ein." Der Efeu, im Geiste des Friedens mitgebracht, verbrannte 1943 bei den Luftangriffen auf Hamburg, ebenso wie die prachtvolle Holztribüne. 1960 musste das Stadion schließlich dem „grauenvollen" Postgebäude weichen.

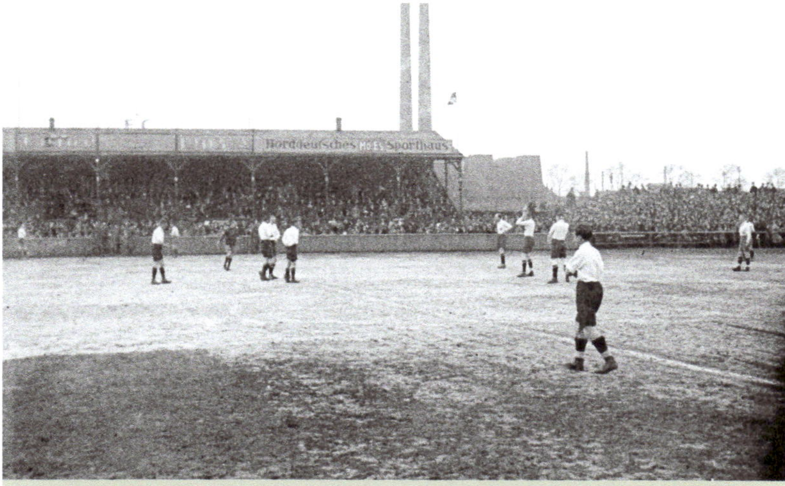

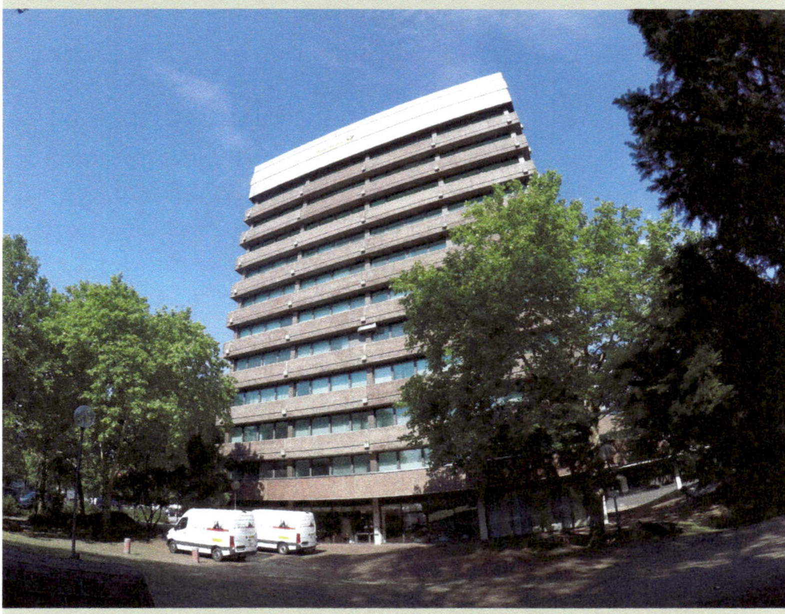

HARTE 4 FAKTEN

Adresse: Kaltenkirchener Straße 1, 22769 Hamburg

Rekordkulisse: 15.000 vs. MTK Budapest 1:1 (3. 8. 1922)

Neue Heimat: Rudi-Barth-Sportplatz, Waidmannstraße 17

Landebahn: Notlandung des Segelfliegers Hans-Werner Grosse, später Inhaber von 50 Weltrekorden (12. 5. 1958)

FC Lessing (historisch)

Äppelklaun und Straßenfußball

Im 2. Weltkrieg in Harburg ausgebombt und 1944 ins schleswig-holsteinische Kleve evakuiert, fand die Familie Dörfel 1946 in der Altonaer Grabbestraße ihr neues Zuhause. Vater Friedo, 1942 zweimaliger Nationalspieler, arbeitete als Fuhrunternehmer und meldete seinen Sohn Gert in der Fußballabteilung der Sportvereinigung Polizei an, die ihren Platz in unmittelbarer Nähe an der Holsten-/Ecke Haubachstraße hatte. Gert durchlief als „Polizist" alle Knaben- und Jugend-Mannschaften und wurde schon als 16-Jähriger mit einer Sondergenehmigung für die 1. Herren freigeholt.

Mit den Übungseinheiten war der Buttje aber längst nicht ausgelastet. Nach der Schule hieß es oft sofort: „Ruck zuck övern Zaun!" – Angesagt waren: Mauerklettern und Balancieren (in halsbrecherischer Höhe am Altonaer Bahnhof), Äppelklaun (am liebsten im Hinterhof der nahegelegenen Polizeiwache, wo die schönsten und verbotensten Früchte wuchsen) und natürlich Kicken bis zum Umfallen auf Schulhöfen, Spielplätzen oder in den damals noch wenig befahrenen Gassen und Straßen Altonas. Auf dem holprigen Pflaster holte er sich das Rüstzeug, das ihn später zum HSV-Publikumsliebling am Rothenbaum und im Volkspark, zum Nationalspieler und zu „Europas bestem Linksaußen" (L'Equipe) werden ließ.

Mit seinen Kumpels gründete Gert den Straßenfußballklub „FC Lessing", für den der dem Zuhause nahegelegene Lessing-Tunnel Pate stand. Als Spielort diente ein Grand-Platz an der Max-Brauer-Allee. Neben Gert (224 Bundesliga-Spiele/58 Tore für den HSV) und seinem fünf Jahre jüngeren Bruder Bernd (139/21 für den HSV und Braunschweig) kamen mit den späteren HSVern Harry Bähre (78/2), Hubert Stapelfeldt (15/0) und Heiko Kurth (13/2) sowie Jürgen Wähling (12/0 für Tasmania Berlin) insgesamt sechs Spieler vom FC Lessing zu Bundesliga-Ehren. Legendär der Auftritt der Altonaer Straßenkicker im Jahr 1957, als 3.000 (!) Zuschauer am Sportplatz am Veilchenweg den 3:1-Sieg über die Elf vom Eimsbütteler Grandweg verfolgten.

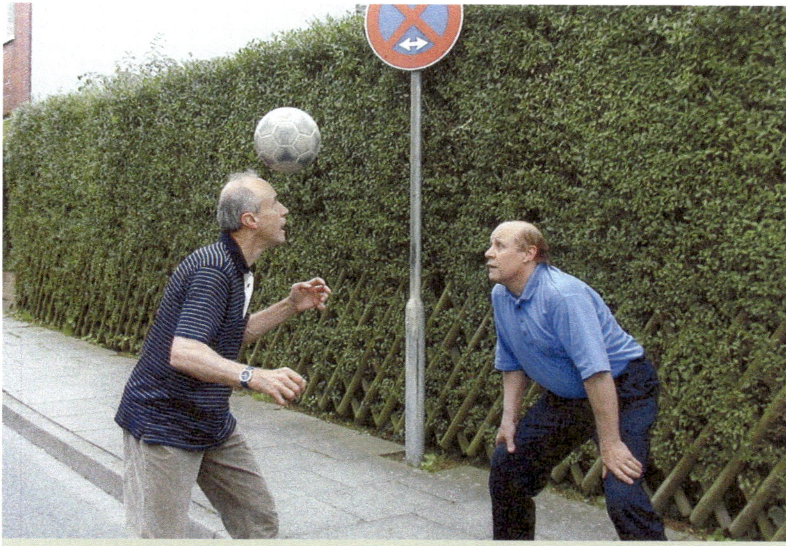

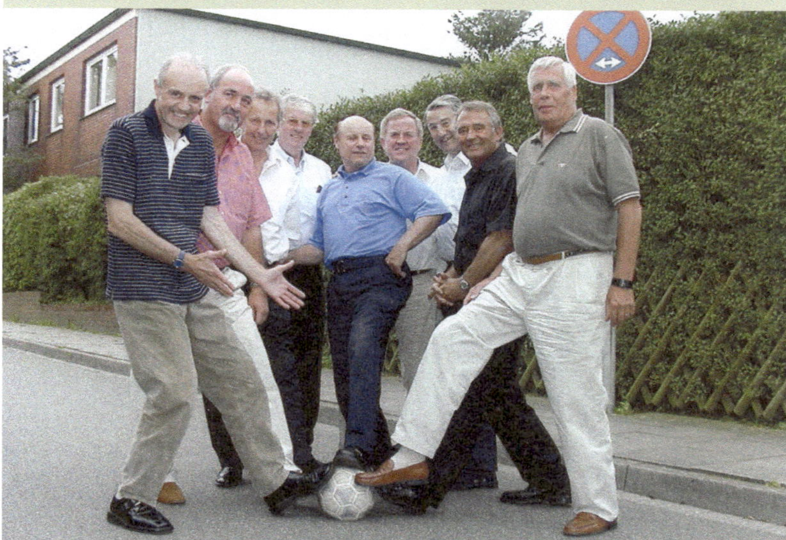

HARTE 4 FAKTEN

Adresse: Grabbestraße 6, 22765 Hamburg

Lessingtunnel: 1908 erbaut, 110 m lang, 23.000 Fahrzeuge/Tag

Spitzname: „Charly", nach der Comicfigur Charly Brown

Spitzen-Name: Umbenennung der Sportanlage des FC Viktoria Harburg (Kapellenweg 111) in „Charly-Dörfel-Platz" (2019)

Tabakladen Spundflasche (historisch)

„König zwischen den Strafräumen"

Für sein Twitter-Projekt „@exprofis" hat der Düsseldorfer Sportjournalist Thorsten Schaar schon über 700 ehemalige Fußballer in der „dritten Halbzeit" ihres Berufslebens aufgespürt und dabei Trends ausgemacht: „In den 1970er-Jahren war die Lotto-Toto-Annahmestelle der klassische Arbeitsplatz für Ex-Profis, in den 1980er-Jahren das Sportgeschäft, in den 2000er-Jahren war es der Betrieb einer Soccerhalle; und inzwischen steht der Spielerberater hoch im Kurs. Und Versicherungsmakler geht eigentlich immer." Was (erstaunlicher Weise) für viele Kicker der Gegenwart zutrifft, galt vor Einführung der Bundesliga erst recht: Vom Fußballspielen allein konnte niemand leben. Selbst die Besten, wie Heinz Spundflasche (1919–1972), nicht.

Spund – fla – sche – drei Silben zum Zungeschnalzen, Musik in den Ohren der norddeutschen Fußballfreunde in den späten 1930er bis 50er-Jahren. Ein Name als Programm: Trapattonihaft gespielt wie „Flasche leer"? Nicht mit Heinz! Dafür sorgte ja schon der Pfropfen, der „Spund"! Der spindeldürre Schlaks, ein „Bündel aus Haut und Knochen" (Abendblatt), war ein „König zwischen den Strafräumen" (Die Welt), der mit viel Übersicht die Angriffsfäden zog, mit Traumpässen und Ideen glänzte und in Sachen Schusspräzision und Kopfballstärke Maßstäbe setzte. Spundflasches Spiel kam oft einer „Mathematik-Stunde auf dem Spielfeld" (Bild-Zeitung) gleich. Seine (Spiel-)Intelligenz stellte er vor größerem Publikum nicht nur am Rothenbaum im Dress des HSV (1938–1952) und auf der Adolf-Jäger-Kampfbahn für Altona 93 (1952–1958) unter Beweis, sondern u. a. auch als Sieger beim „Schnelldenker-Turnier" des NWDR, der beliebten ersten Quiz-Sendung im deutschen Rundfunk.

Bereits 1950 hatte sich der gelernte Möbeltischler um ein zweites Standbein gekümmert und am Ottensener Spritzenplatz einen Tabakladen samt Lotto-Toto-Annahmestelle erworben. Über zwei Jahrzehnte lang, bis zu seinem frühen Tod im Alter von knapp 53 Jahren, verkaufte er hier fachkundig „Lungentorpedos" wie edle Havannas oder „Krumme Hunde". Das Geschäft, in dem sich heute ein Schmuck- und Uhrenhandel befindet, trug seinen prägnanten Namen noch bis in die 2010er-Jahre und überlebte seinen einstigen Inhaber damit um gut vier Jahrzehnte.

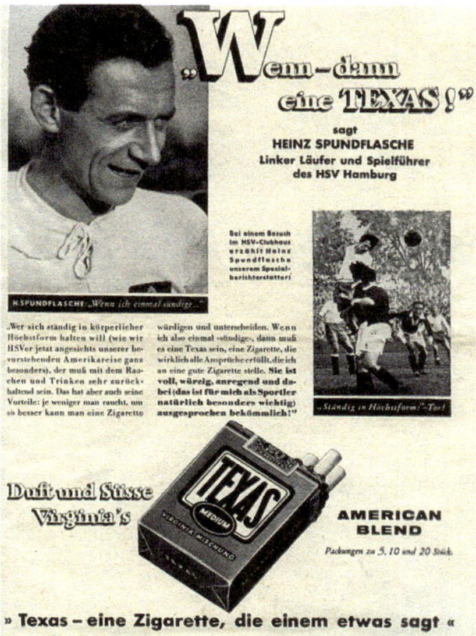

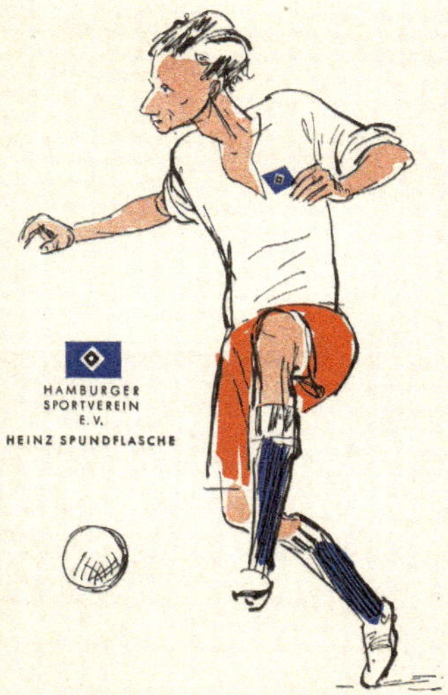

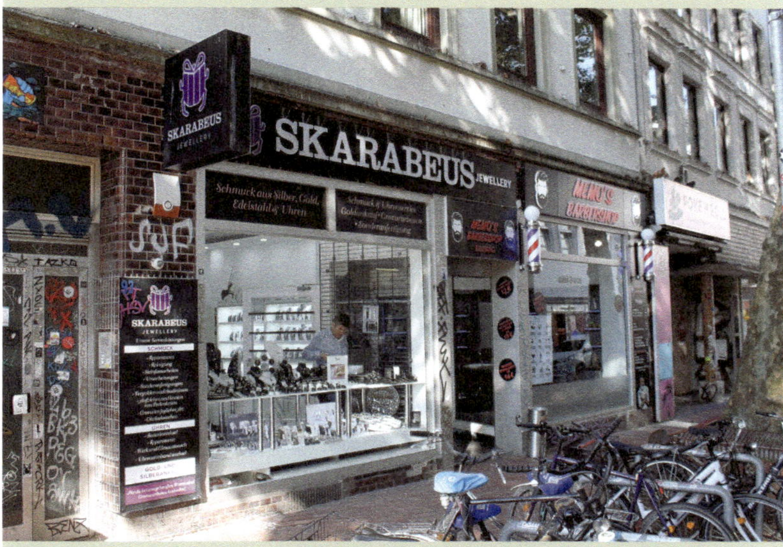

HARTE 4 FAKTEN

Adresse: Bahrenfelder Straße 93, 22765 Hamburg

Schnelldenker: NDWR-Hörfunk (Premiere: Weihnachten 1946)

Spurensuche „Dritte Halbzeit“: https://twitter.com/exprofis

Kollegen: Kurt Manja (ETV; Laden: Heußweg 49, 1950–1984), Werner Erb (u. a. Altona 93; Eidelstedt-Center, ca. 1980–2010)

Gottfried-Tönsfeldt-Sportplatz

Buren, Teutonen, Katalanen

Auf wohl keinem anderen Hamburger Fußballplatz wird so lange durchgehend gespielt wie an der Kreuzkirche. Schon in den 1890er-Jahren begannen hier Schüler des Realgymnasiums unter der Leitung ihres Lehrers Tönsfeldt, dem Leder nachzujagen. Das Gelände wurde zur Heimat für viele Vereine – selbst wenn diese nur eine kurze Lebensdauer hatten. Exemplarisch dafür sei der „FC Transvaal“ genannt, der 1903 von Gymnasiasten „im Grase neben der Seltersbude des Platzes“ gegründet worden war. Der exotische Name hatte mit dem Engagement des Kaufmanns Jan Eloff zu tun. Der war mit seiner Familie von Südafrika nach Altona geflüchtet; sein Bruder hatte die Tochter des Burenpräsidenten „Ohm“ Krüger geheiratet. Eloff spendierte den Jugendlichen deshalb einen Satz Schärpen in den Landesfarben Südafrikas und einen Lederball. Doch schon bald hatten die großen Vereine die meisten der talentierten Spieler „gezogen“, und der Klub der „Mottenburger Jungs“ verschwand.

Ein Verein, der wesentlich länger Bestand hatte, war Ottensen 07. Man startete primitiv: 20 Mitglieder, zwei Bälle und mehrere Seile, die zur Platzbegrenzung von Baum zu Baum geschnürt wurden. Es dauerte nicht lange, da waren die Grün-Weißen eine bedeutende Kraft im Hamburger Fußball. Im Sommer 1911 wechselten Erich Brusendorff und Walter Rositzky zum FC Barcelona. Letzterer zog weiter zu Real Madrid, wo er 1914 nach einem Benefizspiel die Gelegenheit hatte, mit Alfonso XIII. zu sprechen. „Der König sprach besser Deutsch als ich“, gab er höflich zu Protokoll. Als der Krieg ausbrach, meldete sich Rositzky freiwillig zur Bahrenfelder Artillerie und führte seinen Verein in die erste Nachkriegssaison. In dieser vermieste man dem HSV an der Kreuzkirche die Meisterschaft: „mit viel pech gegen ottensen zwei zu zwei“ telegrafierte „Rothose“ Carl Ohrt enttäuscht seiner Familie.

Die große Konstante in der Geschichte der Anlage ist der FC Teutonia 05, der seit den 1920er-Jahren hier beheimatet ist. Dessen „Erste“ stieg 2020 in die viertklassige Regionalliga auf. Der Klub ist für seine gute Jugendarbeit bekannt. Prominentestes Beispiel: Eric Maxim Chuopo-Moting, der gegenwärtig beim FC Bayern unter Vertrag steht.

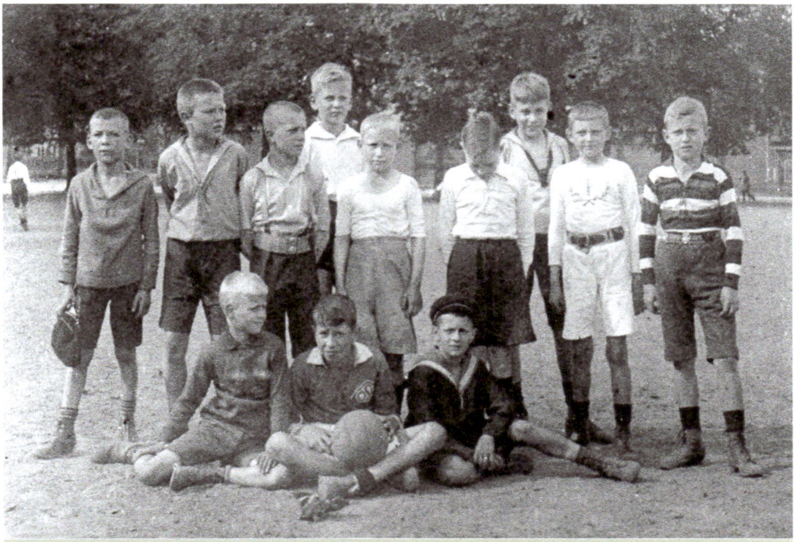

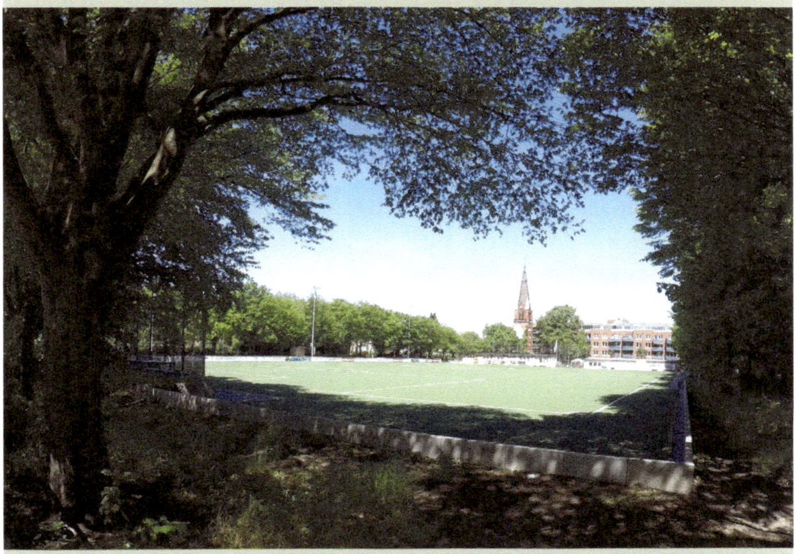

HARTE 4 FAKTEN

Adresse: Tönsfeldtstraße 2, 22763 Hamburg

Rekordkulisse: 6.000 bei Teutonia vs. Sperber 1:2 (1946)

Fusion: Ottensen 07 + Betten-Holm = Grün-Weiß Hamburg (1953)

Legionärslager: Walter Rositzky (Holstentwiete 21) und Erich Brusendorff (Ehrenbergstraße 53) wohnten um's Eck

Adolf-Jäger-Kampfbahn

Auf Zeitreise mit „Adsche"

Wie wär's mit einer kleinen Zeitreise? Wer das denkmalgeschützte Eingangstor passiert, ist bereits auf dem Weg. Ins Jahr 1908 womöglich, zur Einweihung. Altonas Größter aller Zeiten trumpft auf, bereitet den ersten Treffer vor, erzielt weitere selbst. Ungefähr 2.000 Tore und ziemlich genau 36 Jahre später, 1944, erhält das Stadion seinen Namen. 86 Tage darauf kommt er bei einem Luftangriff ums Leben. Präsent ist er noch immer. Sein blumengeschmücktes Porträt hängt überm Gang zu den Katakomben.

Details wie dieses machen es aus. Die „AJK" ist eine Ansammlung liebenswürdiger Unikate und Originale. Rechts vom Eingang, auf den billigeren Plätzen, die „Meckerecke", in der junge Ultras allmählich die Rentner als Platzhirsche beerben. Nebenan, unterm Dach, auf der 1958 eröffneten Haupttribüne, ist der HSV „am Arsch": 2001 wurden die morschen Holzbänke durch Sitzschalen aus der Abrissmasse des Volksparkstadions ersetzt. Grünlich-verwittert sehen sie mittlerweile so aus, als hätte sie Jäger noch persönlich angeschraubt. Die „VIP-Lounge" auf zusammengetuckerten Euro-Paletten – gemütlich! Vis-à-vis, auf den bemoosten Traversen der Gegengeraden, skandiert und plakatiert der „Black Bloc" seine Parolen. Die Brombeeren wuchern so üppig, dass sie zu Marmelade verkocht werden. Kampfbahn-Konfitüre – lecker! Und am Ende der Stadionrunde, unter den Pappeln, treffen sich die Punks. „Wahre Zecken", denen es am Millerntor inzwischen viel zu „angepasst" zugeht. Architektonisches wie menschliches Patchwork, eine einnehmende „Ästhetik des Verlebten", wie Abendblatt-Autor Matthias Iken schwärmte: „Die Kampfbahn, sie ist nicht schön, aber echt, sie ist nicht glatt, sondern vernarbt, nicht modisch-modern, aber geerdet. Sie gleicht einem faltigen Gesicht, sie ist ein Charakterkopf."

Die Tage, die hier noch bleiben, sind absehbar. Jägers letztes Halali ist längst beschlossen. Bis spätestens 31. Dezember 2026 wird es ertönen. Erst kommen die Bagger, dann neue Wohnungen. Man muss mit der Zeit gehen. Die Ersatz-Heimat ist verortet. Ein Stadion für 5.000, „Leuchtturm" eines neuen Quartiers am Diebsteich. Doch Adsche leuchtet auch. Ein bisschen noch. Höchste Zeit also, noch einmal vorbeizuschauen. Besser: zweimal, dreimal, viermal …

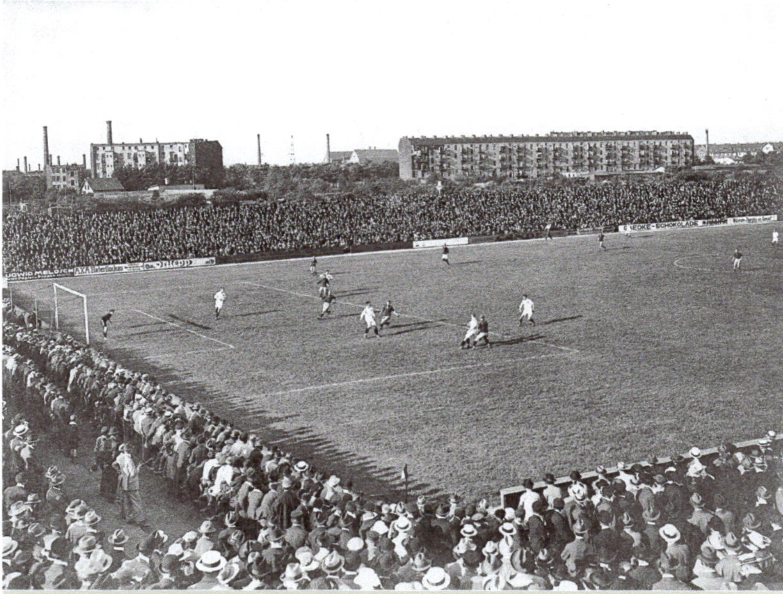

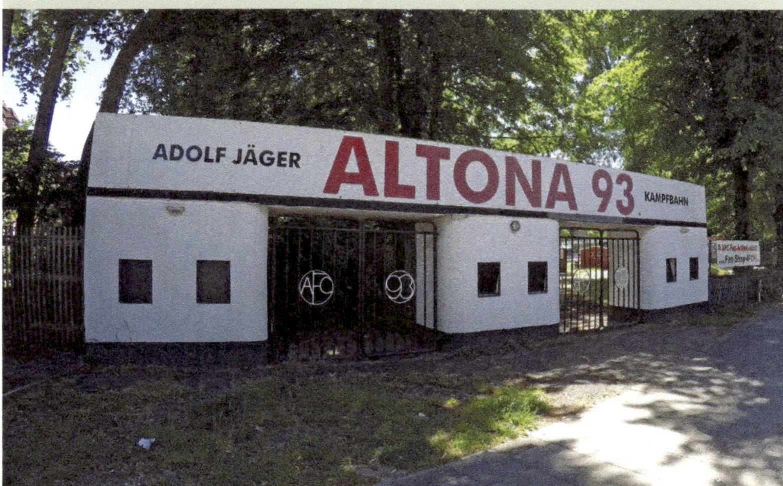

HARTE 4 FAKTEN

Adresse: Griegstraße 62, 22763 Hamburg

Eröffnung: vs. Lübecker BC 7:1 (30. 8. 1908)

Rekordkulisse: 27.000 vs. HSV 1:4 (8. 3. 1953)

Al-to-na(h): 4x Halbfinale – Deutsche Meisterschaft 1903 + 1909, DFB-Pokal 1955 + 1964

Gartmann-Kakaomühle (historisch)

Kinderträume aus Altona

Jeder kennt die selbstklebenden Panini-Fußballbilder aus dem italienischen Modena. Doch was ist mit Gartmann? Das 1810 im damals noch dänischen Altona gegründete Unternehmen hat nicht nur feine Süßwaren wie die „Crême-Chocolade" hergestellt, sondern auch als Werbeträger ein ganzes Universum von bunten Bildern: Leuchttürme gab es zum Sammeln, ebenso Arzneipflanzen, die Abenteuer des Odysseus oder berühmte Tennisspieler – am beliebtesten waren jedoch die vielen Fußballbilder. Sie passten in jede Hosentasche und lösten auf dem Schul- oder Hinterhof Transferverhandlungen aus: „Haste Jäger?" – „Nee, aber den ollen Ziegenspeck" – „Kannste behalten. Den HSV hab ich komplett!"

Die Faszination der Bilder war immens. Das lag auch an der liebevollen Gestaltung. Der hauseigene Grafiker nutzte ausdrucksstarke Fotografien als Vorlage. Was dann herauskam, sah oft aus wie ein Gemälde en miniature. Die Motive waren eine ideale Werbung für das Altonaer Unternehmen, aber auch für die abgebildeten Vereine. Der bekannte Mecklenburger Sportjournalist Karl-Heinz Jens vom „kicker" (1918–2011) wurde über die Gartmann-Bilder ein Anhänger des HSV. Im Strandbad Klostersee in Dargun und an der nahen Gaststätte Poggenkrug – 1771 errichtet und noch immer wird bewirtet! – waren Gartmann-Automaten aufgestellt, die den jungen Jens mit Schoko-Rollen und Bildern lockten. Der Groschen, den er sich von seinem Großvater borgte, war für ihn das Entrée in die große weite Welt des Fußballs.

Zu jener Zeit betrieb das Unternehmen C.H.L. Gartmann ein Kontor in der Königstraße 120 (heute Alte Königstraße) und eine Kakaomühle in der Möllner Straße 11-13 (heute Notkestraße 9-15, Foto o.). Nach dem Zweiten Weltkrieg wich das Unternehmen nach Hammerbrook in die Wendenstraße 130 aus. Die letzte große Fabrik ist inzwischen zu einem wunderschönen Wohnensemble umgebaut worden. Auf echte Gartmann-Schokolade muss jedoch auch heute niemand verzichten. Die Firma produziert in kleinerem Umfang noch immer ihre leckeren „Tannenbaumkränze" und andere erlesene Spezialitäten – allerdings ohne Fußball-Sammelbilder, denn dies ist längst ein Millionengeschäft geworden. Für die entsprechenden Lizenzverträge werden heute Unsummen gezahlt.

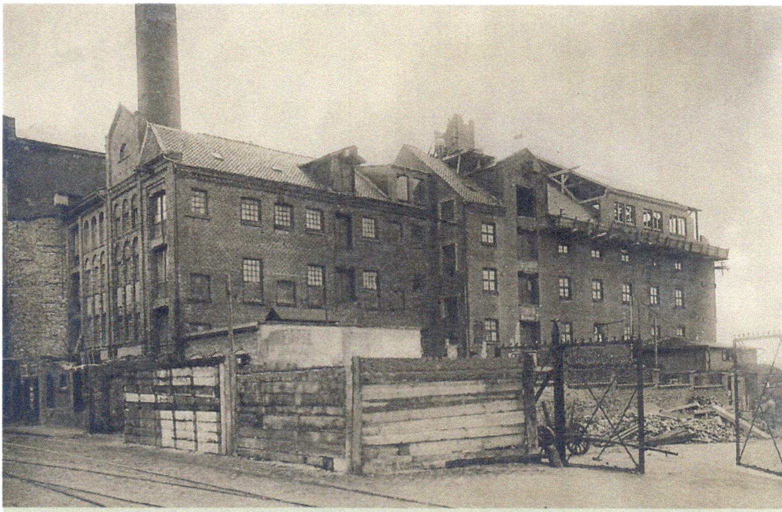

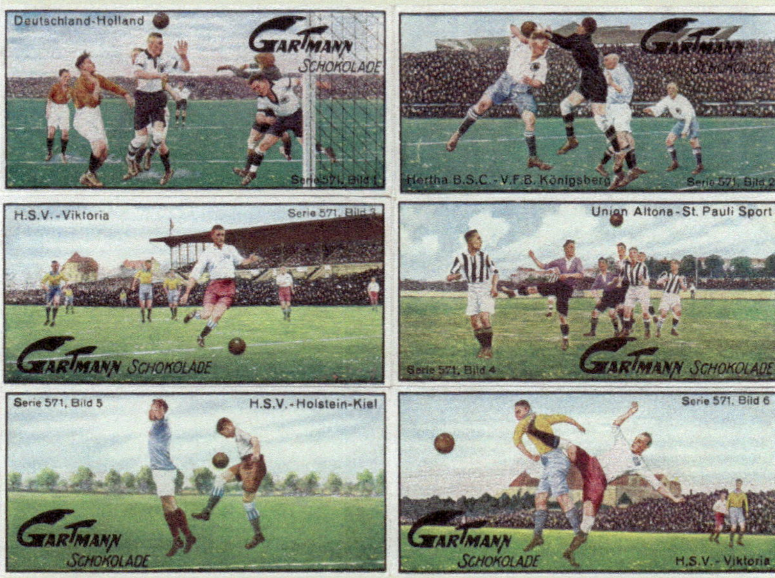

HARTE 4 FAKTEN

Adressen: Notkestraße 9-15, 22607 Hamburg

Firmengeschichte: www.gartmannschokolade.de/familienhistorie

Oh Tannenbaum: 250 g, ca. 27 Kränze – 4,89 €

Bares für Rares: Gartmann-Automat bei ebay – 7.499,99 € (Sofortkauf)

Hamburger Polo Club

Trainingsquartier der „Bomben-Truppe"

Klein-Flottbek und Fußball? Gemeinhin verbindet man den mondänen Elb-Vorort eher mit Pferdesport: Seit 1920 wird hier das Deutsche Spring- und Dressurderby ausgetragen, und auch der Hamburger Polo Club hat hier seit über 100 Jahren seine Anlagen. Sie sind wahrhaft malerisch, und es ist kein Zufall, dass der berühmte Impressionist Max Liebermann die Reiter dort künstlerisch verewigt hat, 1903 in Öl und mit Bleistift. Kopien seiner Werke sind im 1928 errichteten Klubhaus zu sehen – das selbst ein Kunstwerk darstellt: Es wurde von dem Architekten Heinrich Amsinck im modernen Bauhausstil entworfen.

Während des Zweiten Weltkriegs kam der Fußball dann ins Spiel. Oberst Fritz Laicher hatte im Dezember 1942 im Besenbinderhof den Luftwaffensportverein Hamburg gegründet. Von „Volksbetreuung der schwer geprüften Bevölkerung" war die Rede und dass man mit der eigenen Elf „seinen Beitrag im deutschen Sport während des schicksalhaften Ringens des deutschen Volkes zu leisten" gedenke. So hieß es in der Selbstdarstellung des LSV. Laicher war versessen darauf, eine Spitzenmannschaft formen und ließ die talentiertesten Spieler in Diensten der Luftwaffe nach Hamburg abkommandieren. „Sein Arm reichte bis nach Moskau", sagte Torwart Karlheinz Höger über den Einfluss Laichers. Der machte den vornehmen Polo Club zum Zentrum seiner neuen „Bomben-Truppe". In idyllischer Lage fernab vom Kriegsgeschehen sollten sich die Spieler auf den Sport konzentrieren. Höger hat die Anlage liebengelernt: „Das war unglaublich professionell. Wir haben dort täglich zusammen trainiert, haben im Klubhaus unsere Speisen eingenommen und auch noch unsere Ruhestunden verbracht. Nachmittags gab es dann im Besprechungsaal eine Taktikschulung durch unseren Trainer."

Die hatten Erfolg. Der Klub, der seine Heimspiele im Hoheluftstadion austrug, feierte einen kometenhaften Aufstieg: 1943 Pokal-Finalist, 1944 Gaumeister in Hamburg, DM-Endspielteilnehmer in Berlin sowie Deutscher Meister im Feldhockey. Im September 1944 allerdings wurde die Mannschaft wie alle Militärsportvereine wieder aufgelöst. Nun war der „totale Krieg" doch wichtiger.

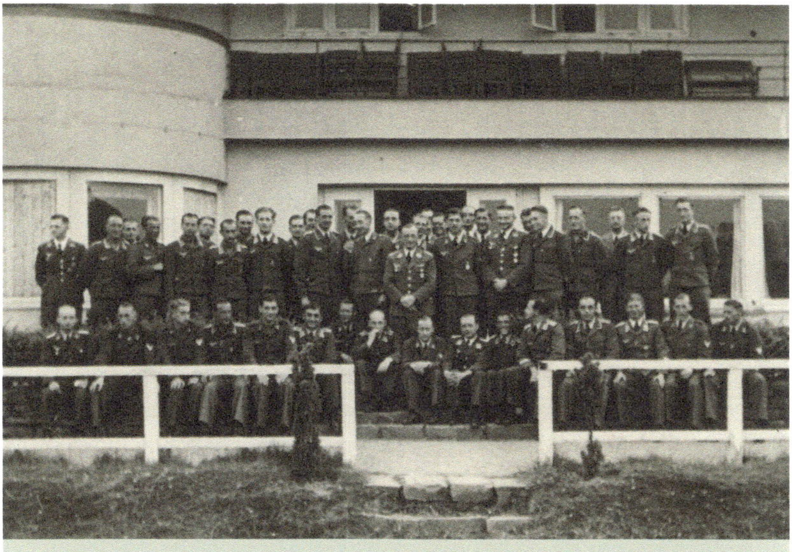

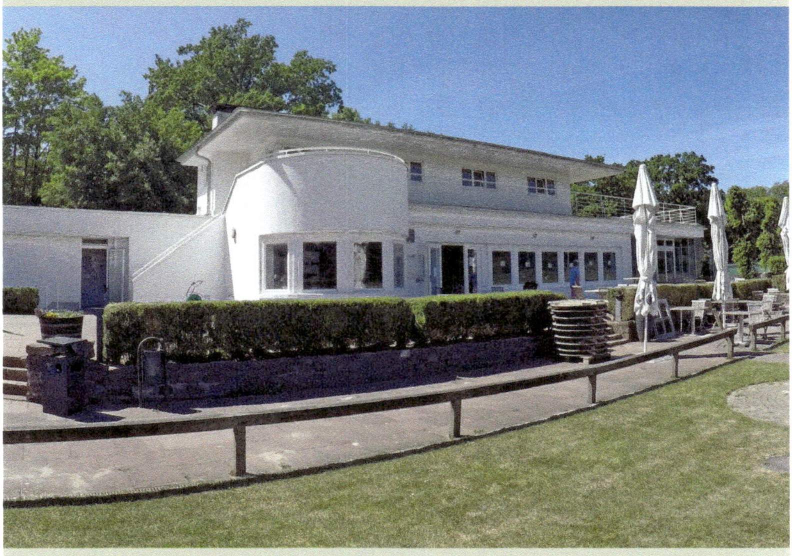

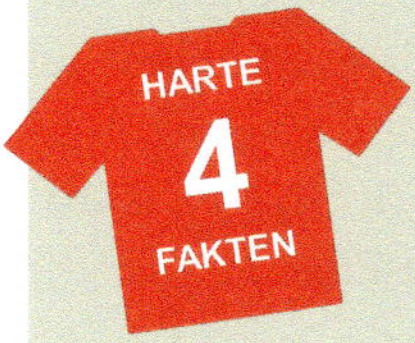

Adresse: Jenischstraße 26, 22609 Hamburg

Pokal-Finalist: vs. First Vienna FC 2:3 n.V. (31.10.1943)

DM-Finalist: vs. Dresdner SC 0:4 (18.6.1944)

LSV-Nationalspieler: Willi Jürissen (RW Oberhausen), Karl Miller (FC St. Pauli), Reinhold Münzenberg (Alemannia Aachen)

Sven-Simon-Park

Der „Jahrhundert"-Fotograf

Große Väter und deren Söhne: Oft ein kompliziertes Verhältnis zwischen Loslassen und Emanzipation. Manche ändern gar ihren Namen, um aus dem Schatten herauszutreten. Hinter Sven Simon verbirgt sich der Sohn des bekannten Zeitungsverlegers Axel Springer. Unter seinem Pseudonym wurde Axel Springer junior als Fotograf und Journalist international bekannt und gewann viele renommierte Preise. Zeitweise arbeite er als Chefredakteur der Welt am Sonntag. 1980 nahm er sich, im Alter von nur 38 Jahren, das Leben.

Simons Werk bleibt unsterblich, etwa die Bilder der Bundeskanzler Willy Brandt beim Kniefall von Warschau 1970 oder Helmut Schmidt auf der Trauerfeier für Hanns Martin Schleyer 1977. Das Foto seines viel zu kurzen Lebens aber gelang dem begeisterten Fußballfan 1966 im Londoner Wembley-Stadion. Es zeigt, wie der deutsche Kapitän mit gesenktem Kopf, hängenden Armen und von einem Ordner begleitet das Spielfeld verlässt. Eine eindrucksvolle Aufnahme, die 2000 zum „Sportfoto des Jahrhunderts" gekürt wurde. In seiner 1967 veröffentlichten Foto-Dokumentation „Das Tor des Jahrhunderts" definiert Sven Simon den Moment, da er den Auslöser seiner Kamera drückte, eindeutig: „Uwe Seeler auf dem Weg zur Königin. Vom Kampf gezeichnet, vom Gegner geschlagen, an einem Irrtum zerbrochen." Dem zum Trotz wurden in den vergangenen Jahren Zweifel angemeldet: „Was hat eine Kapelle am Ende des Spiels auf dem Rasen zu suchen?" Die Musiker hätten doch wohl höchstens zur Halbzeit aufgespielt. Das Sportfoto des Jahrhunderts – ein Etikettenschwindel? Erst 2001 konnten Recherchen Hamburger Sportwissenschaftler das Rätsel final lösen: Simons Foto entstand tatsächlich nach Abpfiff.

Um sein Andenken zu wahren, stiftete die „Welt am Sonntag" den Sven-Simon-Preis für Natur- und Sportfotografie, sein Vater den Sven-Simon-Park am Falkenstein in Hamburg. Die weitläufige Anlage mit altem Baumbestand war einst dessen Privatgarten. Das Highlight: der „Balkon" der Grünanlage, den man etwas versteckt hinter dem ehemaligen Landhaus Michaelsen findet. Von hier aus bieten sich wunderschöne Ausblicke auf die Elbe. Motive, die Sven Simon sicher gefallen hätten.

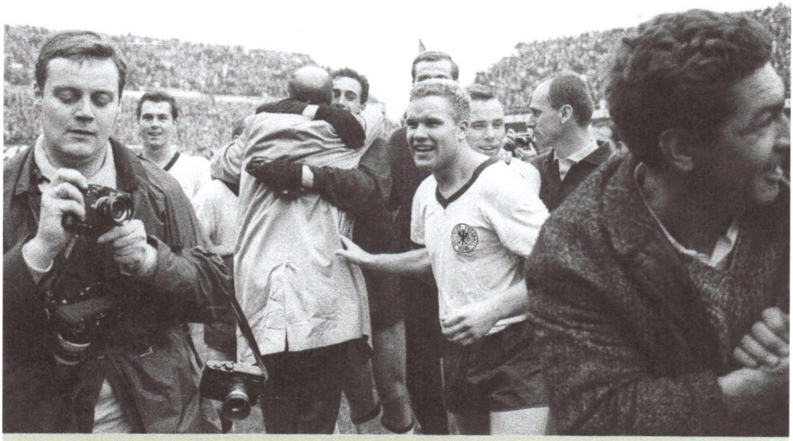

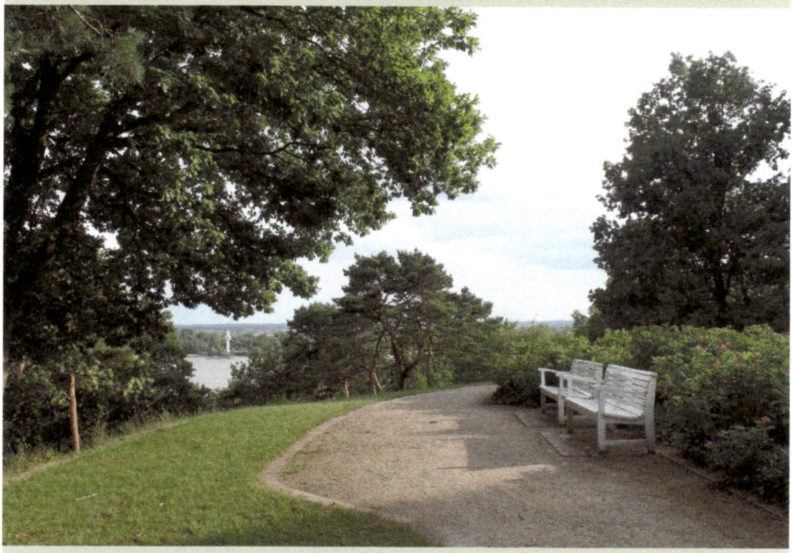

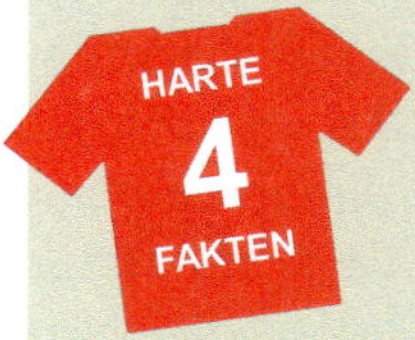

Adresse: Grotiusweg 77, 22587 Hamburg

Doku: Sven Simon: Das Tor des Jahrhunderts. München 1967

Verbot: Fahrräder/Mopeds, Hunde und (leider) auch Fußbälle

Inschrift: „Und durch Dieses redet er noch. Wiewohl er gestorben ist." Hebräer 11,4 (Gedenkstein am Parkeingang)

Hauptfriedhof Altona

Ewige Verbundenheit

Seelenruhe. Totenstille. Himmlischer Frieden. Komplette Entschleunigung unweit der A7. Altonas langjähriger Gartenbaudirektor Ferdinand Tutenberg schrieb einst über sein Ende 1923 eröffnetes Hauptwerk: „Wer seine Toten besucht, soll nicht den Anblick weithin sich dehnender Gräberreihen haben, sondern soll durch den begrenzten Raum des Gärtchens die Möglichkeit innerer Sammlung erlangen." Die Orientierung auf dem 63 Hektar großen Areal mit seinem geometrischen Wegenetz fällt leicht. Nur einen kurzen Spaziergang links vom Haupteingang und der Mittelachse mit einer Allee aus japanischen Zierkirschen befindet sich das Grabmal von Adolf Jäger. Der erste Star des deutschen Fußballs war schon zu Lebzeiten eine Legende. Der „kicker" schwärmte: „Technik, genauer Pass über jede Strecke, Kopfspiel, scharfer Blick, feldherrenhafte, ruhige Übersicht, Durchschauen jeden Gegners, Ruhe und Intelligenz, satter flotter halbhoher Schuss."

Nur wenige flotte halbhohe Schüsse weiter nordöstlich liegt Deutschlands erster Fan-Friedhof. Den Eingang zu dem einem Stadion nachempfundenen „HSV-Grabfeld" bildet ein Fußball-Tor aus Beton in Originalmaßen, die Grabstellen sind traversenartig in Halbkreisen angelegt, der Rasen stammt vom nahe gelegen Original-Spielfeld, von dem mitunter Torjubel herüberweht – vorausgesetzt, der Wind steht und der HSV spielt richtig. Grabsteine, Särge und Urnen können in den Vereinsfarben und mit HSV-Raute gewählt werden. Von den 500 möglichen Plätzen für eine („Einzelspieler"), zwei („Doppelpass") oder mehrere Personen („Team") sind trotz der jüngst durchaus gram- und herzinfarktträchtigen Spielweise des Traditionsvereins bislang nur wenige belegt.

Denjenigen, die noch ein paar Extra-Meter machen möchten oder denen die Gräbertour zu morbide ist, sei ein Abstecher in den direkt gegenüber gelegenen Dahliengarten empfohlen. Ob in knallorange, zartrosa oder leuchtend lila – von Juli bis Oktober blühen hier mehr als 10.000 der hübschen Korbblütler in 600 verschiedenen Sorten, manche von ihnen sogar mit Fußballbezug: Frisch gezüchtet wurden sie nach Uwe Seeler (1994), Franz Beckenbauer (2001), dem Verein Altona 93 (2002) oder HSV-Masseur Hermann Rieger (2004) benannt.

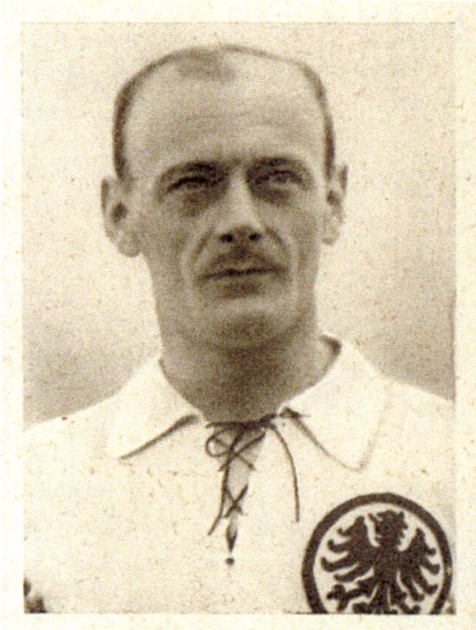

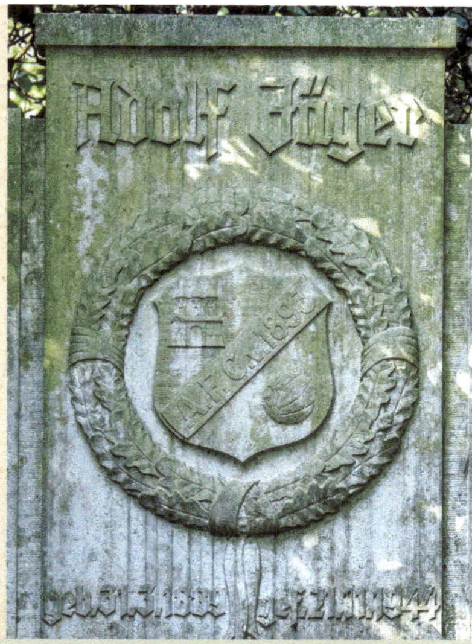

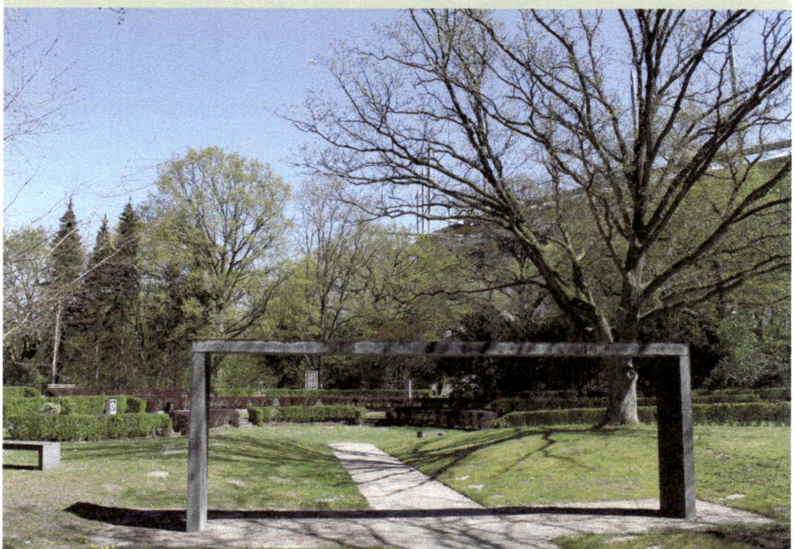

HARTE 4 FAKTEN

Adresse: Stadionstraße 5, 22525 Hamburg

Adolf Jäger: Abteilung 11, Feld C XIII, Grabstelle 1–3

HSV-Grabfeld: Abteilung 21, Feld C XVI

Vor-/Nachmacher: Boca Juniors, Friedhof Iraola (2006, 3.000 Gräber) / Schalke, Friedhof Beckhausen-Sutum (2012, 1.904 Gräber)

Exerzierplatz (historisch)

Die erste Titelgeschichte

Die Gegend um den Marlowring: ein funktional-schmuckloses Gewerbegebiet. Und ein Fußball-Erinnerungsort von herausragender Bedeutung. Wer sich auf Spurensuche begibt, muss allerdings schon ganz genau hingucken. So wie die beiden Hamburger Geomatik-Studenten, die 2007 durch den Vergleich von alten Karten und aktuellen Luftbildern ermittelten, wo exakt das erste Deutsche Meisterschaftsendspiel ausgetragen wurde. 2011 setzte die „Initiative 1903 e.V." hier, auf der ehemaligen Exerzierweide, dem heutigen Grundstück einer Druckerei, einen Gedenkstein.

Auf diesem fehlt der Name von Franz Behr (1875–1944), der zentralen Figur an jenem 31. Mai 1903. Das Gründungsmitglied und der beste Stürmer des gastgebenden Altonaer FC hatte jede Menge zu tun: Tore aufbauen, Spielfeld abstecken, Eintrittsgeld kassieren. Und: Das Spiel zwischen dem VfB Leipzig und dem DFC Prag leiten. Kleines Problem: Der bestellte Ball fehlte! Ersatz wurde besorgt, Anpfiff mit 45-minütiger Verspätung. Peinlich! „Von einem Gedränge vor dem Tor aus konnte Prag um 17.07 Uhr zum ersten Mal einsenden", ist in der Festschrift zum 25-jährigen Bestehen des DFB nachzulesen. Und weiter in der damals noch stark von Ausdrücken aus dem Mutterland geprägten Fußballsprache: „Schließlich gelingt es dem Leipziger Centerhalf, das ausgleichende Goal zu erzielen." Das 1:1 hatte bis zur Halbzeit Bestand, doch dann stellte sich der ausgiebige Reeperbahn-Besuch der Prager am Vorabend als wenig leistungsfördernd heraus. Sie brachen völlig ein und verloren mit 2:7.

Ja, hätten sie es doch bei einer Limonade oder Selters in der Erfrischungshalle belassen. Hier lagerten die Tore, hier zog man sich um, hier wurde gefachsimpelt. Der AFC war zwischen 1895 und 1907 am „Exer" zu Hause, zeitweise mit anderen Vereinen wie Union Altona, dem SC Victoria oder SC Sperber. Aufgrund der Weitläufigkeit des ehemaligen Militärgeländes kein Problem: Es gab Raum für bis zu elf Spielplätze – und ein Sonnenbad. Im Ersten Weltkrieg wurde das Areal dann als Sportgelände aufgegeben, seine Nutzer hatten an anderen Orten eine Heimat gefunden. Das einzige Überbleibsel der Exerzierweide findet sich heute umgebettet am Volksparkstadion: der Turner-Gedenkstein, an dem vorbei die Kicker einst aufliefen.

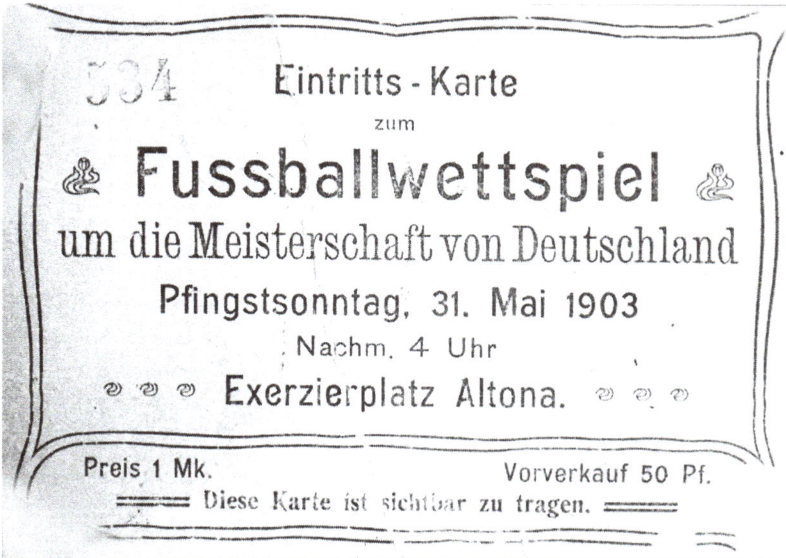

534 Eintritts-Karte zum

Fussballwettspiel

um die Meisterschaft von Deutschland

Pfingstsonntag, 31. Mai 1903

Nachm. 4 Uhr

Exerzierplatz Altona.

Preis 1 Mk. Vorverkauf 50 Pf.

Diese Karte ist sichtbar zu tragen.

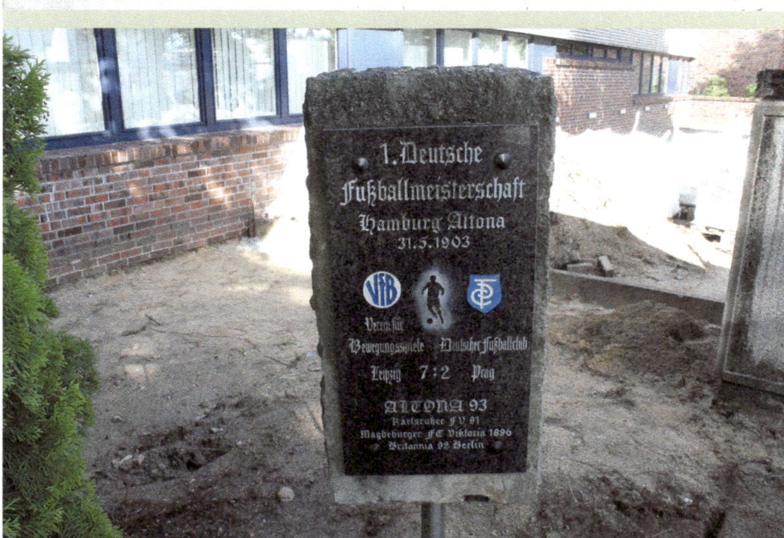

HARTE 4 FAKTEN

Adresse: Rondenbarg 6/Marlowring, 22252 Hamburg

Erinnert: initiative1903.com („Zukunft baut auf Tradition")

Aufbewahrt: Ticket Nr. 534 (Deutsches Fußballmuseum)

Erzählt: Günter Grass: Mein Jahrhundert. Göttingen 1999, S. 16–19

Volksparkstadion

Viele Namen, ein Sehnsuchtsort

So viel Geschichte, so viele Geschichten – man könnte ein ganzes Buch darüber schreiben. Doch wir haben nur eine Seite, etwas mehr als 2.000 Anschläge. Insofern, ein Versuch: Stückwerk, Schlaglichter, Stenostil.

Allein schon die vielen Namen sind Zeichenfresser. Die offiziellen: 1925 getauft nach Altona, 1938 nach dessen Eingemeindung umbenannt nach Bahrenfeld. 1951 als Volksparkstadion auferstanden aus Ruinen. Schließlich namentlicher Ausdruck des Fußball-Kommerzes: AOL (2001-07), HSH Nordbank (2007-10), Imtech (2010-15), seit 2015 wieder Volksparkstadion. Klingelt demnächst die Telekom durch? Dazu die „inoffiziellen", meist nicht so freundlichen Beinamen: „zugige Betonschüssel, draußen in der Pampa" (1963, nach dem endgültigen HSV-„Zwangsumzug" vom Rothenbaum), „Deutschlands gefährlichste Sportstätte" (ab Ende der 1970er-Jahre) oder „Arena an der Müllverbrennungsanlage" in „St. Ellingen" (die Fans des Stadtrivalen, immer wieder gerne). Seit 1999, nach dem Umbau zum reinen Fußballstadion inkl. Spielfelddrehung um 90 Grad, aber auch: „Schmuckkästchen" und „Deutschlands schönstes".

Viel Denkwürdiges, Straßenfeger, Sitzkissen- und Gänsehautspiele. Seit 1927 allein 32 Auftritte der DFB-Auswahl. Lediglich im Berliner Olympiastadion waren es mehr. Eigentlich mit sehr guter Bilanz, doch im Gedächtnis bleiben vor allem brisante Niederlagen: das 0:1 im „Klassenkampf" mit der DDR bei der WM 74 etwa oder das 1:2 im „oranjen Auswärtsspiel" des EM-Halbfinales 1988. Viel internationales Flair ab Ende der 1950er-Jahre, als der HSV einlud und Stars wie Di Stefáno, Eusébio und Pelé im „Wohnzimmer der Weltklasse" aufzogen. 111-mal Europacup mit strahlenden Sternstunden (Burnley 1961, Real 1980, Juve 2000), aber auch tiefschwarzen Löchern (Göteborg 1982, Werders Papierkugel 2009, Fulham und das verpasste Finale „to hus" 2010). Zwei echte DM-Endspiele (1928, 1954), dazu weitere fünf Salatschüssel-Übergaben, am spektakulärsten wohl die von 2001 in allerletzter Sekunde an die Bayern. Insgesamt 948-mal 1. Bundesliga. Als die ewige Uhr des Gründungsdinos 2018 ablief, intonierte die Nord: „Mein Hamburg lieb' ich sehr, sind die Zeiten auch oft schwer, weiß ich doch: Hier gehör' ich her!"

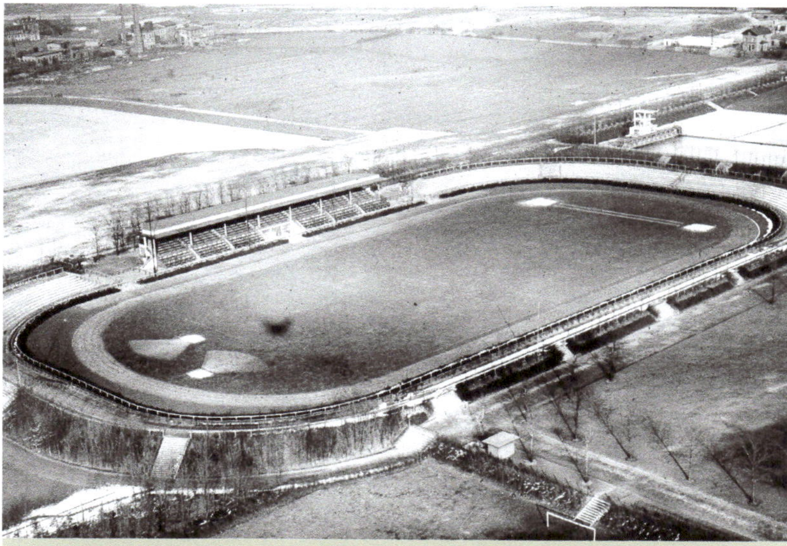

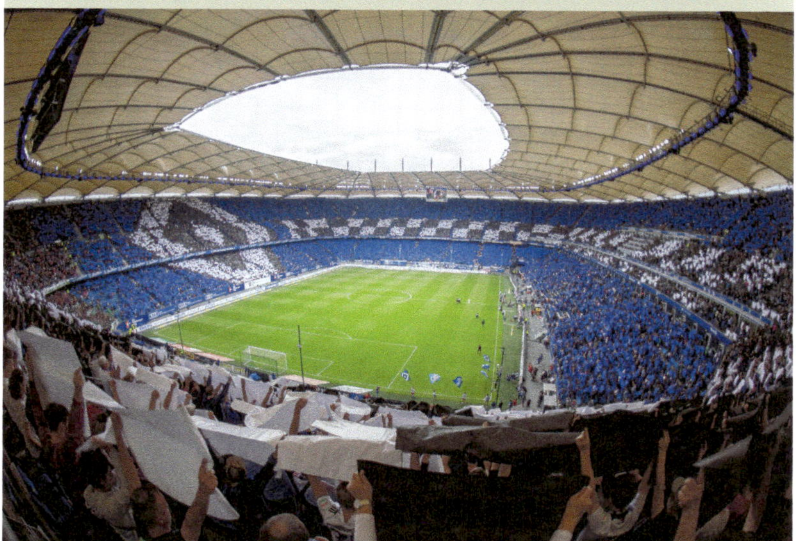

HARTE 4 FAKTEN

Adresse: Sylvesterallee 7, 22525 Hamburg

Volksparkett: offene Bühne für HSV-Fankultur (seit 11/2007)

Rekordkulisse: 77.500, HSV – BVB 1:2 (DM-Endrunde, 10.5.1956)

Namensvettern: Berlin-Mariendorf, Bamberg, Duisburg-Rheinhausen, Gotha, Neuruppin, Wittenberg-Piesteritz, Oberhausen-Sterkrade, Klütz

HSV-Museum

Ausgegraben aus Containern

Er ist einer der unbesungenen Helden der HSV-Geschichte: Werner Müller-Storm. Über viele Jahre war der Rentner Herr des HSV-Archivs. In einem Nebengebäude des Stadions am Rothenbaum saß der Ehrenamtler Tag für Tag an seinem kleinen Schreibtisch. Dort schnitt er Zeitungsartikel und Spielberichte aus und klebte sie penibel in Leitz-Ordner. Nur selten verirrten sich Besucher in sein kleines Reich; kaum jemand wusste um den großen Schatz, der versteckt in den Schränken schlummerte: Pokale, historisches Schriftgut, unzählige Fotos. Geteilt wurde das Geheimnis von einigen HSV-Funktionären und natürlich Müller-Storms Katze, die sich wissend an den Schränken rieb und vielsagend schnurrte. Die Tempelwächter von Gizeh wären begeistert gewesen.

Als das Stadion Mitte der 1990er-Jahre abgerissen wurde, verschwand das Archivgut in zwei Containern. Beim Fanbeauftragten Dirk Mansen reifte die Idee, aus dem einzigartigen Bestand ein Museum zu machen. Der Verein gab 2002 grünes Licht und 800.000 Euro, Müller-Storm-Nachfolger Walter Rehmer sichtete 60.000 Exponate; als Ort wurde eine Fläche in der neuen Arena gefunden. Dort kann man seit Anfang 2004 auf über 700 Quadratmetern die Geschichte des HSV in allen Facetten erleben – auch die einst katzenumgarnten Trophäen. Obwohl der HSV derer viele präsentieren kann, will das Kuratorenteam um den aktuellen Museumsleiter Niko Stövhase seine Gäste vor allem bilden und „gesamtgesellschaftliche Kontexte“ vermitteln. Das gelingt: mit Museums- und Stadionführungen, Workshops für Schulkassen und gut recherchierten Ausstellungen. Als erster deutscher Verein arbeitete der HSV seine Rolle während der NS-Zeit auf und präsentierte die Ergebnisse 2007 in der vielbeachteten Ausstellung „Die Raute unter dem Hakenkreuz“.

Die stimmige Konzeption wird vom Publikum angenommen. Rund 50.000 Besucher jährlich finden den Weg in die „heiligen Hallen“ des HSV. Damit ist die Einrichtung selbsttragend, kein Zuschuss-Geschäft und genau wie ihr Besuch eine äußerst lohnende Investition. Denn alles, was den mittlerweile mehr als 87.000 Mitglieder zählenden Traditionsverein großgemacht hat, lässt sich hier finden: seine Werte, seine Visionen, sein Herzblut.

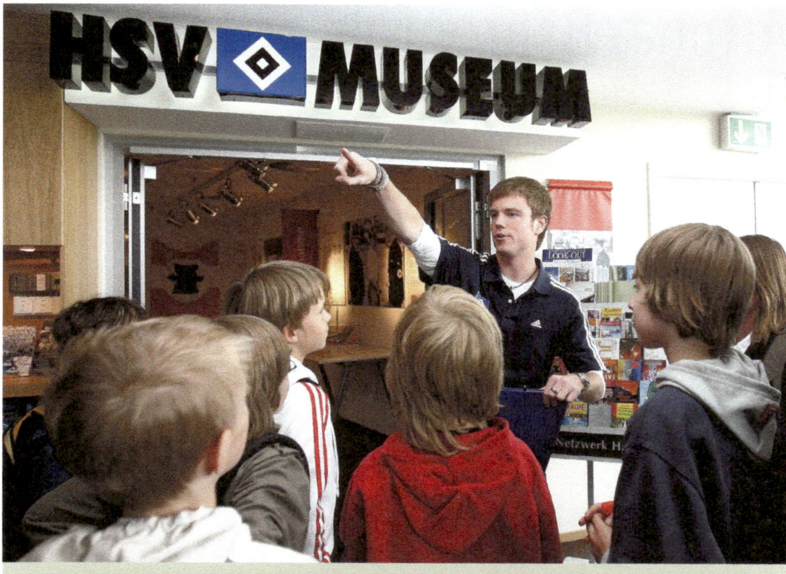

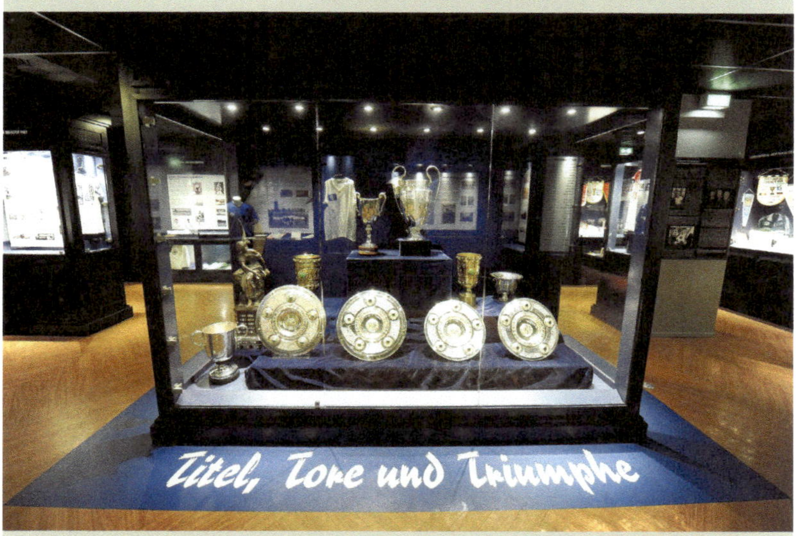

HARTE 4 FAKTEN

Adresse: Volksparkstadion, Eingang Nord-Ost, Sylvesterallee 7, 22525 Hamburg

Stick- und Näh-Kunst: Meisterwimpel und -ball (1923)

Haar-Kunst: Charly Dörfels Toupet (1969)

Kaiser-Kunst: die virtuosen Spind-Kritzeleien des Franz B. (1982)

Uwe-Seeler-Fuß und Walk of Fame

Große Fußstapfen

Völlig überdimensioniert und dennoch angemessen und passend. Eine im Wortsinn „großartige" Sache. Als der Riesenfuß am 24.8.2005 enthüllt wurde, brachte Hamburgs damaliger Bürgermeister Ole von Beust das Paradoxon auf den Punkt: „Die Menschen dieser Stadt schauen mit Respekt und Liebe zu Uwe Seeler. Und das gerade, weil er nicht auf großem Fuß lebt, sondern Vorbild für Bescheidenheit ist."

3,50 m hoch, 2,30 m breit, 5,15 m lang; ca. vier Tonnen schwer; 250.000 Euro teuer – ein Monument. Der XXL-Fuß im Maßstab 20:1 bringt zum Ausdruck: Die Fußstapfen sind gewaltig. Obwohl nie großspurig, gehört das Vereinsidol doch ohne Zweifel zu den „Menschen, die Spuren hinterlassen". So lautet auch der Titel des Langzeit-Projekts, mit dem HSV-Tradition bewahrt und gepflegt wird. Ersonnen und realisiert haben es die Viersener Künstlerin Brigitte Schmitges († 2007) und als Stifter der Unternehmer, HSV- und Seeler-Fan Andreas Maske. Gefertigt in der Kunstgießerei Strassacker im württembergischen Süßen wurde der Koloss mit einem mehr als 20 Meter langen, fünfachsigen Tiefladergespann an seinen heutigen Standort im Nordosten des Volksparkstadions gebracht – inklusive einer kleinen Ehrenrunde durch die Hamburger City. Rund um die detailgetreu modellierte Bronze-Skulptur (Seeler: „So kann ich meinen früheren Gegenspielern genau zeigen, wo sie mir Dellen in den Fuß gehauen haben") gruppieren sich auf einem „Walk of Fame" inzwischen die Andenken an zahlreiche weitere namhafte HSVer: Bronzeplatten mit Fuß- oder – im Falle von Torhütern – auch Handabdrücken sowie kurzen Lebens- und Karrieredaten. Die stadion-ovale Anlage, die regelmäßig erweitert wird, ist längst zum markanten Treffpunkt und zur beliebten Schnappschuss- und Selfie-tauglichen Kulisse geworden.

Fußnote: Gleiches gilt für ein weiteres HSV-Denkmal, das sich nur einen kurzen „Walk" bergauf Richtung Arena befindet: Unmittelbar vorm Eingang zu Fanshop und Museum steht seit dem 18.2.2015, seinem 1. Todestag, die leicht überlebensgroße Skulptur von Kult-Masseur Hermann Rieger. Der blickt auch in sportlich tristen Zeiten stets optimistisch nach vorne. Daumen hoch! Super, Burschi!

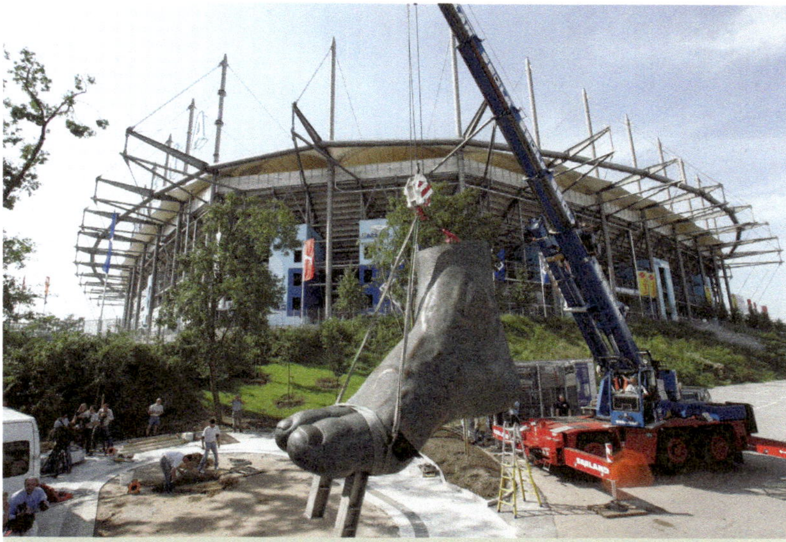

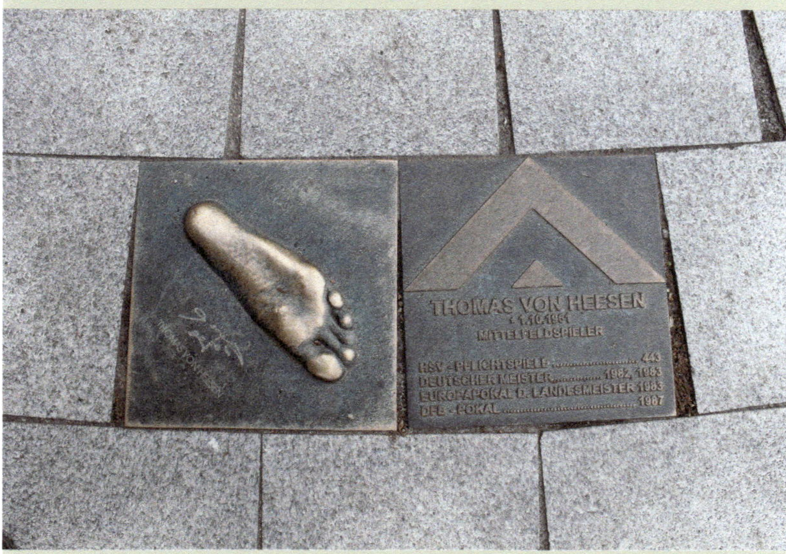

HARTE 4 FAKTEN

Adresse: Sylvesterallee 7, 22335 Hamburg

Seelers Original-Fuß: Schuhgröße 42

Seelers Bronze-Fuß: Schuhgröße 774

Pediküre: „Uwe hat die Nägel schön" – braun-weißer Nagellack, aufgetragen von St. Pauli-Fans (April 2007)

Gehölz am Volksparkstadion

Tatort Stadion

Der 16. Oktober 1982 ist ein trister Herbstnachmittag in Hamburg. Und ein extrem trauriger. In der 2. Runde des DFB-Pokals siegt der HSV mit 3:2 über Werder Bremen. Doch das interessiert schnell niemanden mehr. Das Spiel wird überschattet durch den gewaltsamen Tod des 16-jährigen Glaserlehrlings Adrian Maleika. Der traf mit anderen Werder-Fans auf seinem Weg vom S-Bahnhof Eidelstedt zum Stadion gegen 14.55 Uhr an der Ecke Schnackenburg-/Sylvesterallee auf Skinheads und gewalttätige Mitglieder des HSV-Fanclubs „Die Löwen". Es kam zu heftigen Auseinandersetzungen, bei denen Gaspistolen, Leuchtmunition, Knüppel und Mauersteine als Waffen eingesetzt wurden. Maleika flüchtete in ein angrenzendes Gehölz, in etwa dort, wo sich heute der Fahrrad-Parkplatz der Arena befindet. Hier verlor er, von einem Stein am Kopf getroffen, das Bewusstsein und wurde am Boden liegend zusammengetreten. Einen Tag später starb er infolge eines Schädelbasisbruchs und Gehirnblutungen im Altonaer Krankenhaus.

Darüber, wer damals angefangen hat, herrscht bis heute Uneinigkeit. Juristisch ist die Schuldfrage geklärt: Im Dezember 1983 mussten sich acht Mitglieder der „Löwen" vor der 4. Großen Strafkammer des Hamburger Landgerichts verantworten. Peter L., genannt „Kugel", wurde als Rädelsführer ausgemacht und zu zweieinhalb Jahren Gefängnis verurteilt. Bernhard B. erhielt zwölf Monate auf Bewährung, Carmen S. musste zehn Arbeitsmaßnahmen absolvieren. Fünf Angeklagte wurden freigesprochen. Maleikas Tod markiert eine Zäsur. Das Verhältnis der Fanszenen der Nordvereine, das bis dahin als „teilweise fast freundschaftlich" gegolten hatte, ist seither nachhaltig vergiftet. Daran änderte auch der „Frieden von Scheeßel" nichts, den 200 Fan-Delegierte am 18.1.1983 im Beisein der Manager Günter Netzer und Willi Lemke auf „neutralem Boden" schlossen.

Die gut gemeinte Tradition, zu Maleikas Andenken Fanclub-Turniere auszutragen, wird aus Rücksicht auf die Angehörigen seit 2004 nicht mehr gepflegt. 2011 aber erinnerte das HSV-Museum im Rahmen seiner Sonderausstellung „Wir stehen Schlange vor dem Stadion" mit einem ausführlichen Protokoll an die Ereignisse, und 2012 enthüllte Werder Bremen eine Gedenktafel am Weserstadion.

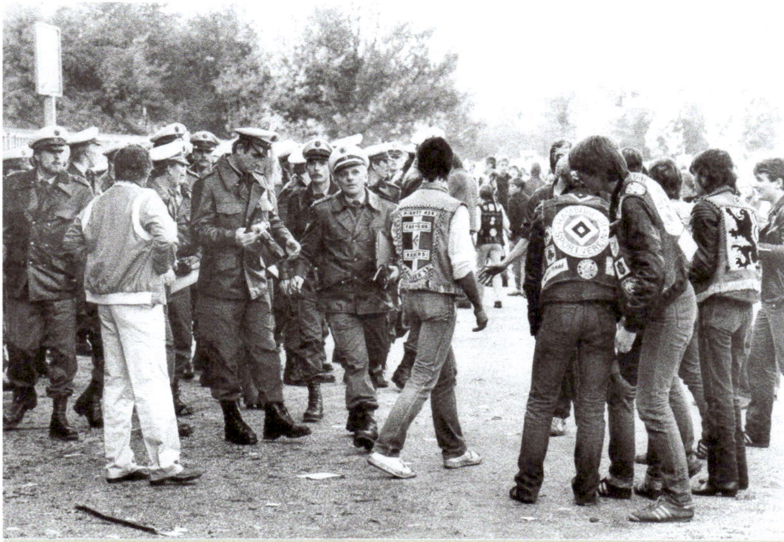

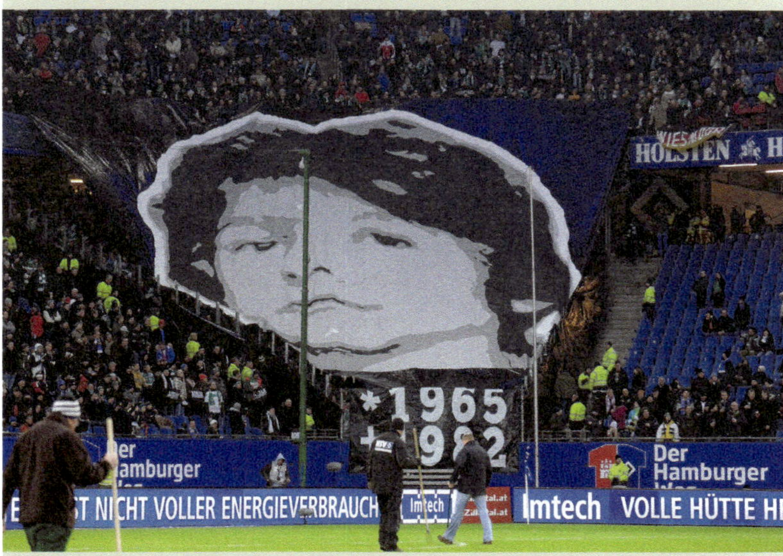

HARTE 4 FAKTEN

Adresse: Sylvesterallee, 22525 Hamburg

Grabstelle: Friedhof Bremen-Huckelriede, Feld G III, Nr. 1075

Reaktion: Gründung des HSV-Fan-Projekts (1983)

Gedenktafel: Weserstadion/Osttribüne (20. 10. 2012), Inschrift: „Fußball ist Kampf um den Ball – und nicht Kampf zwischen den Fans."

Rüssl Studio (heute: Gaga Studio)

Mit Kevin in die Charts

Es war einer der spektakulärsten Transfers der Bundesliga-Geschichte: Für die Rekordsumme von kolportieren 1,6 Mio. DM wechselte Kevin Keegan 1977 vom FC Liverpool zum HSV. Doch der Superstar tat sich anfangs schwer, war in seiner Premieren-Saison eher „Mouse". 1978/79 jedoch, unter neuem Trainer und auf neuer Position, blühte und drehte der Engländer auf, wurde zum Fixpunkt des HSV-Spiels, zweimal zu Europas Fußballer des Jahres und endlich „mighty". Hamburg war schwer verliebt – Hals über Kopf.

So heißt auch die Single, die Keegan im Frühjahr 1979 im Eidelstedter Rüssl Tonstudio von Otto Waalkes mit der Gruppe „Smokie" produzierte. Ende Dezember 1978 hatte die britische Pop-Rock-Band in der Ernst-Merck-Halle gespielt. Keegan stand im Publikum und wurde nach dem Gig den Musikern backstage vorgestellt. „Wir verstanden uns gleich blendend, hatten ein paar Bier zusammen", erinnerte sich Smokie-Frontmann Chris Norman. „Dann sind wir an die Hotelbar gewechselt und hatten noch ein paar Bier." Es lief. Auch als einige Zeit später die Plattenfirma EMI bei Smokie anfragte, ob man nicht einen Song mit Keegan aufnehmen wolle. Norman und Schlagzeuger Pete Spencer wollten, sie hatten da schon was in der Schublade: „Head over Heels in Love", ein hübsches Duett über zwei Verliebte, „eingängige Melodie, leicht zu erinnern, ein paar Streicher, Keyboard". Das Stück war eigentlich Suzi Quatro auf den Leib geschrieben. Doch die hatte keine Lust. Kevin schon, und er performte: „Der kann den Ton halten", weiß Norman. Und ein Musik-Kritiker urteilte: „Nicht etwa eine der üblichen ‚Bumsfallera, noch ein Tor-Produktionen' à la Gerd Müller, sondern eine flotte, seriöse Popscheibe".

Die im Mai erschienene Single verkaufte sich allein in Deutschland 500.000-mal und hielt sich 15 Wochen lang in der Hitparade, eine davon auf Rang 10. Mit dem HSV stürmte Keegan anschließend in den Bundesliga-Charts sogar auf Platz 1, sodass ein weiterer Song zum Hit und zur Musik in den Ohren der Anhänger wurde: Gegen Saisonende fragte Schlagersänger Stefan Hallberg: „Wer wird Deutscher Meister?" Und die Westkurven-Fans im Volksparkstadion antworten laut im Chor: „Ha-Ha-Ha-Ha-Es-Vau!"

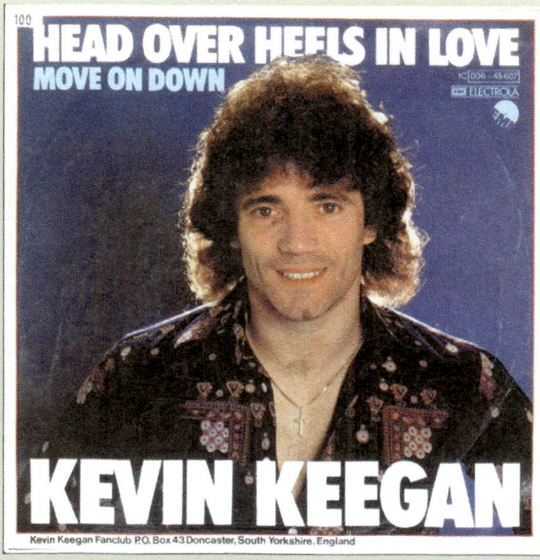

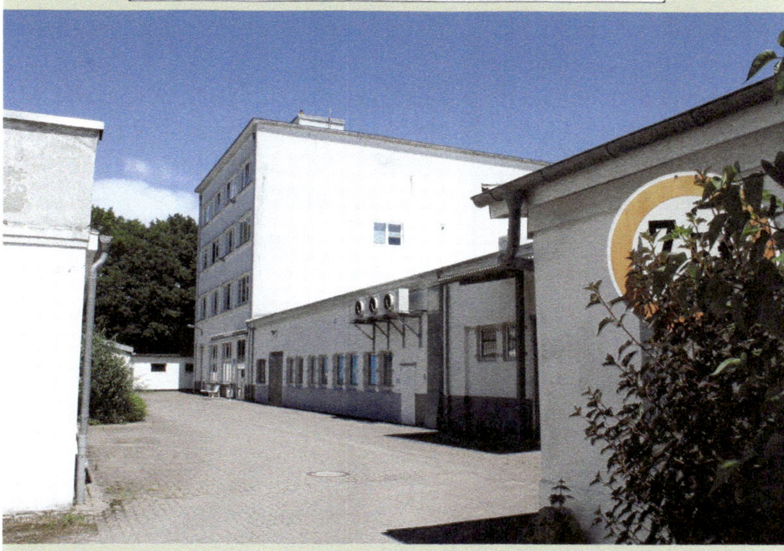

HARTE 4 FAKTEN

Adresse: Lentfördener Weg 21, 22523 Hamburg
Kevin's Home: Lerchenweg 12, 23845 Itzstedt
Mighty: 34 Matches, 17 Goals, 16 Assists (BL-Season 1978/79)
Cover-Version: „Hals über Kopf verliebt" (9/1979, Text: Günther Behrle, Produzent: Ralph Siegel, Interpret: Chris Roberts)

Alter Niendorfer Friedhof

Kontinentstopper, Held von Bern, „toller" Typ

Das Fußballvolk liebt diese Geschichten: Ein kleiner Junge aus der Provinz und ärmlichen Verhältnissen sichert sich gegen alle Widerstände Ruhm und Anerkennung. Das Narrativ, das bei Cristiano Ronaldo greift, funktionierte auch bei Jupp Posipal. Der wurde 1927 als Bäckerssohn und Angehöriger der deutschen Minderheit im rumänischen Lugoj geboren. Während des Krieges musste er in einem Rüstungsbetrieb in Hannover arbeiten, wo er auch mit dem Fußball anfing. Richard Dörfel vereinbarte 1949 in einem Varieté auf St. Pauli seinen Wechsel zum HSV. Nun ging alles ganz schnell: 1951 wurde Posipal in die Nationalelf berufen, 1953 in die Europaauswahl nach Wembley, 1954 zur WM in die Schweiz. Dort bestritt er als Verteidiger fünf Spiele, u. a. im Finale gegen Ungarn.

Zu einem vernünftigen Helden-Epos gehören aber auch Rückschläge. Mit dem HSV gewann Posipal zwar acht Nord-Titel, national blieb ihm aber der große Wurf versagt. Geradezu tragisch sein Niederlagen-Hattrick im Kampf um Pokal (1956) und Salatschüssel (1957 und 1958). Zu gern hätten die Kameraden ihrem Weltmeister zu einem standesgemäßen Abschied verholfen, doch das Schicksal hatte ein anderes Drehbuch. So tat der Abwehrrecke das, was er auf dem Spielfeld nie gemacht hatte: einfach mal Laufen lassen. Klaus Stürmer und Uwe Seeler tätschelten ihm sogleich Tränen weg: „Er war einmalig und herzensgut, ein Vorbild an Fairness und menschlichen Qualitäten über das Spiel hinaus", lobte Seeler. Der Verein verlieh ihm gar den Ehrenring.

Die Erfolgsgeschichte setzte sich auch jenseits des Rasens fort. Posipal verkörperte das Wirtschaftswunder und versilberte seine Popularität als Werbeträger der Frisiercreme Brisk. Der gelernte Teppichhändler blieb auf demselben und dazu sehr fleißig: Von 1955 bis 1993 war er als Generalvertreter eines Coburger Möbelunternehmens zwischen 1.500 und 2.000 Kilometer pro Woche für seine Firma auf Achse. Dem Fußball blieb er verbunden: lange als HSV-Betreuer, stets als interessierter Beobachter. Sein Können vererbte er: Sohn Peer und Enkel Patrick wussten auch was mit dem Ball anzufangen. Schön, wenn Geschichten fortgesetzt werden. Auch das liebt das Publikum.

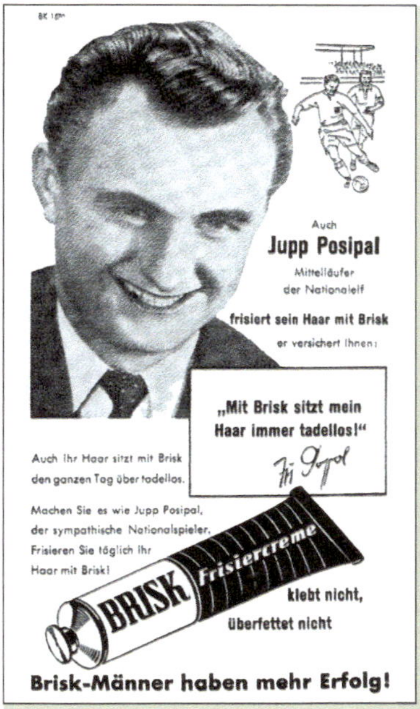

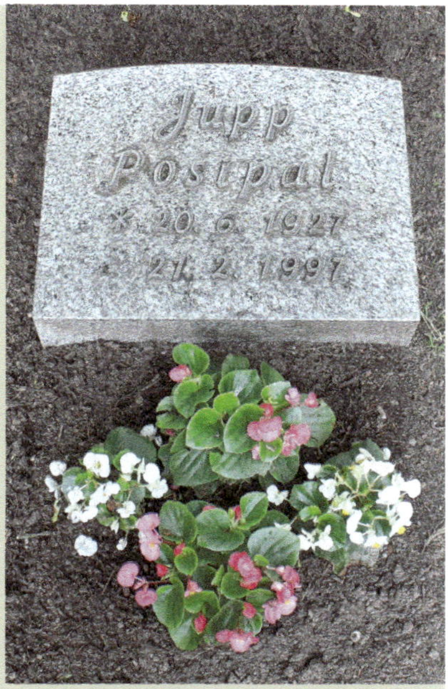

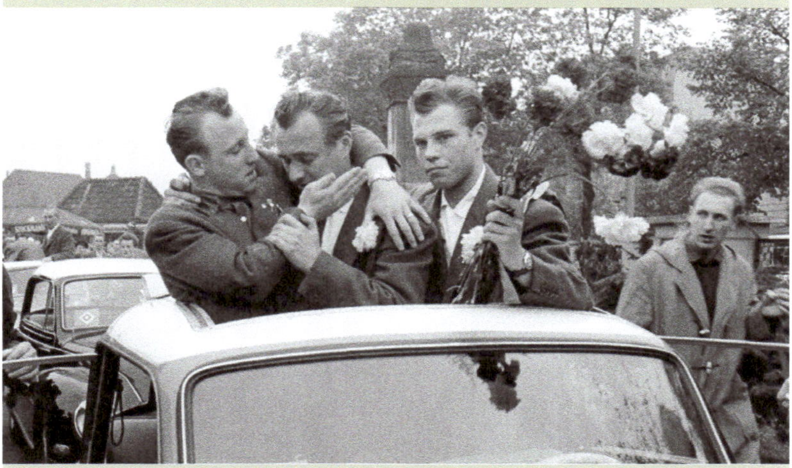

HARTE 4 FAKTEN

Adresse: Niendorfer Marktplatz 3, 22459 Hamburg

Grabstelle Posipal: Abteilung VI, Reihe 3, Grab 77-8

Zimmergenosse: Karl Mai, Hotel Belvédère/Spiez, Zimmer 304

HSV-Kamerad: Weltmeister Fritz Laband fand 1982 seine letzte Ruhestätte auf dem Bergedorfer Friedhof (2017 aufgelöst)

Wolfgang-Meyer-Sportplatz

Prima Premiere

Es hatte etwas gedauert: 87 Jahre und fünf Monate nachdem sich die Nationalmannschaft der Männer im keine zwei Kilometer Luftlinie entfernten Victoria-Stadion erstmals dem Hamburger Publikum präsentieren durfte, gaben sich auch die besten Fußballerinnen des Landes endlich die Ehre. 2.428 Zuschauer sorgten am 28.3.1999 für die gute Kulisse eines ansprechenden Auftritts der DFB-Auswahl gegen China. Die hatte nur drei Tage zuvor in Holzwickede gegen dieselben Gegnerinnen noch eine 0:3-Klatsche bezogen. In Hamburg aber nahm die Elf mit Claudia Müller, Maren Meinert, Steffi Jones, Doris Fitschen, Birgit Prinz (Foto u., obere Reihe, v.l.) sowie Bettina Wiegmann, Sandra Smisek, Sandra Minnert, Torfrau Silke Rottenberg, Kapitänin Martina Voss und Kerstin Stegemann (untere Reihe v.l.) mit 4:1 eindrucksvoll Revanche. Sehr zur Freude des Publikums wechselte Bundestrainerin Tina Theune dabei mit den HSV-Offensivspielerinnen Tanja Vreden und Antonia Schmale auch noch zwei Lokalmatadorinnen ein. Ein kräftiges Ausrufezeichen knappe drei Monate vor Beginn der WM-Endrunde in den USA, bei der beide Teams nur äußerst knapp an den Gastgeberinnen scheitern sollten: die DFB-Frauen mit 2:3 im Viertelfinale, die Chinesinnen gar erst im Elfmeterschießen des Endspiels.

Die Mitte der 1920er-Jahre errichtete Sportanlage, benannt nach dem langjährigen Gauführer der Deutschen Turnerschaft Hamburg, Oberschulrat Prof. Wolfgang Meyer (1867–1957), liegt inmitten einer Kleingartenkolonie und umfasst knapp 72.000 Quadratmeter. Neben der Kunsteis- und Radrennbahn mit ihrem charakteristischen weißen Zeltdach beherbergt sie auch Tennis- und Squashplätze sowie die Spielfelder des Curling Club Hamburg, der 2014 in Sotschi das deutsche Olympiateam stellte.

Das Stadion war auch vor und nach dem Länderspiel eine Adresse für erstklassigen Frauenfußball: In ihren 11 Saisons und 121 Bundesliga-Heimspielen ergatterten die HSV-Kickerinnen hier zwischen 1997 und 2012 37 Siege und 21 Remis. Aktuell bespielen die U19 und die Reservemannschaft der Rothosen den Rasen. Für den Rekordbesuch sorgte allerdings ein Rugby-Länderspiel: Am 6.4.2013 verfolgten 3.527 Augenzeugen, wie Deutschland gegen Schweden mit 73:17 gewann.

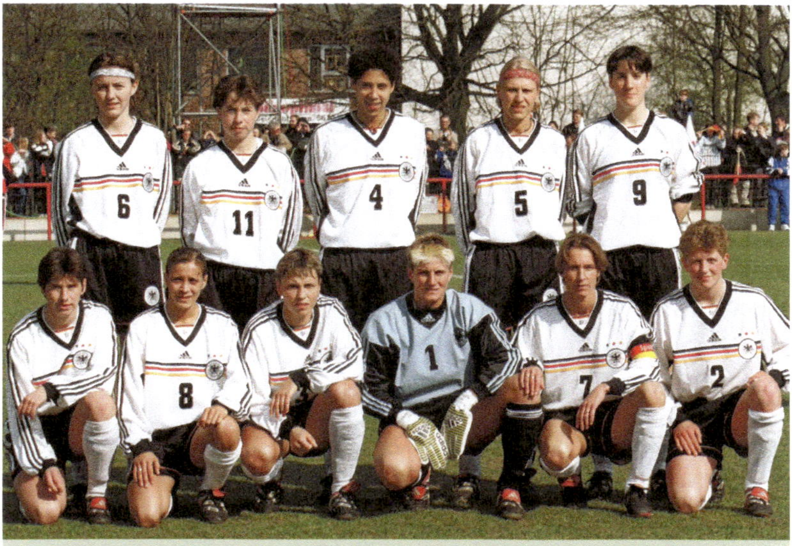

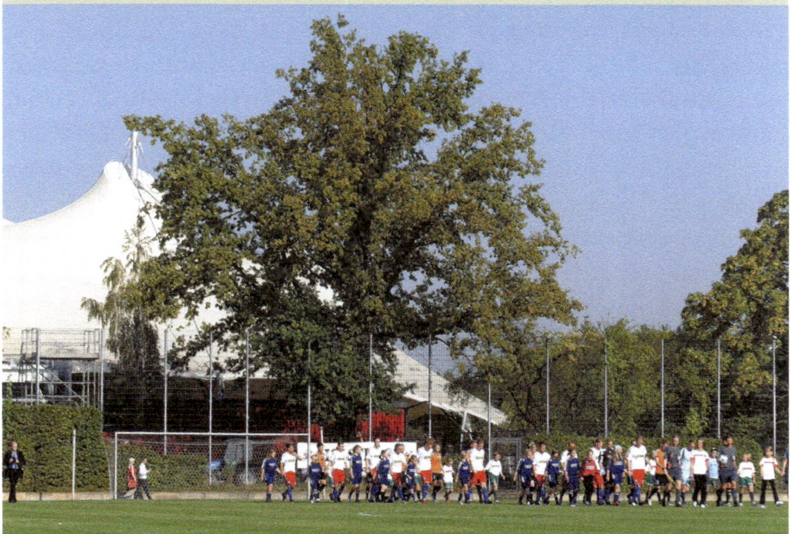

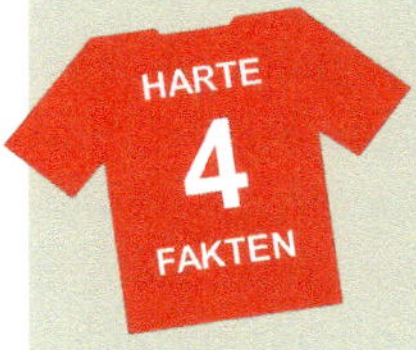

Adresse: Hagenbeckstraße 124, 22527 Hamburg

Hamburgs Erste: Susanne Scharras (SC Hamm 02, 1984)

Hamburgs Häufigste: Kim Kulig (HSV), 27 (2009–11)

Hamburgs Tore: Kim Kulig (HSV, 6), Beate Wendt (SC Poppenbüttel, 1), Tanja Vreden (HSV, 1)

Professor-Reinmüller-Sportplatz

Als Veilchen auf rotem Rasen blühten

Grand – die ganz harte Schule. Jeder Amateurfußballer kennt diesen Untergrund, die wenigsten aber lieben ihn. In Eimsbüttel lag ein besonders berüchtigtes Exemplar. Wenn es jedoch um dessen Namensgeber geht, heben Vereinsmitglieder wie Sporthistoriker in der Regel unwissend die Schultern. „Professor Reinmüller"? Ein Phantom. Die Anlage hingegen ist seit Anfang der 1930er-Jahre auf Stadtplänen dokumentiert und steht exemplarisch für eine Epoche des urbanen Sportstättenbaus: mitten ins Quartier gesetzt, direkt zwischen die Häuserzeilen, die „Oase" des kleinen Mannes: „roter Rasen" – pflegeleicht, aber vor allem auch sehr staubig.

Der Sonntag war somit für die Anwohner kein guter Tag, um Wäsche aufzuhängen, denn dann gingen die Lila-Weißen, die man auch „Veilchen" oder den „Vierbuchstabenverein" nannte, auf Torejagd. Beim „Hamburg Eimsbütteler Ballspiel Club" gab es ehrlichen Fußball mit Höhen und Tiefen zu sehen, auch vom Balkon aus. Zu den Höhen zählte das Intermezzo in der Hamburger Oberliga (1931/32), als Vizemeister Altona 93 beide Punkte auf „grauem Grand" verlor. 1943 gelang erneut der Aufstieg in die höchste Klasse und „auf dem Reinmüller" wurde sensationell Gaumeister SC Victoria geschlagen. Zwei Stars hatte der Verein in jener Zeit: Mittelstürmer „Gockel" Glaser und der ewige „Auwi" Stroebel – knapp 20 Jahre Ligaspieler. Nach dem Krieg glänzte der „HEBC" drei Spielzeiten in der Amateurliga (1957–60), vor allem aber mit seiner guten Jugendarbeit: Torwart Heinrich Kokartis gewann mit Werder Bremen 1961 den Pokal, Burghard Rylewicz wurde Vertragsspieler und kickte in den 1960er-Jahren u.a. für den BVB. Das erfolgreichste Gewächs war jedoch Thomas Wolter, der mit Werder Bremen Meisterschaft, Pokal und Europacup gewann. Per aspera ad astra – vom Grand (sic!) zu den Sternen.

Das hätte auch Prof. Dr. Paul Reinmüller gefallen, dem langjährigen Leiter des Heinrich-Hertz-Realgymnasiums. Der förderte begabte Schüler einst per Stipendium und war Namenspatron der 1920 gegründeten „Reinmüller-Stiftung". Es passt wunderbar, dass auf seiner Anlage lange Jahre auch der Hamburger Lehrer-Turnverein Fußball gespielt hat. Groundhopping bildet!

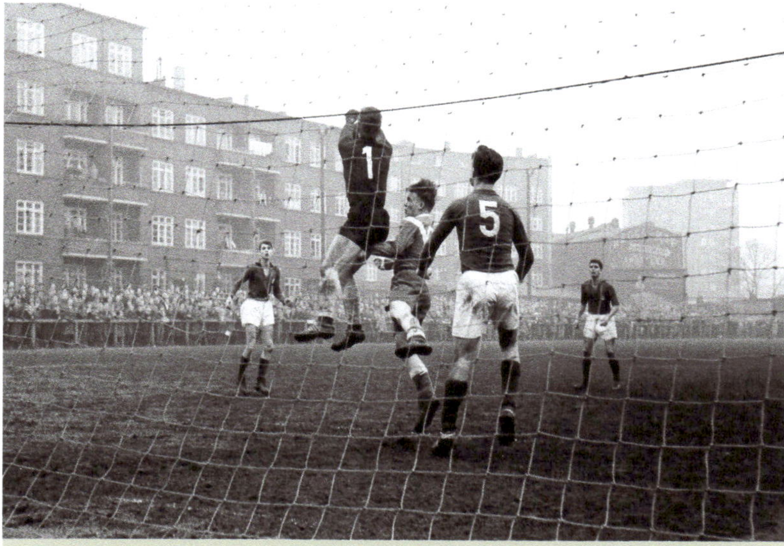

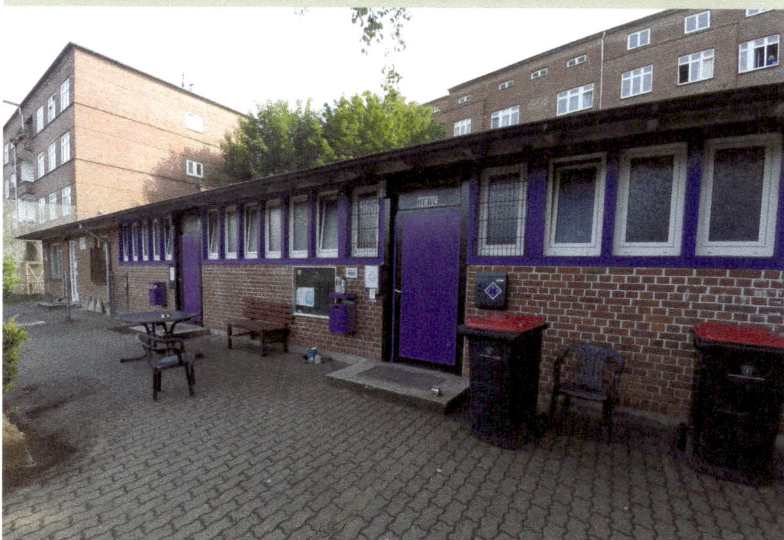

HARTE 4 FAKTEN

Adresse: Tornquiststraße 79, 20259 Hamburg

Reinmüller reloaded: seit 2014 Kunstrasen

Reporter-Repertoire: „Reinmüllern“ für HEBC-Abstaubertore

Rekordkulissen: 5.000 in der Amateurliga HH – vs. Bergedorf 85 3:3 (16.3.1958) und Wilhelmsburg 09 1:2 (1.3.1959)

Grünwarenladen Rohde (historisch)

Unsterbliche Tage

„Die Zeit" ist schon etwas Besonderes: Ein Wochenblatt, Zielgruppe Bildungsbürger. Als Autoren der Hamburger Zeitung fungieren oft namhafte Größen aus dem Bereich der Literatur und Wissenschaft. Eine dieser „Edelfedern" war Walter Jens (1923 -2013). Den Altphilologen trieben kurz vor der WM 1974 seine Kindheitserinnerungen um, die er in einem Artikel verdichten wollte. Aufgewachsen war Jens im Stadtteil Eimsbüttel, in Winterhude besuchte er das elitäre Johanneum. Bestimmt waren jene Jahre vom Versmaß antiker Dramen und dem Rhythmus pulsierender Fußballkämpfe. So war Jens leidenschaftlicher Anhänger des Eimsbütteler Turnverbandes und erlebte die Blütezeit der Ligamannschaft hautnah. Er sah den Rot-Weißen beim Training zu, fuhr mit der Straßenbahn zu Auswärtsspielen und erlebte die unfassbaren Kantersiege über den HSV (8:3, 1934; 7:0, 1935), welche den Wachwechsel im norddeutschen Fußball in Zahlen wiedergaben.

Doch Jens ging es nicht um die reinen Ergebnisse, sondern vielmehr um Lebenswelten und Milieus. Als er sich an seinen Zeit-Artikel „Vorbei, die Eimsbütteler Tage" machte, waren seine alte Fußballwelt längst versunken und die Helden des Quartiers mit „ordentlichem Beruf" von modernen Fußballprofis ersetzt: Legionäre mit Luxuskarosse, Rolex und Pelzmantel. Jens griff wehmütig zur Schreibmaschine und verfasste einen herausragenden Zeitungsartikel – mehr Literatur als Journalismus. Ein großer Abgesang, mit vorgezogener Klimax in der Zeile: „Wenn ich den letzten Goethe-Vers vergessen habe, werde ich den Eimsbütteler Sturm noch aufzählen können." Aufgezählt hat er auch die Berufe seiner Jugendidole: Eisverkäufer (Herbert Panse), Angestellter (Otto Rohwedder) oder Gemüsehändler (Hans Rohde). Echte Kerle. Immer ansprechbar, immer bodenständig.

Wo genau die elterliche Gemüsehandlung der Familie Rohde lag, hat Jens mit ins Grab genommen. Es dürfte sich aber mit großer Wahrscheinlichkeit um die „Grünwarenhandlung Johannes Rohde, Eichenstraße 84" handeln, in welcher der 25-malige Nationalspieler half, Moorwerder Rosenkohl und Vierländer Kartoffeln zu sortieren. Wenn nicht, so bleibt der Blick ins Viertel, auf heutige Eimsbütteler Tage.

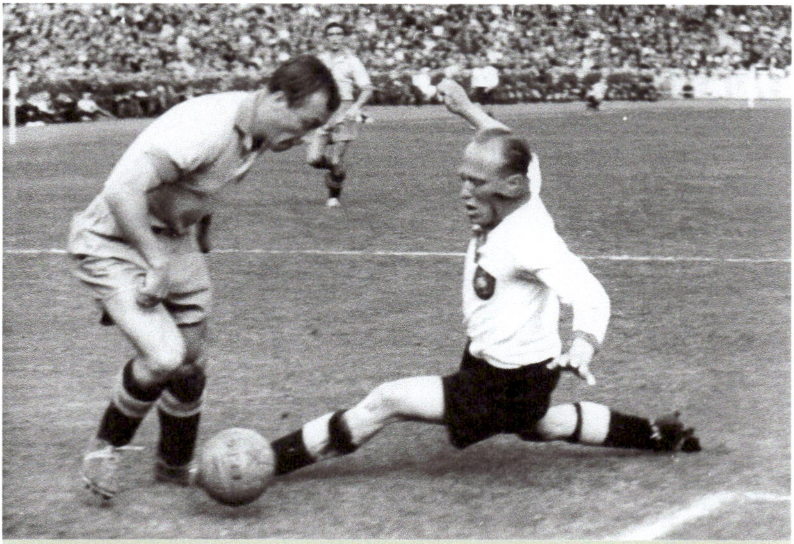

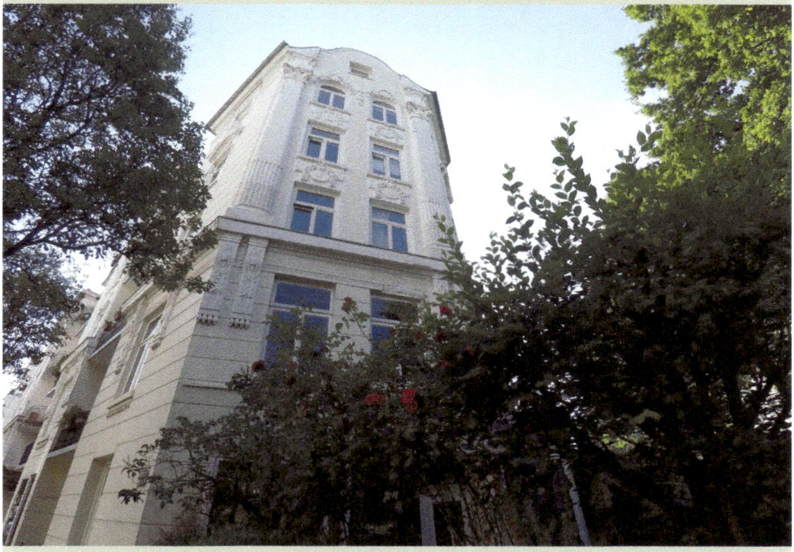

HARTE 4 FAKTEN

Adresse: Eichenstraße 84, 20255 Hamburg

Zum Nachlesen: Die Zeit Nr. 12 vom 15. März 1974

Chronist Jens: Philologe, Rhetoriker, Kritiker, Übersetzer

Idol Rohde: Gemüsehändler, Maschinenbauschlosser, Chauffeur, Tankstellenpächter

Walter-Wächter-Sportplatz

Wider das Vergessen

Walter (Michaël) Wächter (1913–1983), Sohn eines jüdischen Obersteuerinspektors und Schüler der Aufbauschule Hohe Weide, war in den 1920er-Jahren im HSV aktiv – als begeisterter Leichtathlet sowie als Hand- und Fußballer (im Mannschaftsfoto der 1. Knaben am Rothenbaum: 3.v.l.). 1927 wurde er in Magdeburg mit 11,6 sec. Norddeutscher Jugendmeister über 100 Meter.

1929 jedoch verließ Wächter wegen einer „Rede mit antisemitischen Einschlägen", die der damalige Vereinsvorsitzende gehalten hatte, seinen „geliebten HSV" und schloss sich dem Arbeitersport im FTSV Fichte Eimsbüttel und nach dessen Verbot 1933 dem jüdischen Turn- und Sportverein Bar Kochba an. Da ihm nach dem Abitur als Jude ein Studium verwehrt wurde, begann er Anfang 1934 eine kaufmännische Lehre im jüdischen Modehaus „Gebr. Robinsohn". Als Sozialdemokrat im Widerstand aktiv, kam Wächter von März 1935 bis März 1938 wegen „Vorbereitung zum Hochverrat" in den Konzentrationslagern Fuhlsbüttel und Bremen-Oslebshausen in Haft. Nach seiner Entlassung gelang ihm über Italien, Jugoslawien und Ungarn die Flucht nach Schweden. Seine älteren Brüder John und Max schafften es nach Südamerika, die Eltern Minna und Gustav hingegen wurden im KZ Jungfernhof bei Riga umgebracht. 1946 nahm Walter Wächter in Stockholm ein Psychologie-Studium auf und wurde Hochschuldozent und Professor.

An Wächters Wirken als Sportler und seinen politischen Widerstand erinnert seit dem 1. September 2018 ganz offiziell der Sportplatz des FC Alsterbrüder. Der Fußball-Bezirksligist, mit dem alten Namen der Spielstätte nach dem deutschnationalen Dichter Gustav Falke (1853–1916) schon lange nicht mehr glücklich, taufte seine Anlage in „Walter-Wächter-Sportplatz" um. Zur Einweihung reiste Wächters Sohn Torkel mit Frau und vier Kindern extra aus Stockholm an. Der Schriftsteller und Künstler sagte: „Das Erinnern ist eine Aktivität, der man sich in der Gegenwart widmet und die in die Zukunft weist."

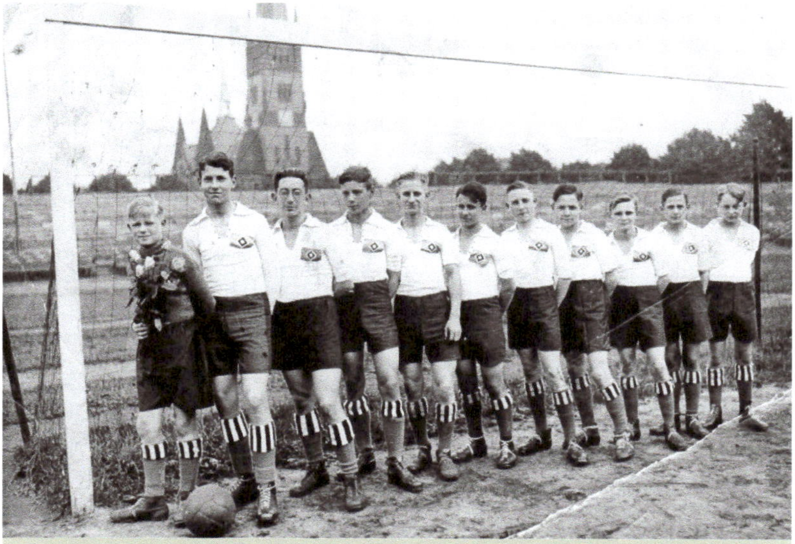

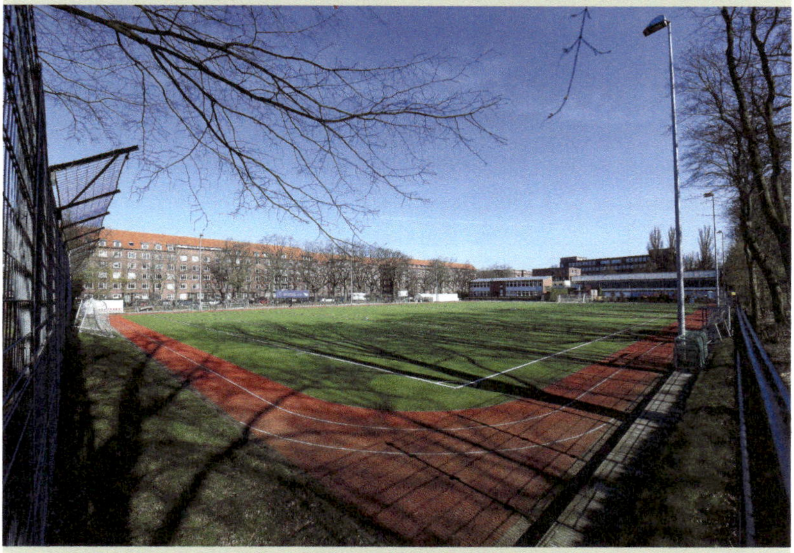

HARTE 4 FAKTEN

Adresse: Gustav-Falke-Straße 19, 20144 Hamburg

NS-Opfer: ca. 5.000 jüdische Deportierte aus Hamburg (1941–1945)

Stolpersteine: für Minna und Gustav Wächter (Scheideweg 33)

Lesetipp: Torkel Wächter/Paul Berf: 32 Postkarten – Post aus Nazi-Deutschland. Acabus Verlag 2014; www.32postkarten.com

Wilhelm-Gymnasium (historisch)

Revolutionäre Untersekundaner

Die Anfrage des Maurice E. Clark war in bestem Englisch verfasst: „The secretary of the Hannover Football-Club would like to open communication with the secretary of the Hamburg Football Club in regard to playing a match." So stand es am 2.12.1876 im Anzeigenteil der Hamburger Nachrichten. Ob der amerikanische Student Clark Erfolg hatte, ist unklar. Das Wissen um den Hamburg Football Club – eventuell von britischen Kaufleuten oder ebenfalls Studenten gegründet – ist im Nebel jener Jahre verlorenen gegangen. Waren es tatsächlich Briten, dann ist davon auszugehen, dass sie bereits nach Association-Regeln spielten.

Der erste Hamburger Verein, der nachweislich Fußball „ohne Aufnahme des Balles" betrieb, war der Hamburger Fußballclub. Gegründet hatten den HSV-Vorläufer am 1.6.1888 Schüler des Wilhelm-Gymnasiums. Zwei Pädagogen spielten dabei eine besondere Rolle: Oberlehrer Dr. Wilms, der für den Turnunterricht zuständig war und neben Fußball auch den Radsport in Hamburg förderte, und Prof. Dr. Bintz, der 1889 als neuer Direktor an das Gymnasium kam und einst im Johanneum für das „Football Project" mitverantwortlich war. Mehrere Bücher zur Kulturgeschichte der Leibesübungen entstammten seiner Feder. Es ist bemerkenswert, dass gerade Bintz – aus dem Turnwesen stammend – das Spiel an seiner Lehranstalt nicht kurzerhand verboten hat. In jenen Kreisen wurde der Fußball nämlich noch lange als „englische Krankheit" und „Aftersport" verunglimpft. Aber der Pädagoge wird auf die charakterbildende Wirkung des „Football" gehofft haben, dank Fairplay, Comradeship und Fighting Spirit.

Für die Jugendlichen dürfte das neue Spiel eine Fluchtmöglichkeit gewesen sein, vor der Strenge der autoritären Gesellschaft. Fußball versprach Freiheit und war Subkultur. Wer um 1890 dem Leder nachlief, der war Avantgarde und auch „Revoluzzer", was einem jungen Menschen aus bestem Hause schon damals gut zu Gesicht stand – sehr zum Leidwesen des Familienvorstandes. „Herr Vater, Sie finden mich auf der Moorweide beim Football", war ein vorzüglicher Satz, um dem alten Herrn die Zornesröte ins Gesicht zu treiben. Tempi passati.

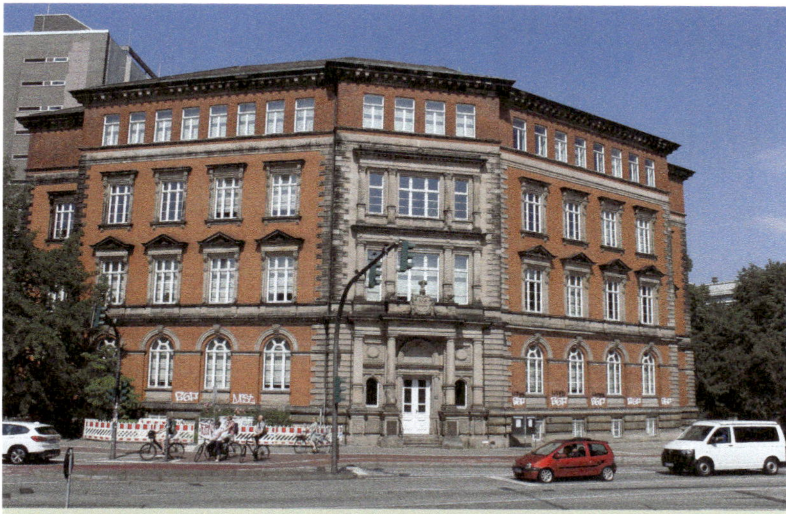

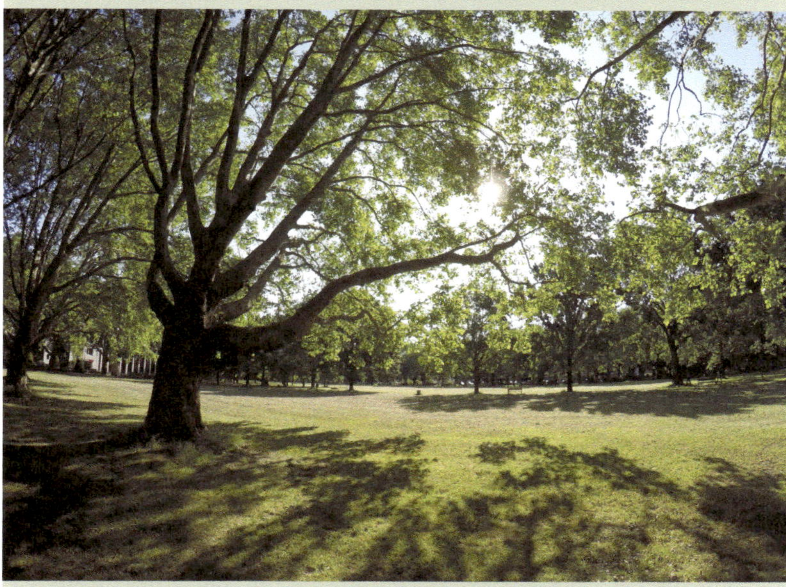

HARTE 4 FAKTEN

Adresse: Moorweidenstraße 40, 20146 Hamburg

Heutige Nutzung: Staats- und Universitätsbibliothek (seit 1943)

Neue Heimat: Klosterstieg 17 (Harvestehude)

Jubel der „Nachkommen“: HSV-Meisterfeier auf der Moorweide, Empfang der Original-Salatschüssel (4. 6. 1983)

Dammtorbahnhof

Krönungen am Gleis

1903 fand nicht nur das erste Endspiel um die Deutsche Fußballmeisterschaft statt, sondern auch die Einweihung des Hamburger Dammtorbahnhofs. Jenes Ereignis zog damals mehr Zuschauer an als das Fußballspiel, denn seine Majestät Kaiser Wilhelm II. waren höchstpersönlich zugegen. Der formschöne Sandsteinbau bekam daher auch den inoffiziellen Titel „Kaiserbahnhof". Einige Staatsoberhäupter sollten in den nächsten Jahrzehnten folgen.

Doch am Dammtor machte natürlich auch der ordinäre Bürger und Fußballhänger „Station". Das lag an der Nähe zum aufstrebenden HSV. Wer dessen Heimspiele am Rothenbaum besuchen wollte, konnte ab 1929 an der U-Bahnstation Hallerstraße aussteigen oder fuhr zum Dammtor. Auch etliche Kicker machten das so und marschierten dann mit den Zuschauern über das Spiel diskutierend in Richtung Stadion. Eine besondere Fan-Gruppe reiste zur WM 1974 aus der DDR an: 1.500 Genossen stark, und vom ZK der SED handverlesen. Die Sekretäre verfügten: „Die DDR-Touristen verwenden bei ihrer Unterstützung den bekannten Zuruf der sportbegeisterten Bürger der DDR: 7 – 8 – 9 – 10 – Klasse, und spenden kräftig Beifall." Geplant, getan: Genauso schallte es durch die Halle.

Ein Jubel-Ort war der Dammtorbahnhof aber vor allem für den HSV: 1923 wurde er als neuer Deutscher Meister hier von tausenden Hamburgern begeistert empfangen. Mittelstürmer Tull Harder schwang sich dabei auf das Waggondach und unterhielt die Massen. 1947 versammelte sich dann eine riesige Menge, um den Meister der britischen Besatzungszone zu feiern. Noch größer der Auflauf am 26.6.1960, als 100.000 dem aus Frankfurt eingetroffenen Deutschen Meister Spalier auf dessen Triumphfahrt im VW-Käfer-Cabrio-Korso Richtung Rothenbaum gestanden haben sollen; die Silberschale glänzte in der Sommersonne und der Jubel kannte keine Grenzen. Noch heißer – das Quecksilber zeigte 34 Grad – war es am 27.6.1976, als der frischgebackene DFB-Pokalsieger mit dem Zug eintraf und vom Balkon des CCH den Pott präsentierte. Drei Jahre später waren dann wieder Meistertitel und Autokorso angesagt. Mit einem großen Doppeldecker-Bus und mehreren Pkw ging es am Bahnhof vorbei in Richtung HSV-Heimat – im Schritttempo.

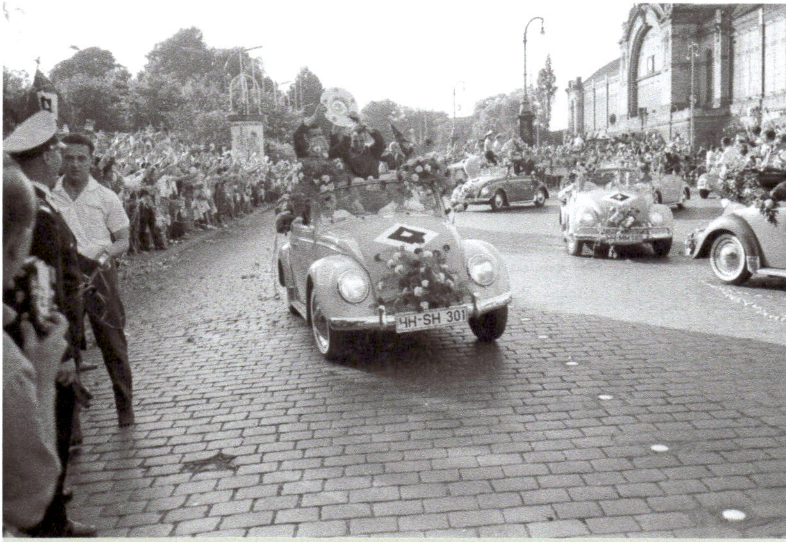

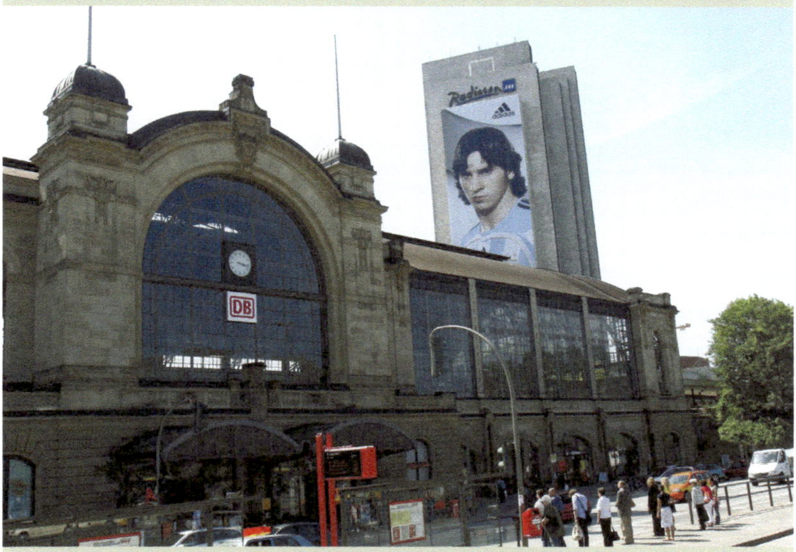

HARTE 4 FAKTEN

Adresse: Dag-Hammarskjöld-Platz 15, 20354 Hamburg

Erster Eindruck: „Sieht ja ganz nett aus." (Wilhelm II, 1903)

Nahverkehr: Dammtor – Rothenbaum-Sportplatz (1,2 km)

Majestäten: Eduard VII. (1904), Haile Selassie (1954), Elizabeth II. (1965), Reza Pahlavi (1967), Juliana (1971), Margrethe (1974)

Curiohaus

Vom „Fußball-König" zum Kriegsverbrecher

Das Curiohaus ist untrennbar mit dem Aufstieg und Fall des HSV-Mittelstürmers und Nationalelf-Kapitäns Otto „Tull" Harder (1892–1956) verbunden. Das Gebäude wurde zwischen 1908 und 1911 für die „Gesellschaft der Freunde des vaterländischen Schul- und Erziehungswesens" errichtet und nach deren Gründer benannt. Es wurde bald zu einem beliebten Veranstaltungsort. Der HSV etwa nutzte die Säle für seine Meisterschaftsfeiern, aber auch für die legendären blau-weiß-schwarzen Nächte, als getanzt, gefeiert und Mummenschanz betrieben wurde. Im Zentrum stand dann meist der kantige Mittelstürmer Harder. Der begeisterte auf dem Platz mit seiner Torquote (HSV: 387 in 211 Pflichtspielen, DFB: 15/14), im Curiohaus mit bedingt zitierfähiger Sangeskunst („Gänselied"). Die Menschen scharten sich um den ebenso charismatischen wie exzentrischen Hünen. Auf dem Fischmarkt konnte er mehrere Kisten Schellfisch ersteigern ohne eine Mark in der Tasche, in der richtigen Annahme, man würde ihm schon irgendwie aushelfen. Und in Paris besaß er 1927 so viel Schmiss, Josephine Baker die HSV-Raute ans knappe Kostüm zu stecken. Harders Popularität ging so weit, dass Kaffee Hag mit ihm warb und er einen Drehbuchautor zum Kinofilm „König der Mittelstürmer" inspirierte.

Im Herbst seiner Karriere ging der im I. Weltkrieg mit dem EK1 dekorierte Harder einen faustischen Pakt ein: Er trat in NSDAP und SS ein und half, für deren Ideologie zu werben. So zeigte sich Harder öffentlich in schwarzer Uniform und lief für Hamburger SS-Einheiten in Propagandaspielen auf. Während des II. Weltkriegs war er zunächst KZ-Wachmann in Oranienburg und Neuengamme, später Kommandant in Hannover-Ahlem.

1947 musste er sich dafür im Curiohaus verantworten, wo die britische Militärregierung Kriegsverbrecherprozesse abhielt. Harder entging der Todesstrafe und wurde zu 15 Jahren Haft verurteilt, kam aber bereits 1951 wieder frei. Er war nicht nur mitverantwortlich für die Toten im Lager, sondern auch hauptverantwortlich für die Demontage der eigenen Person. Zu Lebzeiten ist Harder oft als Idol bezeichnet worden. Das mag stimmen; das Wort stammt vom griechischen „Eidolon" ab und bedeutet Trug- oder Götzenbild.

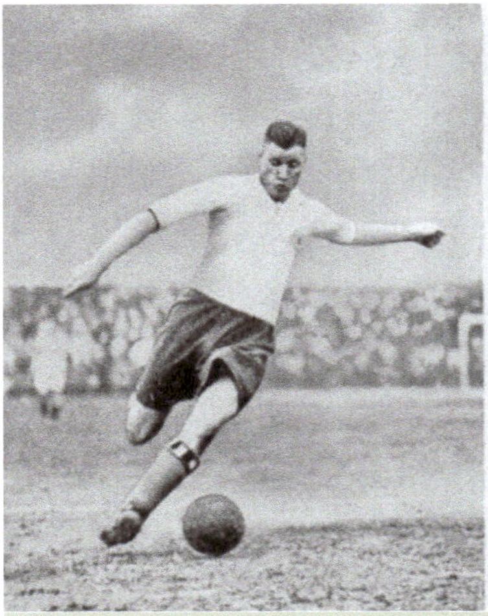

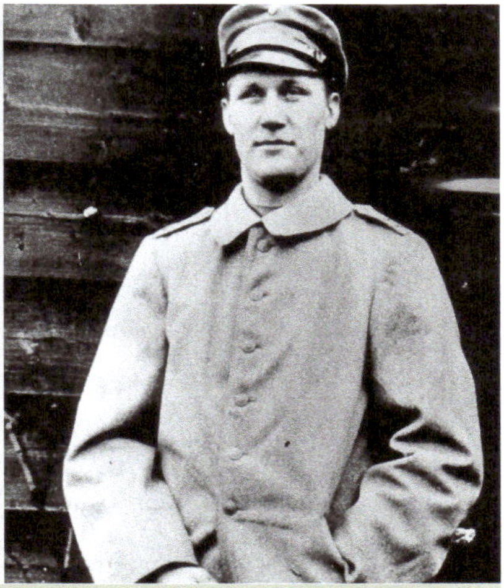

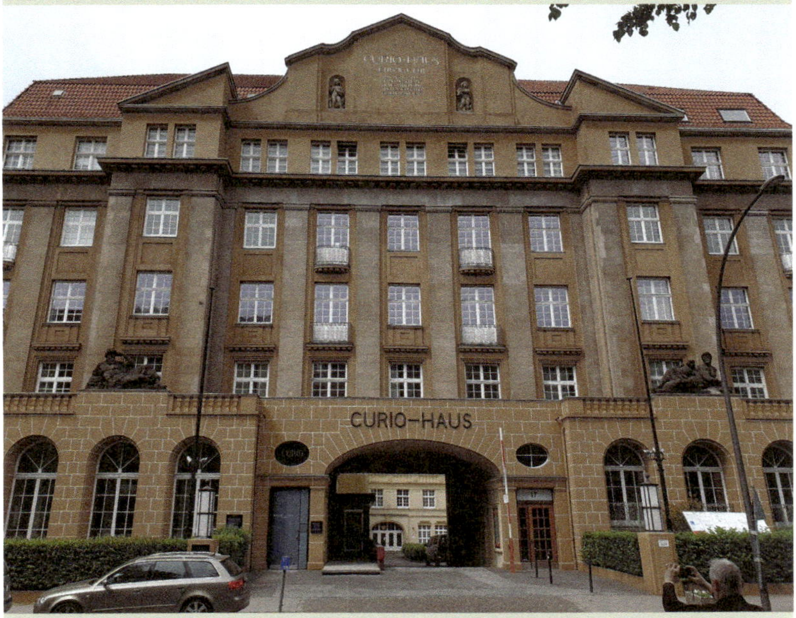

HARTE 4 FAKTEN

Adresse: Rothenbaumchaussee 11, 20148 Hamburg

Party-Parkett: von Duk-Duk bis Salsa (wilde 20er bis heute)

Studenten-Schmaus: Uni-Mensa (1967–1997)

Krohn-Krönung: Versammlungsstätte (u. a. HSV-Präsidentenwahl, 26. 11. 1973)

Museum für Völkerkunde

Das Spiel der Welt

Wer hat's erfunden? Und was ist an diesem Spiel so faszinierend? Auf der Suche nach Antworten trugen Sportwissenschaftler, Historiker und Ethnologen im Rahmen des offiziellen Kunst- und Kulturprogramms der WM 2006 mehr als 2.000 Objekte aus 80 Ländern zusammen und präsentierten diese im Völkerkundemuseum. „Hamburg hat sechs Monate lang die wichtigste Fußball-Ausstellung weltweit", stellte ein begeisterter Richard McBrearty fest. Der Chef des Scottish Football Museum in Glasgow war einer der Hauptleihgeber der Schau. Die Kuratoren konnten zudem die renommierten Fußballmuseen von Preston/England, Montevideo/Uruguay und Zibo/China davon überzeugen, mitzumachen und vorübergehend ihre Nationalheiligtümer rauszurücken. „Das ist ungefähr so, als gingen Papst Benedikt, Eugen Drewermann, zwei Mullahs und der Rabbi von Jerusalem gemeinsam zelten", bejubelte die „Süddeutsche Zeitung" das einzigartige Joint-Venture.

Die ehrwürdigen Säle des 1879 eröffneten Museums wurden zum Stadion, essentielle Elemente des Spiels – Raumtiefe, Weite, Licht und Luft – bereits in der räumlichen Anordnung deutlich. Die Besucher wurden spielerisch zum ständigen Rollen- und Ortswechsel provoziert: Akteur oder Zuschauer, Spielfeld oder Tribüne. An den Enden der 1.000 m² großen Ausstellung standen Tore; ein aktuelles aus Alu in Originalmaßen und ein Nachbau eines chinesischen Cuju-Tores aus dem 11. Jahrhundert. Dazwischen überall verteilt die Spielgeräte: Bei der Eröffnung legten Hamburgs Bürgermeister Ole von Beust und Colin O'Brien, Landrat von Stirling, in feierlicher Prozession und untermalt von Dudelsack-Klängen den mutmaßlich ältesten noch existierenden Fußball der Welt, aus dem Besitz der Königin Maria Stuart, in seine Vitrine (Foto u.). Der Ball ist rund? Nicht unbedingt, wie die eher eiförmige Reliquie veranschaulichte. Weitere Belege für die geniale Schlichtheit des Welt(klasse)-Spiels: zerbeulte Cola-Dosen, ein Walross-Schädel der Inuit, eine zusammengerollte (und gottlob ungiftige) Schlange aus Togo und quadratische (!), aus Blattstreifen der Pandanuss geflochtene Bälle, die auf Pazifik-Atollen zum Einsatz kommen. Mehr als 100.000 Besucher, darunter viele Kinder und Jugendliche, schauten sich das alles an – und waren fasziniert.

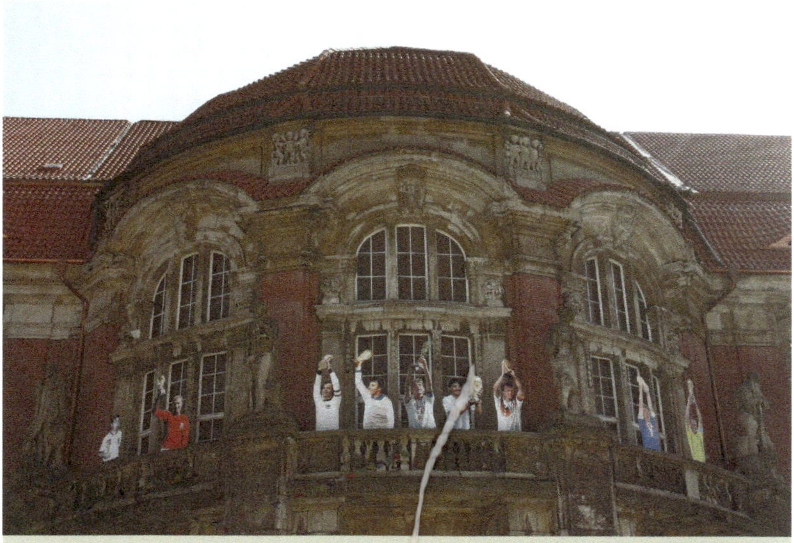

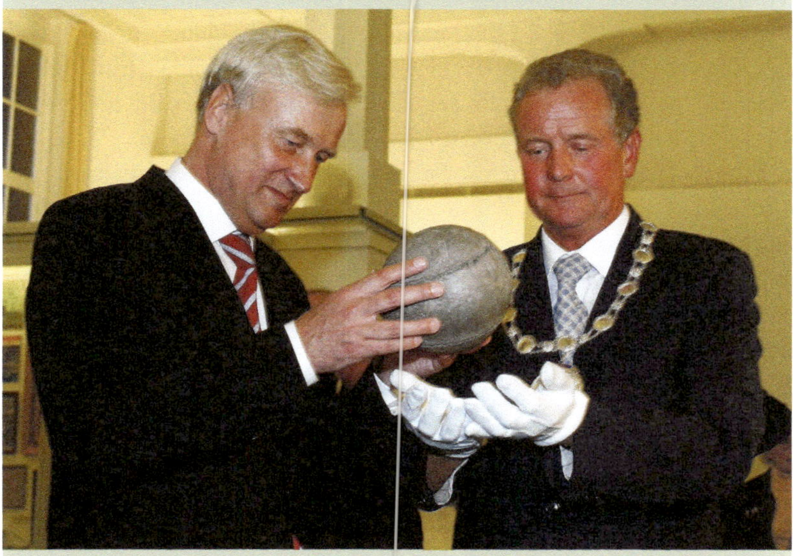

HARTE 4 FAKTEN

Adresse: Rothenbaumchaussee 64, 20148 Hamburg

Booru Wamarui: Kemari-Ausrüstung (Japan)

Fútbol: Spielball und Pokal der 1. WM 1930 (Uruguay)

Football: Originalrasen vom West Scottish Cricket Ground, Schauplatz des ersten Länderspiels (Schottland)

Fernsprechamt Schlüterstraße

Als der Marmorblock ins Schwingen kam

Man kann vieles von August Bosse behaupten, nicht aber, dass es ihm an Pioniergeist mangelte. Als Lehrer und Sportfunktionär der ersten Stunde setzte er sich ein Leben lang für den Fußball ein und half, ihn populär zu machen. Im Mai 1924 war er Vorsitzender des Norddeutschen Fußballverbandes und hatte ein ganz besonderes Angebot bekommen: Er sollte in ein Gerät sprechen, das wie ein großer Metallring aussah und in dessen Mitte an Federn ein Marmorblock schwang. Die Techniker nannten es „Reiszmikrofon". Bosse sollte für die gerade eröffnete Nordische Rundfunk AG (NORAG) einen Vortrag über Fußball halten.

So begab er sich am 4. 5. 1924 ins Postamt an der Schlüterstraße. In dem neugotischen Bau, „mächtig wie eine Ordensburg", war ein kleiner Aufnahmeraum installiert worden. Bosse stellte sich vor das Mikrofon und blickte auf sein Manuskript. Um 20:30 Uhr erhob er seine Stimme: „Wenn wir die Entwicklungsgeschichte des Fußballspiels verfolgen, so müssen wir mit Verwunderung feststellen, daß unser Volk dieses Spiel, das aus England zu uns kam, zunächst mit Entschiedenheit ablehnte." Nach zehn Minuten war Bosses Vortrag, die erste Sportsendung der NORAG, beendet. Er schloss mit den Worten: „Möge das Werk, das wir aus kleinen Anfängen aufgebaut haben, zum Segen unseres Volkes weiter wachsen, blühen und gedeihen; dann wissen wir, dass unsere Jugend im großen Daseinskampfe ihren Mann stehen wird." Der letzte Satz war eine politische Stellungnahme. Als Bosse 1935 starb, legten mehrere Zeitungen seine NSDAP-Mitgliedschaft offen.

Sein Vortrag markierte den Einzug des Fußballs in den norddeutschen Hörfunk. Für zwei Jahre sollte er nur aus Nachrichtensendungen bestehen – da man sich an eine Reportage noch nicht heranwagte. Die Sportnachrichten schienen zunächst auch spannend genug: „Es ist eine Mode unserer Jugend, über den Ausgang von Boxkämpfen und Fußballkämpfen und ähnlichen Dingen unterrichtet zu sein, auch wenn sie selbst noch nicht einmal über einen Fluß schwimmen kann. Und wir alle wissen, daß die Kopfhörer von Sensationslüsternen mit ins Bett genommen werden, wenn das Ergebnis um 10 Uhr 30 noch nicht bekannt ist", beschrieb der „Rudersport" die neuen Zeiterscheinungen.

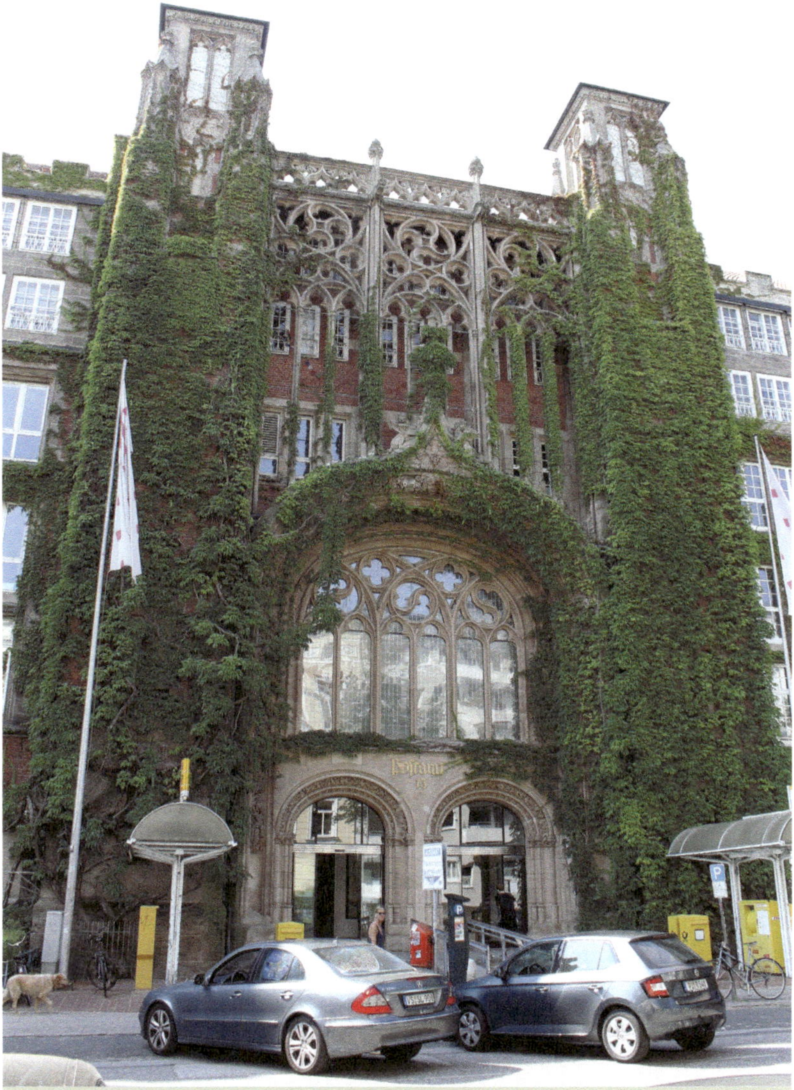

HARTE 4 FAKTEN

Adresse: Schlüterstraße 51–55, 20146 Hamburg

Erbaut: 1902–1907, denkmalgeschützt: seit 1998

Fußballdome: Der Post SV trainierte hier überdacht (1930er)

Noch kein Massenmecium: 896 zahlende NORAG-Hörer beim Sendestart (2. 5. 1924)

Heinrich-Barth-Straße 8

Der Vorhof zur Hölle

Das alte Gründerzeithaus präsentiert sich idyllisch: Eine historische Fassade mit verspielten Ornamenten, dazu ein schöner Vorgarten mit Baumbestand, in dem sich der Wind fängt. Doch so friedlich war es hier nicht immer. Vor dem Gebäude liegen 14 Stolpersteine, die erahnen lassen, dass sich in dem „Judenhaus", wie es früher genannt wurde, grausame Dramen abgespielt haben.

Einer, der hier wohnte, aber ohne Gedenkstein ist, war Otto Stern, geboren 1899 als Sohn eines jüdischen Kaufmanns und dessen evangelischer Haushälterin. Weil man spätere Erbteile nicht gefährden wollte, wurde Otto in den Dokumenten trotzdem als „jüdisch-mosaisch" geführt. Er wuchs in Hamm-Borgfelde auf und kämpfte im I. Weltkrieg. Als Mittelstürmer des SV Polizei erlangte er große Popularität, spielte repräsentativ für Hamburg und die Nord-Auswahl und führte seinen Klub im Oktober 1929 zu einem umjubelten 3:1-Sieg über den HSV. Direkter Gegenspieler: der Norweger Halvorsen, auch er später ein Verfolgter.

Als die Nationalsozialisten 1933 an die Macht gelangten, wurde Stern aus Polizeidienst und Ligamannschaft entfernt. Er kaufte sich von seinen Ersparnissen ein Kohlegeschäft, musste es aber später wieder günstig an einen arischen Konkurrenten abtreten. Sein Vater beging aus Gram Selbstmord, seine Mutter starb 1943 bei den Luftangriffen auf Hammerbrook. Stern, der sich weigerte, den jüdischen Namen „Israel" anzunehmen, und auf die christliche Erziehung in Elternhaus und Schule verwies, wurde 1942 aus seiner Dulsberger Wohnung geworfen und ins „Judenhaus" verbracht. Er leistete Zwangsarbeit, bekam mehrere Zähne ausgeschlagen und wurde 1945 schließlich mit dem letzten großen Transport nach Theresienstadt deportiert, als laufende Nummer 104. Stern überlebte den Krieg, wurde aber nicht wieder in den Polizeidienst eingestellt. Es folgte ein langer Rechtstreit über Entschädigungszahlungen, da Amtsärzte seine körperlichen Schäden als altersbedingt abtaten. Als er 1989 starb, verschickte die Landespolizeiverwaltung ein Telex mit der Todesnachricht an die Dienststellen: „Die Polizei Hamburg wird sein Andenken in Ehren halten." Ein leeres Versprechen: Weder ein Sportplatz noch ein Wanderpokal erinnern heute an den großen Mittelstürmer.

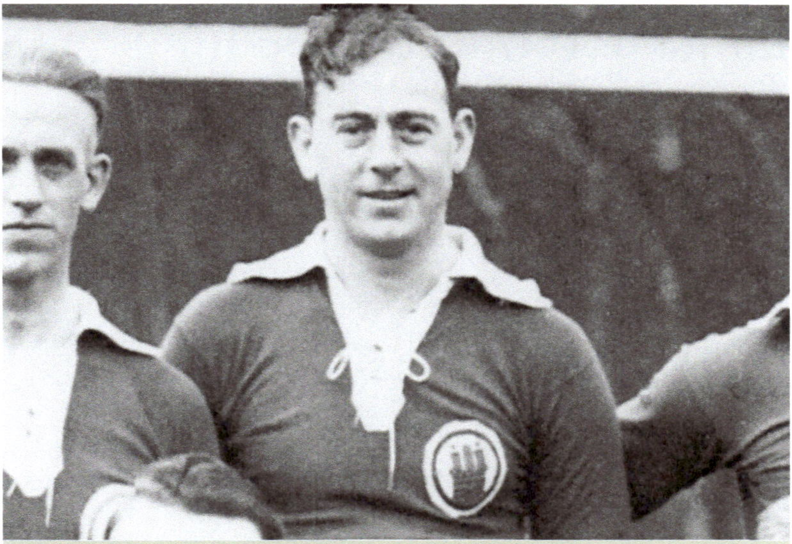

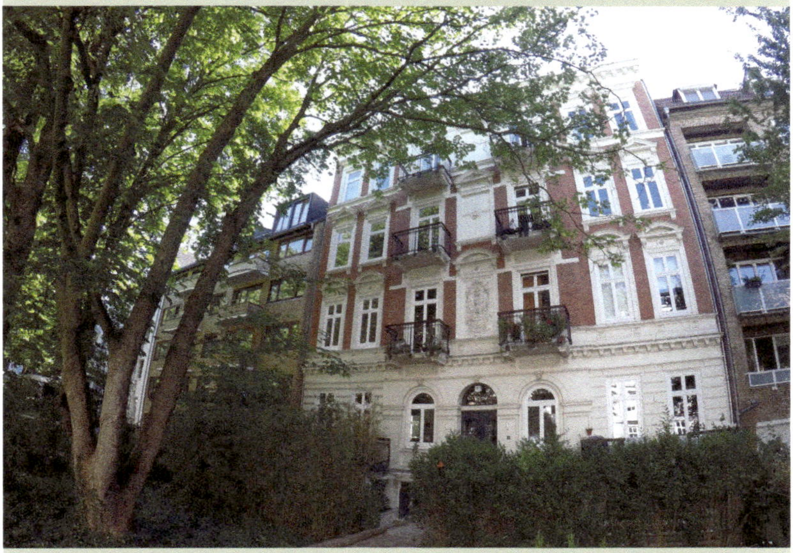

HARTE 4 FAKTEN

Adresse: Heinrich-Barth-Straße 8, 20146 Hamburg

Stolpersteine am Haus: 14

Stolpersteine in Hamburg: 5.874 (Stand: September 2020)

Fußballer-Stolperstein: Asbjørn Halvorsen, HSV (1921–33), Hallerplatz 12 (500 m entfernt), gesetzt Ende 2019

Gustav-Stuhlmacher-Platz

Kartographierter Studenten-Gag

Ein Sport-Ort sondergleichen: In unmittelbarer Nachbarschaft Top-Tennis (seit 1892), rassiger Reitsport (1906-42) und famoser Fußball (1911-94); direkter Vorgängerbau von 1899-1912 ein imposantes Velodrom, die damals größte Sport- und Ausstellungshalle im Deutschen Reich mit Platz für 6.000 Zuschauer. 1929 besetzte Hamburg Deutschlands ersten Lehrstuhl für Leibesübungen, im Juli 1934 bekamen die Uni-Sportler ihren eigenen Platz. Der war bis in die 1950er-Jahre benannt nach dem einstigen Uni-Rektor Albert Wigand, einem Meteorologen und Hitler-Sympathisanten.

Seit Mai 1989 ziert der Name „Gustav Stuhlmacher" dessen Eingangstor. Gustav Stuhlmacher? Der Namenspatron, mehr als 31 Jahre lang Uni-Platzwart am Rothenbaum, war Vaterfigur für viele Studierende. Die schenkten ihm und seiner Frau Irma zur Pensionierung einen Hubschrauberflug über Hamburg. Die Landung erfolgte auf dem von ihm stets akribisch gepflegten Rasenplatz. Der wurde zur Feier des Tages umgetauft – Schildenthüllung inklusive. Genehmigt war diese Abschiedsaktion nicht, die Uni-Leitung wusste von nichts. Was als Scherz gedacht war, hat bis heute Bestand. Mehr noch: Als die Uni wenig später den Campus kartographierte, wurde der Name des verdienten Platzwarts kurzerhand in die Aufzeichnungen übernommen und fand so seinen Weg in die Stadtpläne.

Heerscharen von Lehramts- und ab 1982 auch Diplom-Studierenden erhielten hier das Fußball-ABC. Im Sommersemester 1995 lernten sich so auch die Autoren dieses Buches in der Fachausbildung von Oliver Delius kennen. „Kann gespielt werden?" Absolut: Stoff für Heldensagen lieferten neben der knappen Niederlage der Uni-Auswahl 1969 gegen die Nachbarn vom HSV vor allem die Duelle des „IfL-Kicks" zwischen „Lehrlingen" (Studierenden) und „Meistern" (Professoren, Dozenten, Tutoren, u. a. 2003 mit Dietmar Beiersdorfer in der Abwehrkette). Als traditioneller Spielort der Uni-Liga steht der Platz auch den Fußballfreunden anderer Fakultäten offen. 2006/07 wurde das Spielfeld um 1,32 Meter tiefergelegt und in einen Kunstrasen umgewandelt, auf dem auch die Hockey-Kugel, etwa bei Länderspielen oder der DM-Endrunde 2015, vortrefflich rollt.

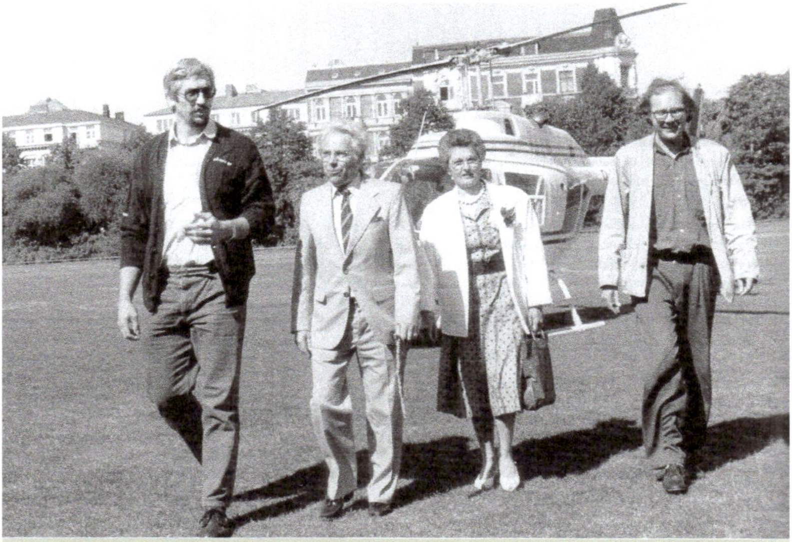

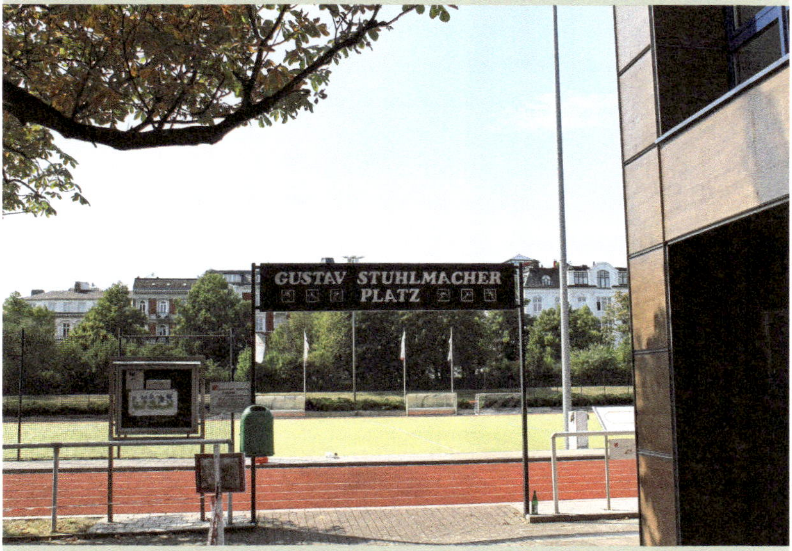

HARTE 4 FAKTEN

Adresse: Turmweg 2, 20148 Hamburg

Wochenmarkt: Donnerstags, 8–14 Uhr

Derby: Uni-Auswahl vs. HSV 0:2 (5. 2. 1969)

Rekordkulisse: 3.000, Hockey-Länderspiel Deutschland vs. England 2:3 (Einweihung des Kunstrasens, 1.5.2007)

Sportplatz Rothenbaum (historisch)

Die Heimat des HSV

Es gab eine Zeit, da war der HSV ein Verein aus dem Herzen der Stadt. Am vornehmen Rothenbaum war er einst beheimatet, unweit der Alster. Der Hamburger Fußballclub hatte dort 1910 im Schatten der Johanniskirche ein Gelände gepachtet und zu einem Sportplatz ausgebaut. Dieses Tafelsilber brachte er 1919 mit in die Ehe, als er sich mit dem SC Germania und dem FC Falke zum HSV verheiratete.

In den 1920er-Jahren wurde „der Rothenbaum" schnell zum Nabel der deutschen Fußball-Welt. Der HSV errang zwei nationale Meisterschaften und avancierte zur Spitzenklasse. Auch dank vieler Spitzenspieler, wie Halvorsen und Harder, später dann Noack, Spundflasche, Posipal sowie den Sprösslingen der Familien Seeler und Dörfel. Alle an der Volksbühne Rothenbaum zu bewundern, alle zum Greifen nah. Bereits das Auflaufen als Prolog besaß großen Unterhaltungswert: Wie Gladiatoren verließen die Hauptdarsteller das Klubheim, überquerten die Rothenbaumchaussee – Straßenbahn und Automobile mussten warten – und marschierten schließlich durch eine Menschentraube ins Stadion. Wobei pfiffige Buttjes im Schatten der Spieler mit auf die Anlage huschten. Zu sehen gab es allerhand: Internationaler Fußball, meist an Ostern mit Mannschaften wie Corinthians London (1924–36), Rampla Juniors Montevideo (1929) oder FC Bologna (1939). Zudem Spieler, die sich in der einzigartigen Atmosphäre zu großen „Volksrednern" entwickelten, wie Richard Dörfel. Der bedachte die Mitspieler pausenlos mit schmissigen Kommandos („Geh ran!"), für den Gegner hatte er hilfreiche Kommentare parat („Tor ist hier!"), das Publikum unterhielt er mit kurzen Döntjes („Passt auf, Kinners"). Gab es einmal Spott von der Tribüne, konnte man zudem in den Genuss kommen, rückwärtige Körperteile von Edi Adamkiewicz zu bewundern („Klei mi am Mors").

Das Feld der Träume verlor mit Einführung der Bundesliga schlagartig an Bedeutung, da der HSV ins Volksparkstadion auszuweichen hatte. Das weckte Begehrlichkeiten, Spekulanten witterten lukratives Bauland. 1996 wurde die Kultstätte schließlich für Wohn- und Gewerbehäuser abgerissen. Heute erinnert hier nichts mehr an die Heimat des HSV – nicht einmal eine einfache Bronzetafel.

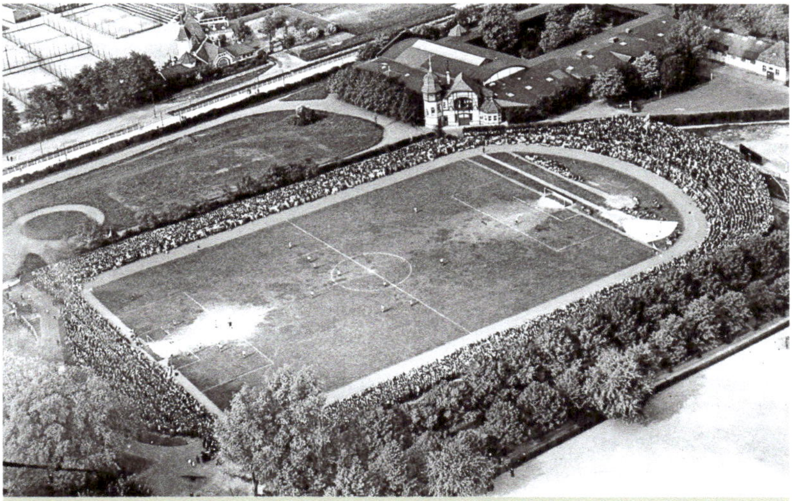

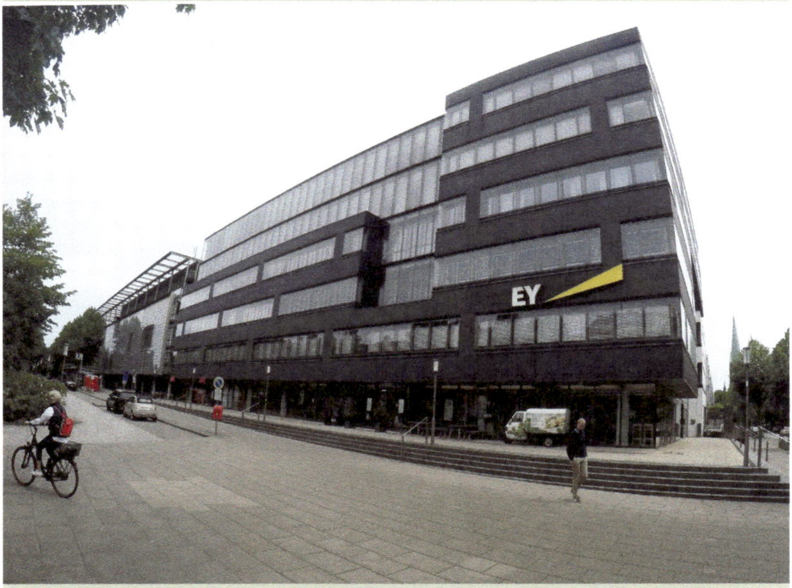

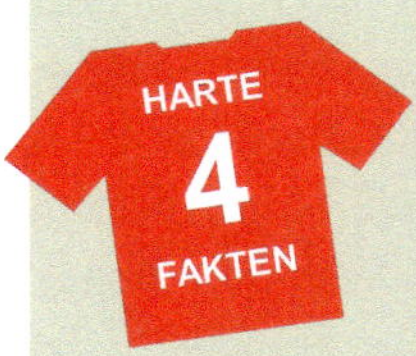

Adresse: Rothenbaumchaussee 76–78, 20148 Hamburg

Rekordkulisse: 32.000 vs. 1. FC Nürnberg (3. 8. 1924)

Oberliga-Festung: 233 HSV-Spiele (186/28/19, 1947–63)

1. + 2. Bundesliga: 6x HSV (5/1/0, 1970–72); 19x Barmbek-Uhlenhorst (6/5/8, 1974/75)

HSV-Clubheim (historisch)

Die Höhle des Löwen

Jeder, der einmal Fußball gespielt hat, weiß: Fast ebenso wichtig wie ein gepflegtes Spielfeld ist das Clubheim. Hier treffen sich die Mitglieder, hier werden Gäste empfangen und die Vereinspolitik gemacht. Besonders nobel residierte einst der HSV in einer 1921 erworbenen Jugendstilvilla. Auf deren markantem Turm, der dem Anwesen einen burgähnlichen Eindruck verlieh, wurde an Spieltagen die schwarz-weiß-blaue-Flagge mit der Raute gehisst. In den Vereinsnachrichten vom März 1922 steht geschrieben: „Wir wollen nicht protzen und nicht übermütig werden, aber stolz wollen wir sein auf unseren herrlichen Besitz. Mögen alle Mitglieder dafür sorgen, dass unser Haus das bleibe, was es ist: ein Sammelpunkt aller H.S.V.er, eine Pflegestätte wahrer Freundschaft und Sporttreue, ein würdiges Fundament des ältesten norddeutschen Sportvereins."

Im Inneren der „Löwenburg" waren die Geschäftsstelle, ein Konferenzzimmer, die Vereinsbibliothek, die für ihre ausgezeichnete Küche bekannte Gastwirtschaft sowie ein repräsentativer Saal (mit Radio!) untergebracht. Von zentraler Bedeutung: der lange Tisch mit dem Porzellanlöwen, der den Vereinsoberen und der Liga-Mannschaft vorbehalten war. Hier wurden zu leckeren Heringen auch scharfe Getränke kredenzt („Fisch muss schwimmen!"), dazu Skat gedroschen und heiter in die Tasten des Klaviers gegriffen. Es gab eine Wohnung für das Platzmeisterpaar Ella und Otto Streuffert, gute Seelen des Vereins. Im Keller befanden sich zum einen die Lagerräume des Vereinswirts mit seinen Heringsfässern, zum anderen bis Ende der 1950er-Jahre auch die Umziehräume. Sogar Duschen gab es, paradiesische Zustände.

Im Krieg durch Bomben beschädigt, wurde das Haus 1956 renoviert und die Burg „geschleift": Ihre Zinnen und andere baufällige Teile wurden abgetragen, der Charme leider damit auch. 1973 schließlich folgten der Abriss und der Neubau eines achtstöckigen Hochhauses. Dort sprudelte zunächst der „HSV-Bierbrunnen", später gab es mit Leidenschaft zubereitete Pasta und Pizza im „Ristorante Passione". Gegenwärtig betreibt TV-Koch Steffen Henssler im Parterre das Restaurant „Go" und offeriert Wolfsbarschtatar, Tempura-Garnele und Schaumsuppe mit Jakobsmuscheln. Profaner Salzhering ist out.

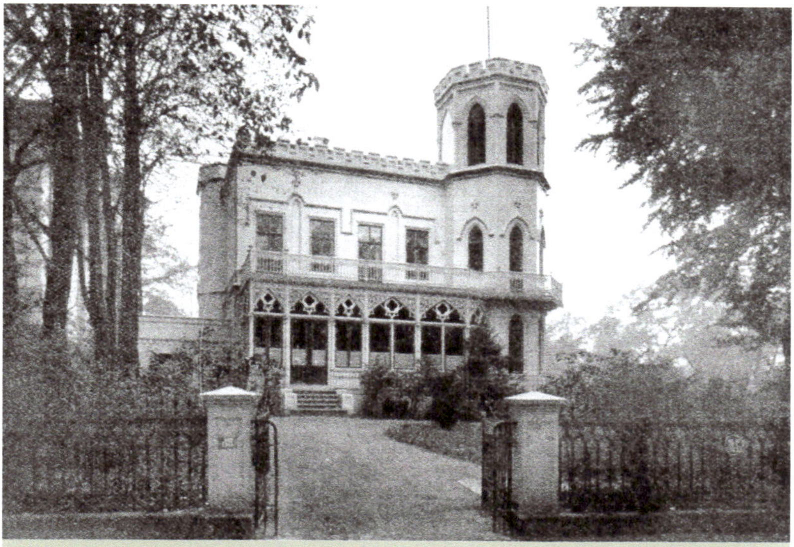

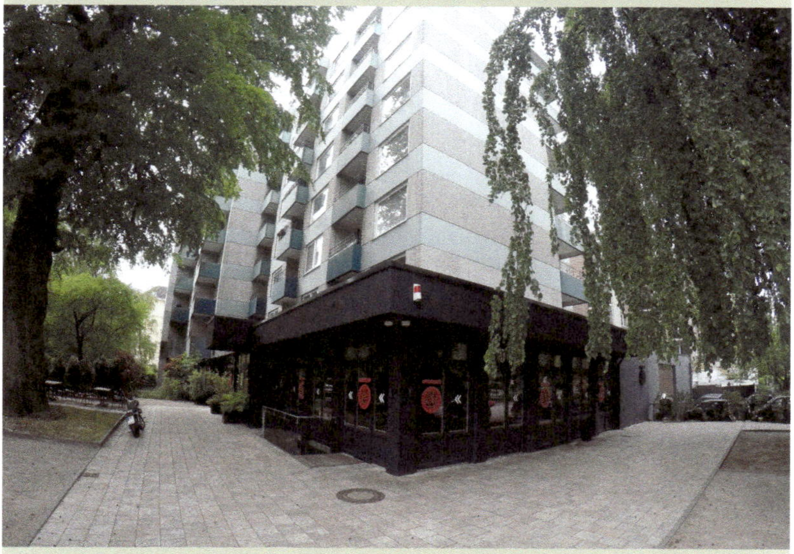

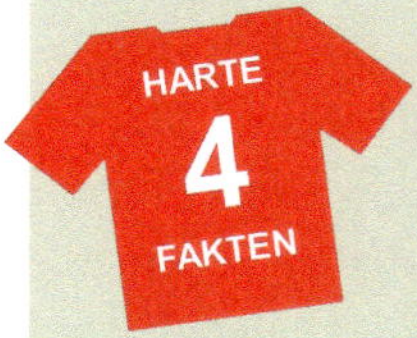

Adresse: Rothenbaumchaussee 115, 20148 Hamburg

50 Pfennig: Salzhering „vom Fass“

19 Euro: Hensslers Lachssashimi Trüffel-Ponzu

7.623 Euro: durchschnittlicher m²-Kaufpreis (immobilienscout24.de, 3. Quartal 2020)

N(W)DR-Funkhaus

Die Erfindung des Sonnabendnachmittags

„Radio. Radio. Radio“, bejubelte der sich im nervenaufreibenden Bundesliga-Abstiegskampf direkt „vom Abgrund“ meldende Reporter Günther Koch 1999 das „schnellste Medium der Welt“. Für FAZ-Journalist Christian Eichler ist es auch das „meistgeliebte Medium des Fußballs“. Bestes, der Phantasie Raum lassendes Kopfkino, transportiert in einer „verknappten Choreografie von Wörtern, Halbsätzen und Ausrufen“, die der geniale Ton-Collageur Ror Wolf – vor allem durch eigenes Tun – mit ihrer „Komik, Dramatik und Tragik“ als eigene „Kunstform“ adelte.

Die Idee für ihre schönste Ausdrucksform, die Schaltkonferenz, wurde in Hamburg entwickelt. Initiator war Herbert Zimmermann, jener Mann, der wenig später auch die berühmteste Reportage der deutschen Rundfunkgeschichte sprechen sollte, als er 1954 das „Wunder von Bern“ beschrieb. Der Sportchef des Nordwestdeutschen Rundfunks (NWDR) hatte bei den Olympischen Spielen 1952 in Helsinki an einem spannenden sendetechnischen Experiment teilgenommen. Expeditionsleiter Dr. Bernhard Ernst inszenierte eine Art „Konferenzschaltung“, die den Hörern suggerierte, live an drei wichtigen Wettkampfstätten gleichzeitig zu sein. Zurück in Hamburg adaptierte Zimmermann das Prinzip. Am 21.9.1952 sendete der NWDR Zusammenschnitte von sechs Spielen der Oberliga Nord – 45 Minuten auf Ultrakurzwelle, 30 Minuten via Mittelwelle; eine Pionierleistung von enormem Aufwand. Die Resonanz war überwältigend. Vier Wochen später folgte deshalb die erste Konferenz mit Live-Schalten zu fünf Nord-Spielen, moderiert von Zimmermann aus dem Studio an der Rothenbaumchaussee. „So wird Spiel für Spiel in komprimierten Blitzreportagen eingefangen werden. Dorthin, wo das Kampfgeschehen auf grünem Rasen dramatisch und der Ausgang des Spiels noch ungewiss ist, wird ein zweites oder auch ein drittes Mal zurückgeblendet werden.“

Die Popularität der Radio-Konferenz ist bis heute ungebrochen. Das seit Jahrzehnten weitgehend unveränderte Format steht wie kein zweites für die Unmittelbarkeit des Mediums. Sonnabendnachmittags schalten regelmäßig mehr als acht Millionen Hörer ein, wenn in der Bundesliga der Ball rollt. Und mit dieser beeindrucken Zahl zurück ins Funkhaus!

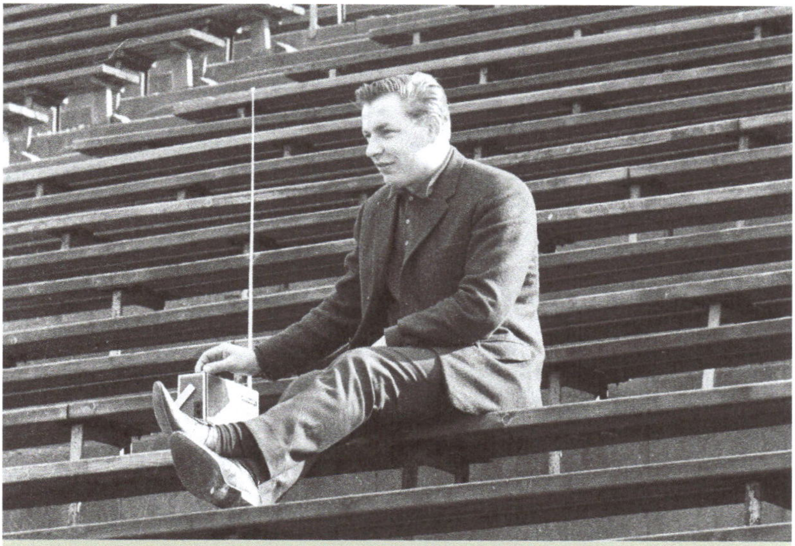

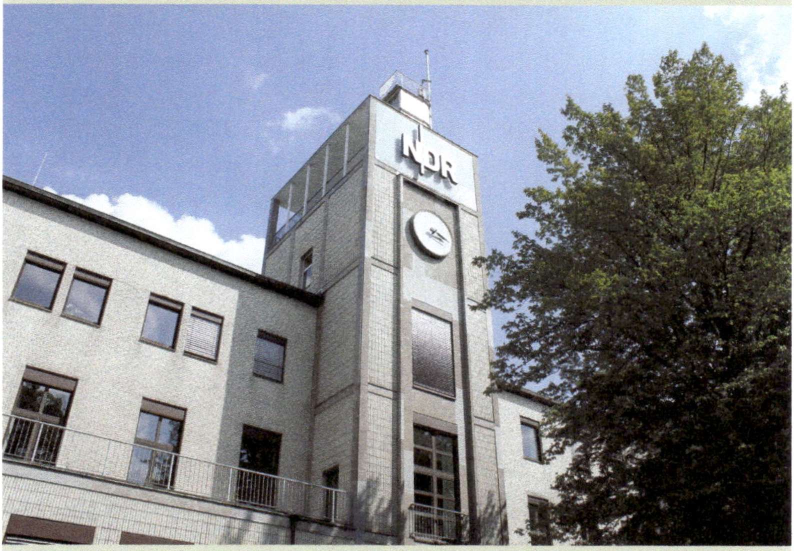

HARTE 4 FAKTEN

Adresse: Rothenbaumchaussee 132, 20149 Hamburg

Generalprobe: 21. September 1952, 6 Spiele der Oberliga Nord

Live-Premiere: 19. Oktober 1952, 5 Spiele der Oberliga Nord

Große Schaltkonferenz: 29. März 1953, 4 Top-Spiele der Oberligen Nord, Süd und Südwest sowie der Stadtliga Berlin

Stadion Hoheluft

Ein sporthistorischer Schatz

Wie heißt Deutschlands bedeutendstes Fußballstadion? Nun ja, die Antwort mag überraschen und zunächst etwas kühn wirken, denn sie lautet: Hoheluft! Nirgendwo sonst in der Republik lässt sich die Geschichte der Sportart so gut erzählen und verorten wie hier – von der Gegenwart zurück bis zum 22. 9. 1907, als das Stadion mit einem Spiel zwischen dem SC Victoria und dem VfB Leipzig (5:2) eingeweiht wurde.

Das Schmuckkästchen ist prall gefüllt mit sporthistorischen Schätzen: Sowohl der bürgerliche DFB als auch das Arbeitersportkartell nutzen das repräsentative Stadion für ihre Festtage. Auf der Bühne Hoheluft wurde dreimal der Deutsche Meister ermittelt. 1912 vom DFB: Holstein Kiel vs. Karlsruher FV 1:0 (Foto o.); 1929 und 1931 vom ATSB, jeweils mit dem Hamburger Sieger SC Lorbeer. Zur Aufführung kamen zudem neun Länderspiele: fünf der DFB-Auswahl (1911–1940) und vier der ATSB-Nationalelf (u. a. das „Russenspiel" 1927). Vom Duell des DFB 1923 gegen die Niederlande ist ein knapp achtminütiger Film erhalten geblieben. Ebenfalls in bewegten Bildern überliefert ist das Endspiel um die britische Zonenmeisterschaft 1948 zwischen dem HSV und dem FC St. Pauli.

Und Victoria? Auch der Platzverein hat auf seiner Anlage unzählige Sternstunden erlebt; die größte wohl 1938, als man Schalke 04 mit 4:3 aus dem DFB-Pokal kegelte. Doch der Vereinsname war jüngst nicht mehr so häufig Programm: Zuletzt 1954 erstklassig, ist man seit 1977 nicht mehr über die vierte Liga hinausgekommen. Dennoch: Die „Zitronen" – inzwischen auf ihrem Vorzeigeplatz auf Kunstrasen unterwegs – stellen noch immer eine der größten Fußballabteilungen in Hamburg. Und eines der schönsten Vereinsheime, untergebracht in einer der ältesten Tribünen Norddeutschlands (kein Denkmalschutz!): „Victor. Die Victoria Klause" – Schnitzel, Bauernfrühstück, rote Grütze. Die Bundesliga auf Sky. Dart, Kegeln. Frisch renoviert. Und doch ist hier noch immer der Geist und Dunst von St.-Pauli-Legende und Kettenquarzer Walter Frosch spürbar, der einige Jahre als Wirt hinterm Tresen stand und oft selbst sein bester Gast war. Vielleicht erlangte er hier die Erkenntnis: „Mein schwerster Gegner war immer die Kneipe."

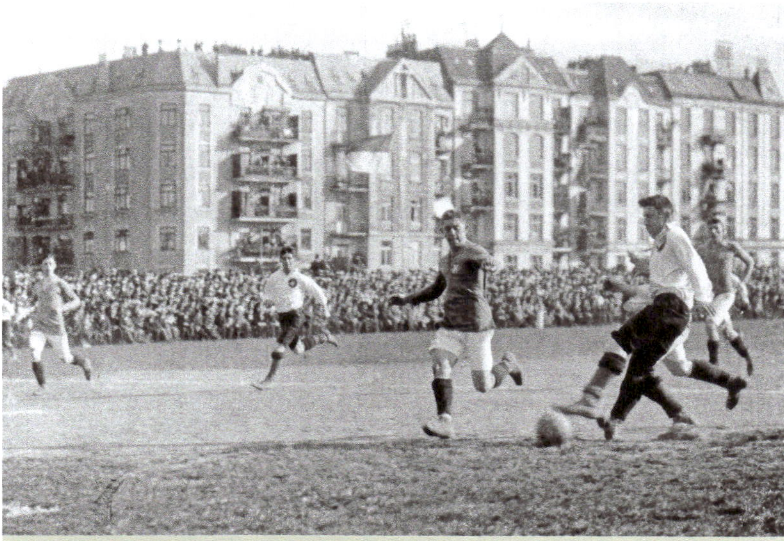

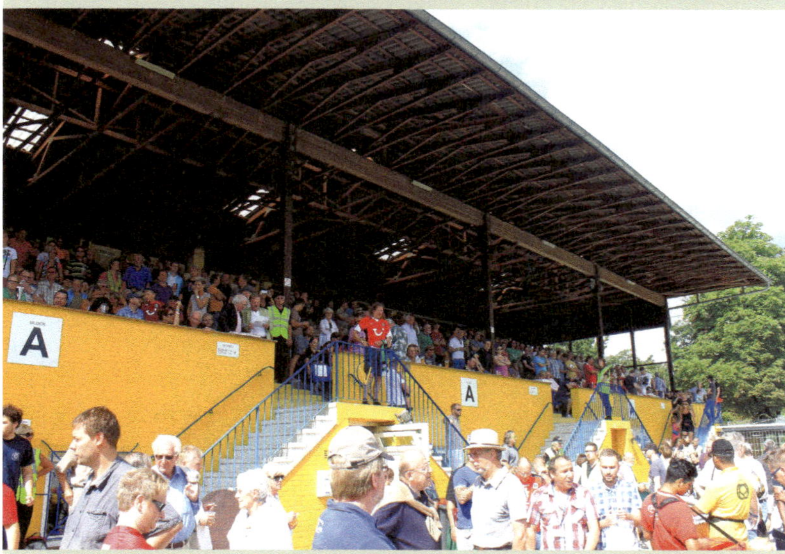

HARTE 4 FAKTEN

Adresse: Lokstedter Steindamm 87, 21079 Hamburg

Kult-Klubheim: Mo.–Fr. 17–23 h, Sa. 10–23 h, So. 10–20 h

„Hamburger Wembley“: 30 HFV-Pokal-Endspiele seit 1982

Rekordkulissen: 50.000 bei Hitlers Wahlkampfrede (20.7.1932), 37.000 bei HSV vs. FC St. Pauli 6:1 (13.6.1948)

ETV-Sportplatz

Heringe und Hau-mi-blau

Die große Tribüne war einst der Stolz des Eimsbütteler TV. Würdig eingeweiht am 1.8.1920 mit einem Spiel gegen den Deutschen Meister 1. FC Nürnberg (2:3). Kapazität: 2.000 Sitzplätze, für weitere 23.000 Zuschauer waren die Stehtraversen ausgelegt. Es passten jedoch noch mehr Personen auf die Anlage, wie die überforderten Organisatoren des Bundespokal-Finales am 5. 3. 1922 entsetzt feststellen mussten. Von überall strömte es herbei, jeder wollte die Partie Norddeutschland gegen Süddeutschland sehen. Am Ende machte eine Wiener Sportzeitung 44.000 Zuschauer auf der restlos überfüllten Anlage aus. „Wie Heringe zusammengepfercht" stand das Publikum bis zur Seitenlinie. Die Hamburger sahen ein 0:7 ihrer Auswahl, dazu gab es eingedrückte Barrieren und zerbrochene Bänke. Das Chaos hatte Folgen: Der DFB entzog der Stadt Hamburg das zugesagte Länderspiel gegen Ungarn.

Der Lokstedter Steindamm war ein überaus heißes Pflaster. Grenzen wurden hier des Öfteren überschritten, und das nicht nur, weil eine Platzhälfte in Hamburg, die andere aber in Preußen lag. In der Saison 1921/22 wurde das Spiel gegen den Rothenburgsorter TV abgebrochen, weil es zu einer „Belästigung des Schiedsrichters" kam. Am 17. 10. 1937 belagerten aufgebrachte Anhänger des FC St. Pauli über eine Stunde lang die Stadionpforten und wollten den Unparteiischen für einen unterschlagenen Elfmeter körperlich zur Rechenschaft ziehen. Der konnte sich nur unter Polizeischutz in ein Auto retten. Eine Tüte Hau-mi-blau, wie man in Hamburg sagt, gab es auf dem Tribünensportplatz aber vor allem für die Gegner. Der HSV erlitt einst schmerzhafte Abreibungen (3:8, 1934; 3:5, 1936) und die Helden der Eimsbütteler – Rohde, Stührk, Rohwedder und Panse – kamen zu nationalen Ehren. 1943 wurde die Tribüne dann von einem Bombentreffer zerstört.

Gegenwärtig wird die 1911 eröffnete Anlage, auf der jahrzehntelang Erstligafußball zu bestaunen war, zum modernen „Sportzentrum Hoheluft" umgebaut; Kosten des derzeit größten gemeinnützigen Sportprojekts der Republik: 18,7 Millionen Euro. Es soll dort auch weiter Fußball gespielt werden. An die goldenen Tage der Abteilung wird dann wohl nichts mehr erinnern. Dafür wurde zu viel Erde bewegt.

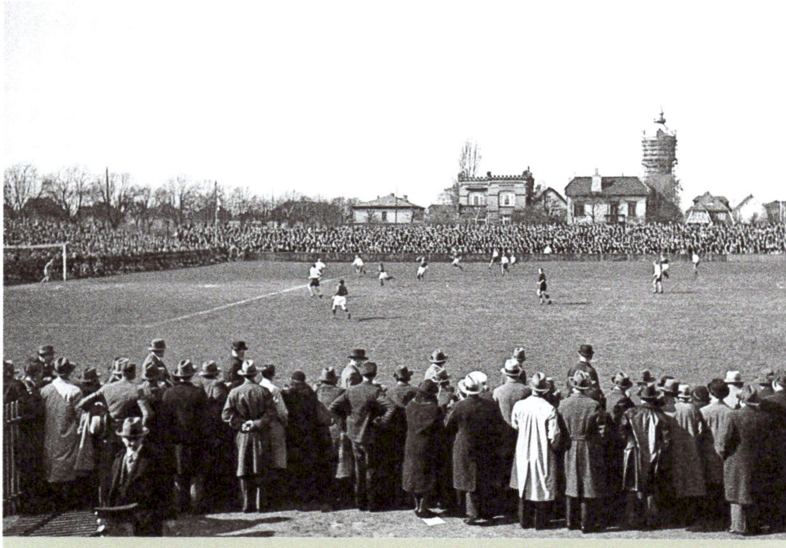

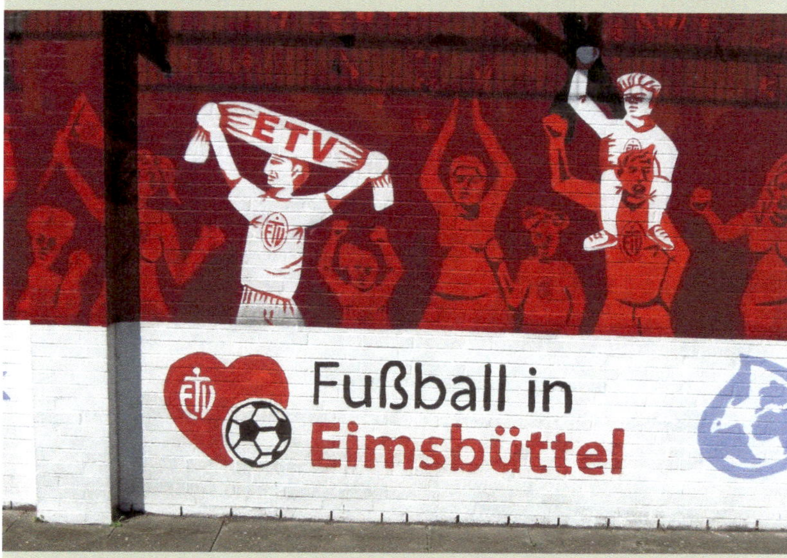

Adresse: Lokstedter Steindamm 75–77, 22529 Hamburg

Frühere Erfolge: Gaumeister Nordmark 1933–36, 1940, 1942

Jüngster Erfolg: Aufstieg in die A-Junioren-Bundesliga (2020)

Rekordkulissen: 44.000 bei Nord vs. Süd 0:7 (Bundespokal, 5. 3. 1922), 24.000 bei ETV vs. HSV 2:2 (Gauliga, 20. 3. 1938)

Eppendorfer Grill-Station

„Das wirklich wahre Leben“

… findet hier von Montag bis Sonnabend statt: Pommes rot-weiß, halber Hahn, Riesencurry. Seit 2004 aber reist am Sonntagnachmittag regelmäßig ein kleines Team vom WDR aus Köln an und verwandelt den Grill in ein Fernsehstudio. Sechs Kameras filmen. Nur eine von ihnen lässt sich aus der Regie fernsteuern, die anderen sind auf einen festen Ausschnitt fixiert. Kein Zoom, keine Schwenks. Die Einstellungen wechseln sich in Intervallen von vier bis sechs Sekunden automatisch ab. Fast wie Überwachungskameras, durch die der Zuschauer live das Imbiss-Geschehen verfolgen kann.

Dann geht sie los, die „Chefvisite“: Hauptfigur Dittsche betritt die „Muggelbude“, tauscht bei Wirt „Ingomann“ in der Aldi-Plastiktüte mitgebrachtes Leer- gegen Vollgut. „Das perlt aber mal wieder richtig!“ Wiederkehrende Floskeln und Rituale bilden den Rahmen, dazwischen wird improvisiert. Die Inhalte der 45-minütigen Sendung liefert das Leben bzw. das Fernsehen und die Bild-Zeitung. Hieraus bezieht Dittsche sein solide-gefährliches Halbwissen. Frei assoziierend, wortwitzig und in hamburgischem Dialekt diskutiert der Unterschichtler Aktuelles aus Politik, Wissenschaft, Gesellschaft und Sport. Er hat zwar keine Ahnung, weiß aber Bescheid und alles besser. „Das Kleine ist immer im Großen drinne. Und umgekehrt.“ Meist schwenkt er am Ende seiner verblüffenden Argumentationsketten triumphal die Flasche und jubelt: „Da schließt sich der Kreis! Bidde!“

Ein wiederkehrendes „Stichwort“ in den über 250, vielfach preisgekrönten Episoden ist der Fußball und hier speziell der „reine Weltverein“ HSV. Dittsche-Darsteller Olli Dittrich, im „wirklich wahren Leben“ einst leidlich erfolgreicher Halblinker in der Jugend des TuS Alstertal sowie HSV-Mitglied Nr. 25.000, kommt stets in Vereinsfarben daher: blau-weiß gestreifter Bademantel, rote (Jogging-)Hose, Adiletten. Als prominente Gäste traten u. a. die HSV-Profis Aílton, Daniel van Buyten und Rafael van der Vaart sowie Werder-Edelfan Arnd Zeigler und Pierre Littbarski auf. Dittrichs Wunschgast ist „Titan“ Oliver Kahn, sein anderes großes Idol Uwe Seeler war schon im April 2005 da und sprach die seinerzeit traditionellen letzten Worte: „Halt die Klappe, ich hab Feierabend!“

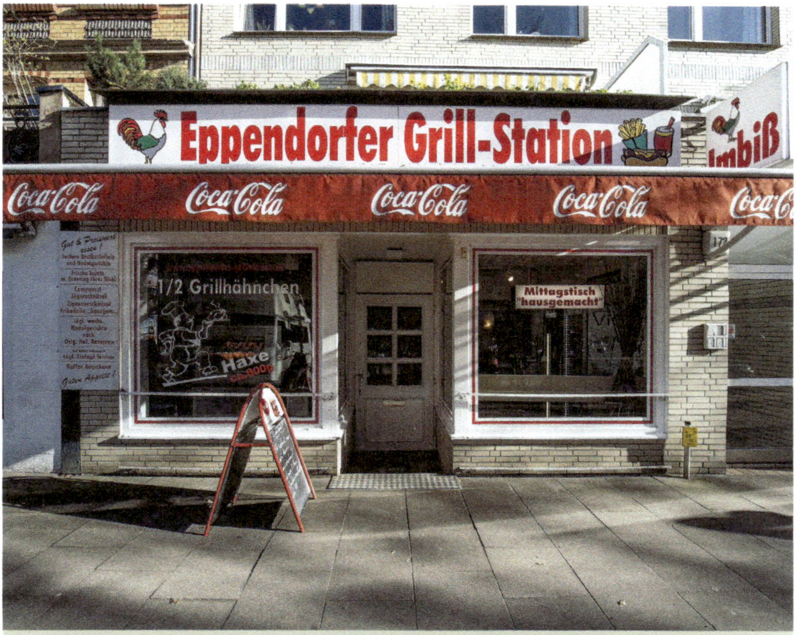

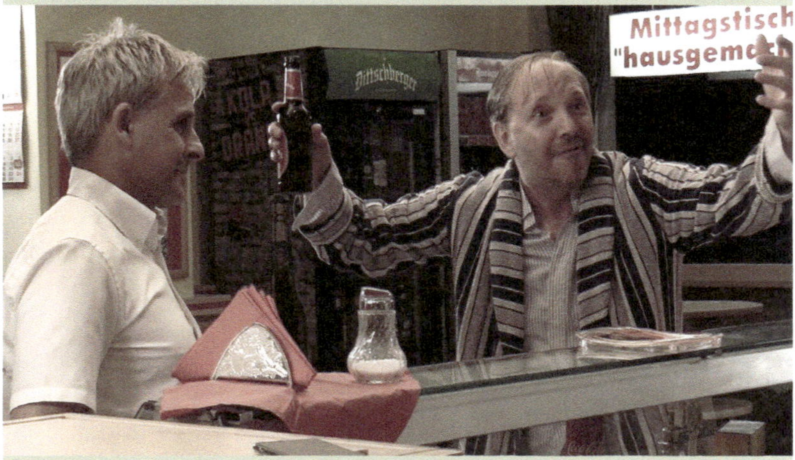

HARTE 4 FAKTEN

Adresse: Eppendorfer Weg 172, 20253 Hamburg

Ma sagn: Dittschenary (www1.wdr.de/fernsehen/dittsche/index.html)

Auszeichnungen: u. a. Dt. Fernsehpreis, Grimme-Preis, Goldene Kamera

Wirklich wahre Preise: ½ Grillhähnchen: 3,80 €, hausgemachte Frikadelle: 2,– €, Holsten Edel (0,5 l): 2,20 €

Wohnhaus Hans Weymar

Hamburgs erster „Internationaler“

Beinahe jeder Fußballfreund kann die Endspielmannschaft von 1954 zumindest in Teilen aufsagen, die dann zu den „Helden von Bern“ mystifiziert wurden. Doch was ist mit den – wenn man so will – „Boys of Basel“? Den Jungs des ersten deutschen Länderspiels anno 1908? Sie sind allesamt vergessen. Auch Hans Weymar (1884–1959, im Foto: rechts), der einzige Hamburger in der Mannschaft. Das Quartier Eimsbüttel, in dem er als typischer Straßenspieler aufwuchs, war für Weymar und seine Schuhe ein hartes und gefährliches Pflaster: „Das war das größte Elend mit den Stiefeln. Da half weder leugnen, noch eine ciceronisch ausgeklügelte Verteidigungsrede. Wenn die Löcher in den Kappen – Fußballschuhe waren ein ungeahnter Luxus – allzu weit ihr Maul aufrissen, ließ sich der Fall vor dem alten Herrn nicht mehr verheimlichen. In der Regel reagierte er auf solche Entdeckung körperlich.“

Mit 17 Jahren trat er in den SC Victoria ein. 1912–1917 wohnte er unmittelbar gegenüber dem Stadion Hoheluft. Weymar galt schnell als einer der besten linken Läufer Norddeutschlands. Der Spielausschuss des DFB – einen Nationaltrainer gab es noch nicht – nominierte ihn für die Länderspiel-Premiere gegen die Schweiz (3:5). Weymar bekam damals Spesen für eine Fahrt zweiter Klasse angewiesen, buchte aber nur die dritte, weil er sparen wollte. „Taschengeld war immer knapp!“, erklärte der gelernte Bankkaufmann. Bei der Premiere machte Weymar dann eine gute Figur und war an der Vorbereitung des ersten deutschen Treffers beteiligt.

So kam er noch zu weiteren Länderspieleinsätzen, u. a. 1908 in Berlin gegen England (1:5), als er Vivian Woodward als direkten Gegenspieler hatte. Der legendäre Stürmer von Chelsea wurde zweimal Olympiasieger. Seine Trefferquote von 1,26 Toren pro Spiel ist noch immer englischer Rekord. Der Mann vom SC Victoria zeigte sich wenig beeindruckt und brachte den englischen Hünen in seiner ersten Aktion gleich zu Fall. Der Karikaturist WEP verewigte die Szene mit der Sprechblase „Gestatten Sie ... Hans Weymar aus Hamburg!“ Sechs Jahre später fanden sich beide dann in den Schützengräben wieder und ein Schrapnell beendete Weymars Laufbahn. Er wandte sich fortan dem Tennis zu und starb 1959 auf dem Platz.

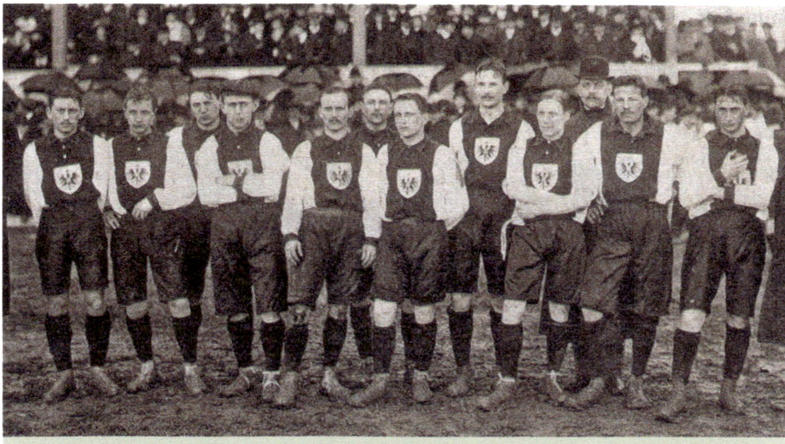

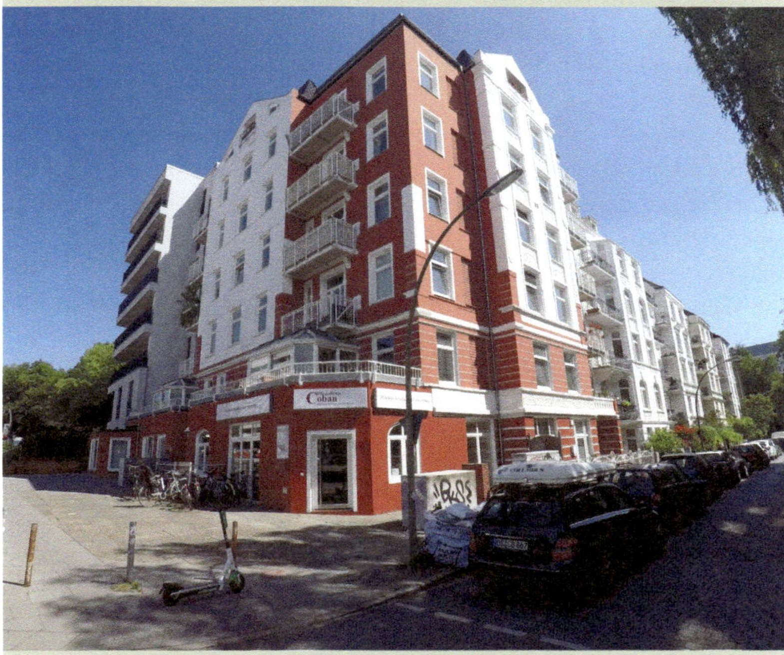

HARTE 4 FAKTEN

Adresse: Hoheluftchaussee 132, 20253 Hamburg

Norddt. Meister: 1906 + 1907 (5:2 + 6:1 vs. Braunschweig)

DFB-Bilanz: 4 Spiele, 4 Niederlagen, 7:15 Tore (1908–1910)

„Boys of Basel": Baumgarten – Jordan, Hempel – Ludwig, Hiller, Weymar – Hensel, Becker, Baumgärtner, Kipp, Förderer

Bierbrunnen (heute: Bierkrug)

Lotto King Gummi

„Heimat des Herrengedecks" kobert verheißungsvoll ein Schild die Passanten. Und wer sich locken lässt – auch die Damen sind willkommen –, wird mit einer kleinen Zeitreise belohnt: Eintritt in eine echte Eppendorfer Eckkneipe, wie es sie früher, als der Stadtteil noch den Arbeitern gehörte, etliche gab. Bodenständig, ohne Schnickschnack: Lütt un Lütt? Flaschbier oder eins vom Fass?

Früher hieß der Laden hier mal „Bierbrunnen", danach „Sport-Eck". Und hinterm Tresen stand Günther Storbeck, den alle nur „Gummi" nannten. Und noch früher, da gab es drüben, auf der anderen Straßenseite, den „Suppenkeller", Gummis Stammpinte. Dort stieg, Dezember '79, die legendäre Weihnachtsfeier – dolle Geschichte: Es gab Grünkohl, Kasseler und Schweinebacke. Dazu Schnaps und Bier. Und Gummi trank, wie immer, nur Cola. Bis er den Anruf bekam. Lottogewinn! Sechs Richtige! Da bestellte Gummi dann Sekt und schmiss eine Runde nach der anderen. Ja, Gummi, das war 'ne Marke: Nicht mal 1,70 lang, aber trotzdem ein ganz Großer. Gelernter Maler und Tapezierer. 446.000 Mark hat er damals gewonnen. Oder waren's 640.000? Egal! Ein Haufen Kohle jedenfalls. Gummi kaufte seiner Ehefrau, damals Nr. 7 übrigens, eine Eigentumswohnung. Und mit dem Rest? Porsche? Weltreise? Nix! Gummi erfüllte sich einen anderen Lebenstraum und machte einen Fußballverein auf: die Eppendorfer SG. Gummi war Präsident, Manager und Trainer gleichzeitig. Und ging ins Tor, mit Mitte 50. Biegsam und gelenkig war er ja, „Gummi" eben. Er haute richtig raus, lockte gute Kicker mit fetten Handgeldern und Prämien. Am Struckholt, oben am Alsterlauf, wurde ein Grandplatz hergerichtet. Mobiles Flutlicht aus England, für 18.000 Mark. Wurde sofort geklaut. Gummi kaufte ein neues, fest installiertes. Dazu feinste Trikots, einen Teambus. „Da kommen die Millionarios von der SGE", hieß es dann. 1980/81 wurde die Kreisliga gestürmt: Meister und Aufstieg! 3:2 im Pokal gegen Vicky: Sensation! Im Siegestaumel ritt Gummi halbnackt auf einem Esel durch Eppendorf. Hatte er ja angekündigt. Und einer wie Gummi, der hielt sein Wort. Wie gesagt: Dolle Geschichte! Nach vier Jahren war das Geld alle und die SGE am Ende. Auflösung statt Bundesliga. Wie gewonnen, so zerronnen. Doch wenn man ihn später darauf ansprach, sagte Gummi, 2004 verstorben, immer nur: „Ach, war doch 'ne geile Zeit!"

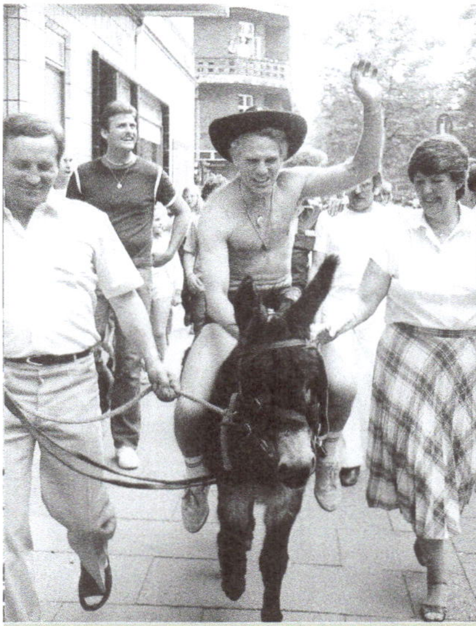

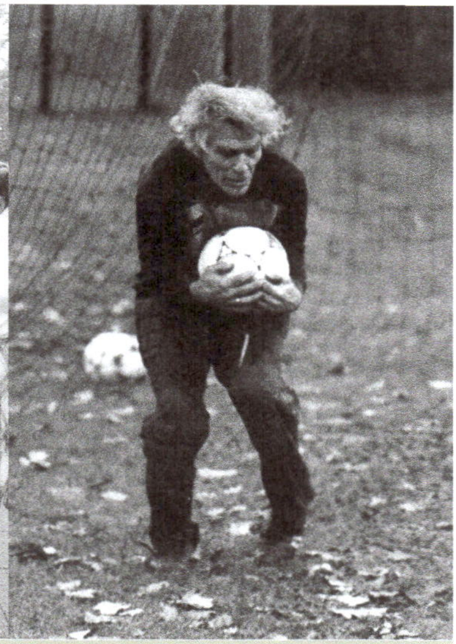

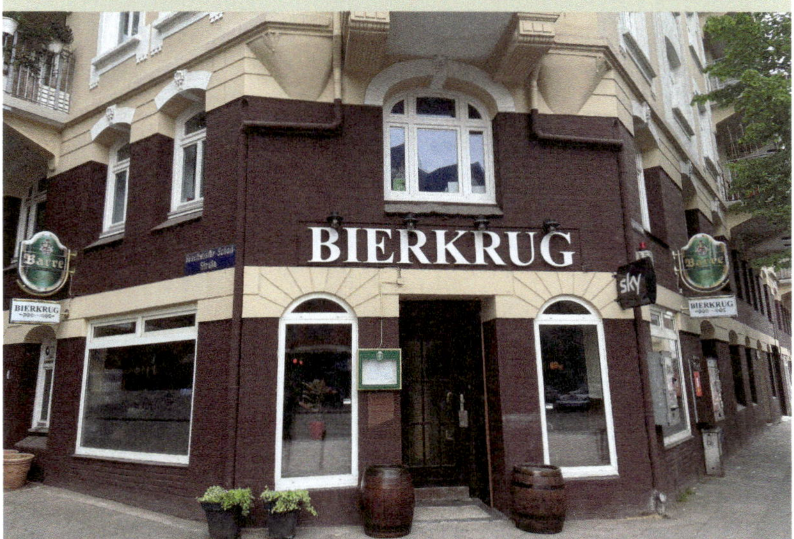

HARTE 4 FAKTEN

Adresse: Tarpenbekstraße 55, 20251 Hamburg

Sportplatz: Struckholt, Wellingsbütteler Landstraße 43a

Herrengedeck: Barre Pils (0,3 l) + Helbing-Kümmel (2 cl) = 4,30 €

Gummis Glückzahlen: 3 – 14 – 26 – 31 – 43 – 45;
x-mal verliebt, 16x-mal verlobt, 8-mal verheiratet

Elternhaus Uwe Seeler

Aus Enge des Raumes

Schnelsener Straße (heute: Winzeldorfer Weg)/Ecke „Fricke" – hier ist Hamburgs bedeutendster Fußballer geboren und aufgewachsen; hier schoss er die ersten seiner vielen Tore. In Hausnummer 16, 3. Stock, rechts, wohnten die Seelers: „Mudder" Anny (Jahrgang 1913), „Vadder" Erwin (1910), Bruder Dieter „Didi" (1931), Schwester Gertrud „Purzel" (1934) und Uwe, der Jüngste (1936). Dazu Pensions-Dauergast Onkel Günther „Moni" Wolf (1926), Mutters Bruder, der beim SC Victoria als Torwart spielte und später auf sanften Druck der Familie zum HSV wechselte.

Sechs Personen auf knapp 50 Quadratmetern. Ofenheizung, kein fließend warmes Wasser. Sehr einfache Verhältnisse. Die Aufteilung der häuslichen Schlafstätten glich einer logistischen Meisterleistung. Die Schwester nächtigte bei den Eltern, die beiden Söhne im Wohnzimmer, der Onkel auf der Küchenbank. „Es waren", erinnert sich Uwe Seeler, „richtige Löcher, in denen wir leben mussten. Die Küche war so lütt, dass Muttern nicht aufstehen musste, um den Kochtopf auf den Tisch zu balancieren." Immerhin: Der war dank des elterlichen Organisations- und Improvisationstalents meist gut gefüllt. Uwe Seeler schwärmt noch heute von Steckrübeneintopf und Kartoffelsuppe.

Überhaupt schwingt viel Dankbarkeit mit, wenn das Fußballidol von früher erzählt: „Meine Eltern haben es trotz der schwierigen Zeiten immer geschafft, es uns allen schön zu machen. Ich fühlte mich total behütet. Insgesamt habe ich eine glückliche Kindheit verlebt." Zu der trug auch der Fußball bei. Seelers typischer Tagesablauf nach Kriegsende: Schule, Schularbeiten, raus zum Bolzen. So beengt die Wohnung, so weitläufig die Spielfelder: Flugkopfbälle und Fallrückzieher auf Trümmergrundstücken, dem Kopfsteinpflaster der kaum befahrenen Straßen oder der Wiese im nahegelegenen Hayns Park. Der „lütte Blonde" mit dem unverkennbaren Talent im Schlepptau seines Bruders immer mittenmang bei den deutlich Älteren (Foto o.: Jochen Meinke, Herbert Kühl, Willi Christoph). Freundschaften und Eindrücke fürs Leben. „Ich lernte Rücksichtnahme und Ehrlichkeit. Ich lernte die direkte, klare Ansprache, und ich lernte den Wert einer Familie zu schätzen. Das war und ist der Reichtum meines Lebens."

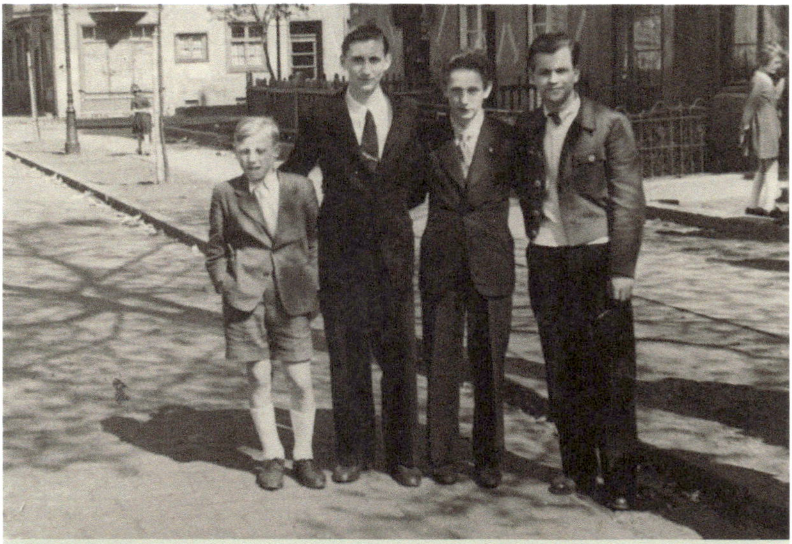

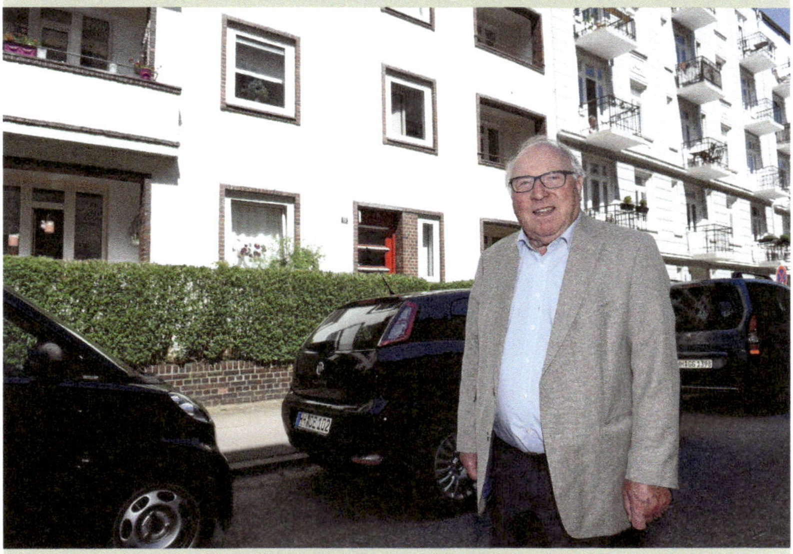

HARTE 4 FAKTEN

Adresse: Winzeldorfer Weg 16 (3. Etage, links), 20251 Hamburg

Schule: Martinistraße 32 (Entfernung: 800 m)

Fußball: Straße (0 m), Hayns Park (650 m), Ochsenzoll (13,7 km)

Liebe: Ilka Buck, Isestraße 79 (2,6 km), St. Johannis, Ludolfstraße 66 (1,2 km; Hochzeit am 18. 2. 1959)

Kampfbahn Groß-Borstel (historisch)

Achtung, Achtung! Hier spielt die Polizei!

Sie war in ganz Deutschland bekannt. Unter der Führung von Oberst Lothar Danner holte die Sportvereinigung Polizei in diversen Sparten nationale Titel und olympische Medaillen nach Hamburg. Für Gesprächsstoff sorgte auch der Bau der imposanten Sportanlage Groß-Borstel (u. a. durch Strafgefangene) und deren Einweihung am 5. 7. 1925. Bürgermeister Carl Petersen hielt dabei die Eröffnungsrede (Foto o.). Das Stadion wies eine Kapazität von etwa 10.000 Zuschauern aus und war mit einer sieben Meter hohen Lautsprecheranlage ausgestattet, die für Diskussionen sorgte. So wurden nicht nur Informationen durchgesagt, sondern auch nervige Werbung für „den billigsten Kaffee und die dicksten Nudeln“.

Die Fußballabteilung erreichte Ende der 1920er-Jahre ihre Blüte. Kurzzeitig schien es so, als könnten sich die Schutzmänner zu einer ernsthaften Konkurrenz für den HSV entwickeln. 1927 erzielten sie ein 2:2, 1929 gab es gar einen 3:1-Triumph über die Rothosen. Im selben Jahr gelang es auch, den amtierenden Deutschen Meister Fürth für ein Gastspiel zu verpflichten. In einer engen Partie behielten die Kleeblätter im Victoria-Stadion mit 2:0 die Oberhand. Mit der nationalsozialistischen Machtübernahme folgte ein Bruch: Die Sportanlage wurde in „Adolf-Hitler-Kampfbahn“ umbenannt, die Polizei entwickelte sich in der Gauliga zur Fahrstuhlmannschaft. Das imposante Stadion in Flugplatznähe musste bereits 1935 zugunsten einer Kleingartenanlage aufgegeben werden. Man zog um in den kleineren Sternschanzenpark, wo Grün-Weiß bis 1943 spielte. Dann wurde die Fußballabteilung aufgelöst und einige Vereinsangehörige in den Osten versetzt, wo Hamburger Polizeibataillone an Gräueltaten beteiligt waren.

Als 1946/47 im Curiohaus Kriegsverbrecherprozesse stattfanden, wurden einige der Todesurteile auf den Resten der Anlage vollstreckt. Zu dieser Zeit war der Spielbetrieb wieder aufgenommen worden, und der Polizei SV kickte noch einige Jahre in der zweitklassigen Amateurliga. 1972 wurde die 1. Herrenmannschaft vom Ligabetrieb zurückgezogen. Das Ende einer Ära. Heute erinnern nur noch Mauerreste, ein bewohntes Wachgebäude, das zum Eingangsbereich gehörte (Foto u.), und ein benachbarter Kleingartenverein daran, dass es hier einmal ein Stadion gab.

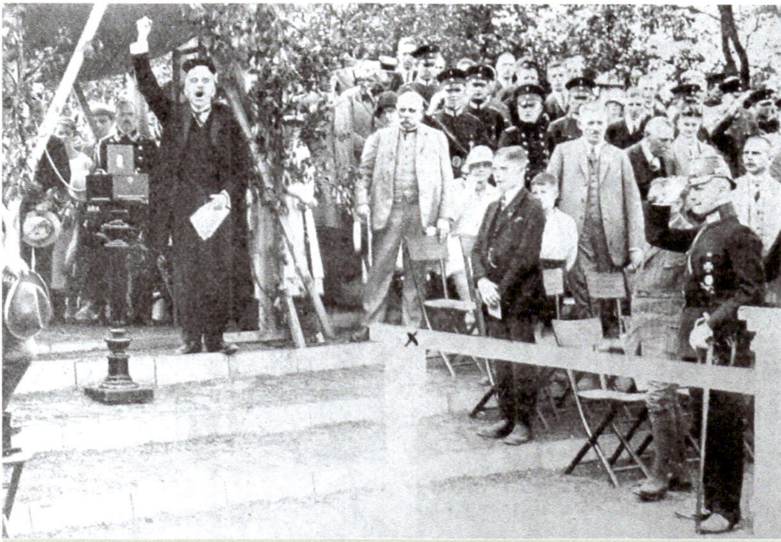

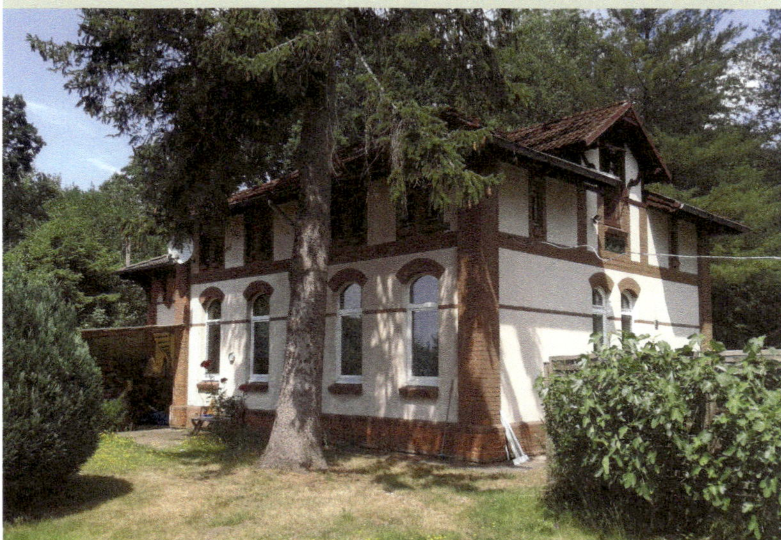

HARTE 4 FAKTEN

Adresse: Borsteler Chaussee 346, 22453 Hamburg

Deutscher Polizeimeister: 1925, 1927, 1929

Rekordkulisse: 10.000 beim Himmelfahrtssportfest (26.5.1933)

Relikt: Kleingartenverein Nr. 437 „Stadion e.V.", Haldenstieg (80 Mitglieder)

Flughafen Fuhlsbüttel

Abenteuerreisen und Höhenflüge

Bitte anschnallen! So lautete am 5.5.1935 die Anweisung für die Spieler des Eimsbütteler TV, die sich mit einem mulmigen Gefühl im Wellblech-Bauch der Ju52 „Otto Parschau" eingefunden hatten. Die Lufthansa-Maschine war gechartert für die Reise ins entfernte Stettin. Dort erreichten die Rotweißen aber nur ein 2:2; manchem Kicker waren die Beine wohl noch etwas weich. Die Presse feierte die Aktion trotzdem als spektakulären „Jungfernflug". Zu Unrecht, wie man mittlerweile weiß, denn andere Fußballteams, u. a. der VfR Mannheim im August 1934, schwangen sich noch früher in die Lüfte.

Der HSV zog nach und hob 1937 erstmals ab. Mittelfeldspieler Eugen Kahl verfasste über den Flug nach Schlesien einen detaillierten Bericht in der Vereinszeitung; unschöne Passagen wurden weggelassen. „Für unseren Erwin Reinhard war das nichts. Luftkrank musste er sich dauernd übergeben", erinnerte sich aber Mitspieler Rudolf Greifenberg. In die Kategorie „legendäre Pionierreisen" fällt auch der Geheim-Flug von Rudi Noack und Trainer Hans Lang 1938 nach England, wo sie trotz politischer Spannungen über ein Gastspiel von Arsenal London verhandelten. Einige Monate später ging es mit der Focke-Wulf Condor – einer neuen Transatlantikmaschine – ins nahe Flensburg. Den Sprung über den großen Teich vollzog der HSV dann erst 1950 in einer Lockheed Constellation, als er zu seiner US-Tournee aufbrach. Der Gegenbesuch wenige Monate später sorgte für Aufsehen, denn die US-Boys kamen mit einem wahren Super-Flieger: der Boeing 377. Der moderne Stratosphärenkreuzer war die größte bis dahin in Fuhlsbüttel gelandete Maschine: Druckkabine, zweistöckig. „Die Sensation aber ist die Cocktail-Bar im unteren Deck. Zum ersten Male in der Geschichte der Verkehrsluftfahrt wird an Bord elektrisch gekocht. Bis zu 270 Mahlzeiten pro Tag."

Im späteren Europapokal-Zeitalter wurden Flugreisen zur Normalität. Kurioses gab es trotzdem: Etwa Georg Volkert, der sich vor der Abreise zum Europapokalfinale 1977 nach Amsterdam selbstbewusst im Duty-Free-Shop mit Zigarren eindeckte: „Wenn wir gewinnen, brauchen wir was zu paffen." Oder die Ankunft der Europapokalhelden am 26.5.1983, als 7.000 Fans den Henkelpott sehen wollten. Der HSV hatte die maximale Gipfelhöhe erreicht.

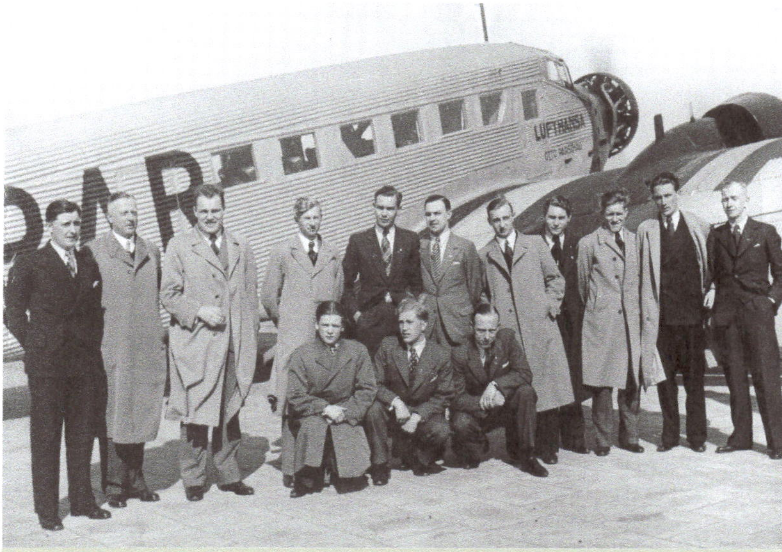

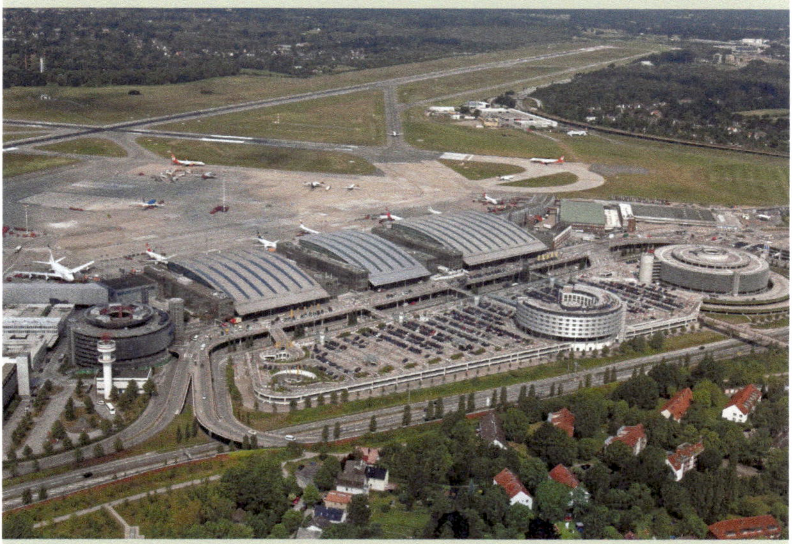

HARTE 4 FAKTEN

Adresse: Flughafenstraße 1–3, 22335 Hamburg

Deutschlands Ältester: 1911 für Luftschiffverkehr eröffnet

Vielflieger: 141.000 Flüge, 17,3 Mio. Passagiere (2019)

Namensgeber (seit 10.11.2016): Helmut Schmidt (1918–2015), Bundeskanzler (1974–1982), Ehrenbürger Hamburgs (1983)

Sportplatz Siemershöh

Pokal-Derby

Was für ein Pokal-Schreck für den Pokalschreck! Nach Siegen über den TuS Finkenwerder (2:0, A), den VfB Kiel (1:0, H) und Phönix Lübeck (3:2 n.V., H) hatte es der Langenhorner TSV doch tatsächlich bis in den Bundes-Lostopf geschafft – als einziger Amateur im 32er-Feld. Und jetzt? Die Bayern? Titelverteidiger Köln? Oder Nürnberg, der Meister? Nein, Fortuna erlaubte sich einen ganz gemeinen Gag: Sie teilte dem Landesligisten den SC Sperber zu, den Nachbarn vom gerade mal vier Kilometer Luftlinie entfernten Alsterdorfer Heubergredder.

Lange Gesichter, auch wenn sich der LTSV-Vorsitzende Werner Koch bemühte, der Ansetzung positive Aspekte abzugewinnen und den hanseatischen Kaufmann mimte: „Ein Lokalrivale verursacht nicht die enormen Unkosten, die sonst wohl nur Bayern München wieder eingespielt hätte. Wir sind gesund und freuen uns, nicht durch ein Pokalabenteuer in Schulden gestürzt zu werden." Koch sollte Recht behalten: Das Cupspiel kurz nach Neujahr 1969 ging als „großer Tag für Langenhorn" in die Annalen ein. Auf der Siemershöh brachen buchstäblich alle Dämme (und auch manch Eingangstor). Zutritt auch ohne gültiges Ticket, hamburgisch-simpel „ruckzuck övern Zaun". Am Ende wurden mehr als 4.000 Fußballbegeisterte gezählt. Eine Kulisse, wie sie die 1952 eingeweihte reine Stehplatzanlage in der Einflugschneise des Flughafens noch nicht erlebt hatte. Schade, dass die Glücksgöttin abermals nicht mitmachte. Vor allem in der Anfangsphase spielte der Underdog groß auf und seinen Gegner regelrecht an die Wand. Mehrfach kratzten die Sperberaner das Leder gerade noch so von der Torlinie, um dann – ganz raubvogelhaft – selbst eiskalt zuzuschlagen und 2:1 zu siegen. „Größer war kaum einmal die Möglichkeit für eine Amateurelf, die zweite Pokalhauptrunde zu erreichen", resümierte der „kicker".

Fortuna blieb Sperber hold und bescherte in Runde 2 den Meister aus Nürnberg. Doch dann mischte sich Wettergott Petrus ein. Im Katastrophenwinter musste die Partie dreimal (!) abgesagt werden. Als es im vierten Anlauf endlich klappte, sahen nur 4.500 Zahlende das sensationelle 0:0 am Rothenbaum. Der große Reibach blieb aus, das Wiederholungsspiel an der Noris ging mit 0:7 in die Binsen – aus dem „Traumlos" war ein Alptraum geworden.

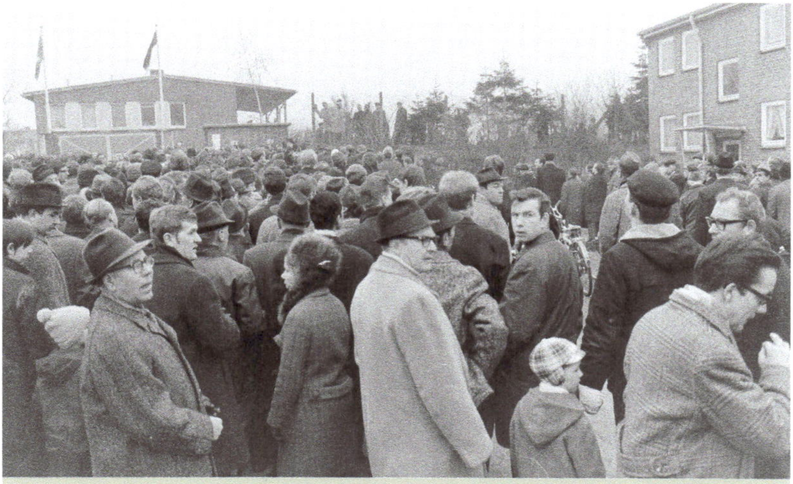

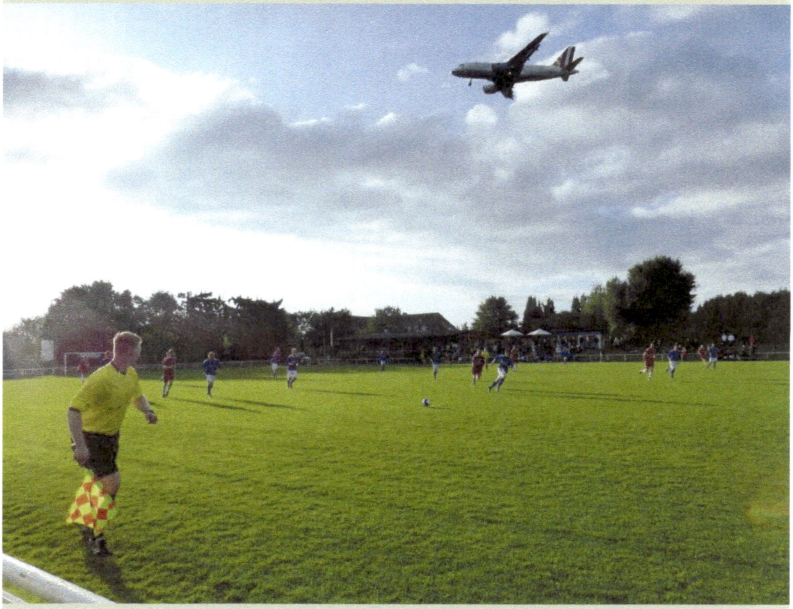

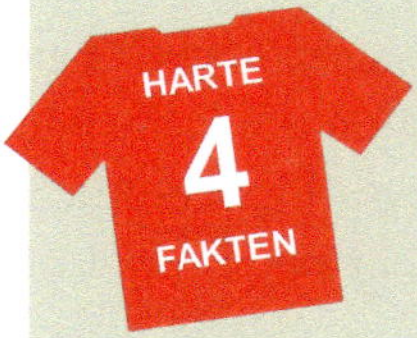

Adresse: Langenhorner Chaussee 118 A, 22415 Hamburg

Pokal-Derbys: 9 in Hamburg (6 Heimsiege)

Premiere: ETV vs. HEBC 7:0 (1. Runde, 18. 8. 1935)

Rekordkulisse: 58.000 bei HSV vs. FCSP 6:0 (Achtelfinale, 19. 11. 1986, Volksparkstadion)

Justizvollzugsanstalt Fuhlsbüttel

Im Straf-Raum

Wenn in Hamburg der Begriff „Santa Fu" fällt, weiß jeder Bescheid. Die Rede ist von dem berühmt-berüchtigten Gefängnis im Norden der Hansestadt. Das Backstein-Bollwerk mit der idyllisch klingenden Adresse „Am Hasenberge" wirkt bedrohlich und hat eine bedrückende Geschichte. Seit 1879 werden hier „kriminelle Elemente" untergebracht; zwischenzeitlich nutzen die Nazis den Komplex als Konzentrationslager („Kolafu"). Noch heute werden Menschen hinter den massiven Mauern weggeschlossen. Die Gesellschaft interessiert sich nicht sonderlich für die Insassen, die sich oftmals mit Angst auf den Tag X – den ihrer Entlassung – vorbereiten.

Etwas, das den Gefangenen Struktur, Ablenkung, Perspektive und auch Freude bereitet, ist das Fußballspiel. 1980 waren hohe Beamte mit der Bitte an die Verbandstrainer Günter Grothkopp, Gerhard Mewes und Werner „Seppl" Weiß herangetreten, im Gefängnis einen mehrwöchigen Fußballkurs abzuhalten. Daraus wurde eine dauerhafte Erfolgsgeschichte. Die Insassen nehmen als „Eintracht Fuhlsbüttel" sogar am Hamburger Ligabetrieb teil. Sie haben naturgemäß nur Heimspiele und dürfen im Erfolgsfall auch nicht aufsteigen. Das stört die Gefangenen jedoch nicht. Für sie ist das Spiel auf dem harten roten Grandplatz ein Stück Freiheit und eine gute Übung für die Zeit nach der Entlassung. Auch da geht es um Regeln, Ziele, den Umgang mit Misserfolgen und wie man sich Wertschätzung erarbeitet. Eintracht Fuhlsbüttel betreibt hier Eigenwerbung und tritt seit Jahrzehnten meist fair und kameradschaftlich auf. „Diese Menschen gehören zum Kaffeesatz der Gesellschaft", sagt Mewes über seine Jungs. „Es lohnt sich nicht mit allen, aber mit einem großen Teil."

Und für die Hamburger Amateurspieler, welche auf eine kurze Stippvisite vorbeikommen, sind die 90 Minuten die beste Medizin gegen Zerrbilder vom „zu laschen Strafvollzug" und der „ruhigen Kugel auf Staatskosten". Für die Gäste gilt: Handys und Ausweise abgeben, Taschenkontrolle, Leibesvisitation. Sechs Türen werden auf- und vor allem wieder zugeschlossen. Auch die der Kabine – nicht gerade ein angenehmes Gefühl. Wer einmal drin war, weiß: Schön ist es, wenn sich das Tor wieder öffnet.

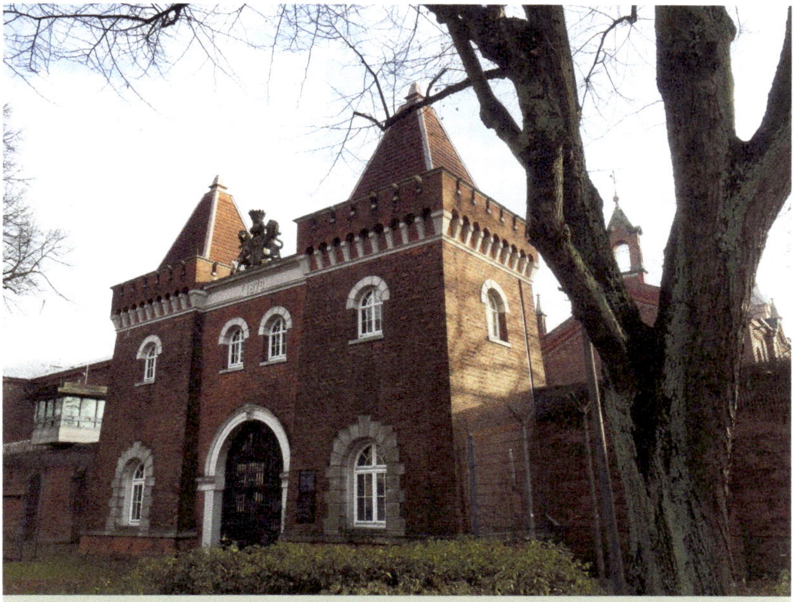

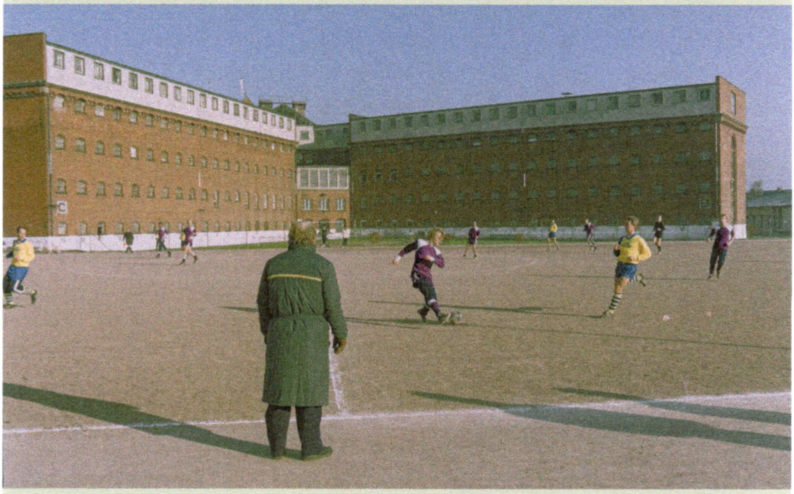

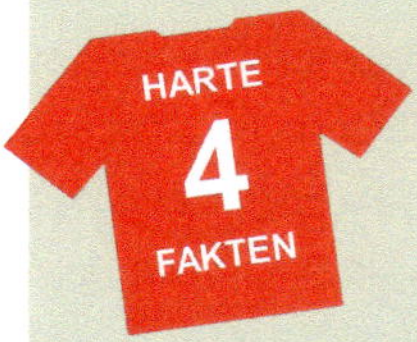

(Besucher-)Adresse: Am Hasenberge 26, 22335 Hamburg

Heißes Pflaster: Gästekabine in der Anstalts-Backstube

90 Minuten Freiheit: „Sportclub Story“ des NDR (2015)

Fair Play mit Mördern / Lebenslänglich – Biografie eines Mörders: Bücher von Trainer Gerhard Mewes, Hamburg: Selbstverlag 2016 / Kadera-Verlag 2020

Sportplatz Alsterdorf

Raubvogel und Vogelraub

Der SC Sperber ist ein echter Pionierverein. 1898 gegründet und seit 1926 in Alsterdorf neben den Hochbahngleisen beheimatet. Der Verein hat viele Talente hervorgebracht – und sie meist ziehen lassen müssen. Erwin Ude radelte (!) 1930 zu Hannover 96, Jochen Meinke ging 1945 zum HSV, ebenso Klaus Neisner 1957. Auch Ludwig Breuel und Walter Kolzen entflogen in Richtung Rothenbaum, bereits 1920. Dort erzielte Breuel in 91 Pflichtspielen sagenhafte 97 Treffer. Die erste Deutsche Meisterschaft des HSV wäre ohne die beiden Wandervögel wohl nicht zustande gekommen.

In den 1920er-Jahren spielten die Alsterdorfer mehrere Jahre mit dem HSV in einer Klasse. Ein Sieg sprang nicht heraus, dafür einige derbe Packungen. Grausam war 1922 das 0:16 am Rothenbaum; Kolzen traf dabei einmal und Breuel dreimal. Sperber entwickelte sich zur „Fahrstuhlmannschaft". Im Sommer 1935 ging's mal wieder nach oben – Aufstieg in die Gauliga. Lange konnte man sich allerdings nicht im Oberhaus halten. Als Knackpunkt erwiesen sich die Heimspiele im Oktober 1936. Zuerst bekam man von den Kieler Störchen neun Eier ins Nest gelegt, und in der Woche darauf setzte sich der Adler vom Rothenbaum in Bewegung: „Jäh stieß der Sperber auf ihn zu – um ihm das Fell zu gerben – Allein, er kam nicht ganz dazu – denn hier gab es nichts zu erben – Schier dreizehn schöne Federn ließ – der Sperber auf dem Platze – worauf der Aar das Feld verließ – mit seinem reichen Schatze", dichtete der „Hamburger Anzeiger". Als Kriegssportgemeinschaft St. Georg-Sperber kehrte man später noch einmal zurück und konnte am Heubergredder einige bemerkenswerte Ergebnisse erzielen, etwa ein 2:2 gegen den FC St. Pauli.

Die zweite große Epoche der Raubvögel schlug dann in den 1960er-Jahren, als der Aufstieg in die Regionalliga gelang. Nun setzte ein umgekehrter Transferfluss ein: Piechowiak, Wulf, Dehn und Schwartau wechselten im reifen Fußballer-Alter vom HSV nach Alsterdorf und sorgten für erneute Höhenflüge. „Willst Du gute HSVer sehn, musst Du schon zu Sperber geh'n", hieß es augenzwinkernd. Gegenwärtig flattert Sperber in der siebtklassigen Bezirksliga herum – gemeinsam mit den gefiederten Konkurrenten von Uhlenhorst-Adler, HFC Falke und USC Paloma II.

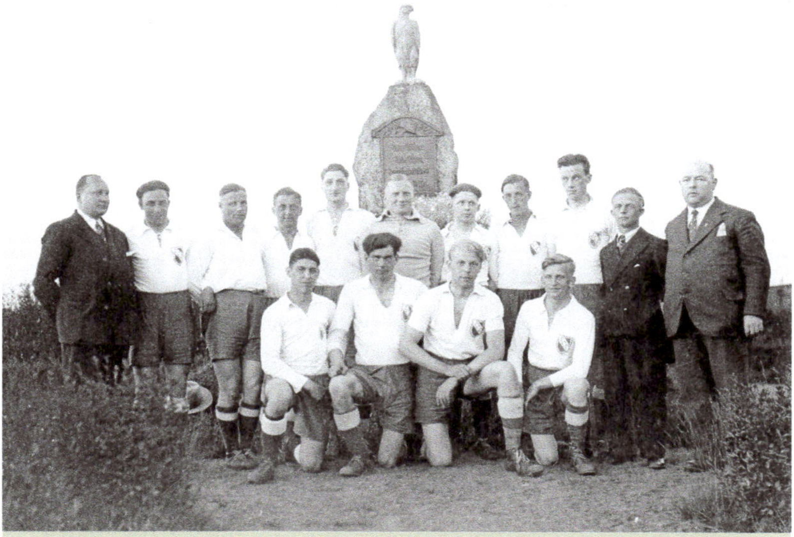

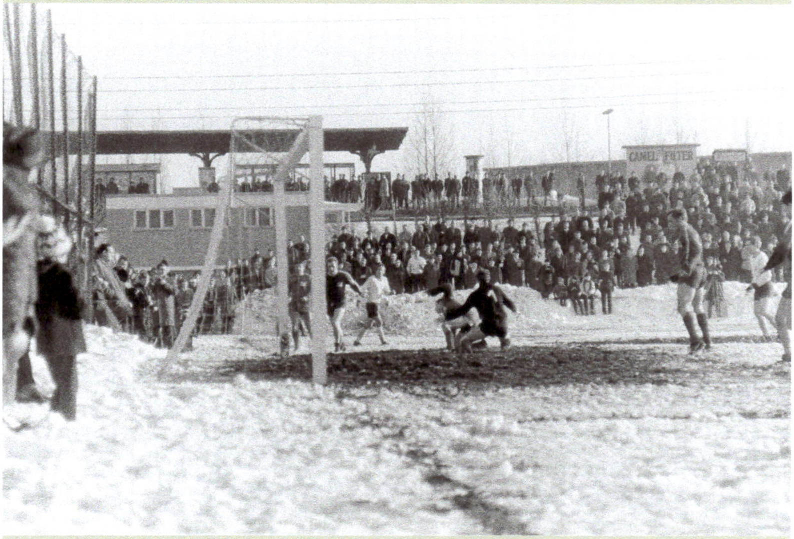

HARTE **4** FAKTEN

Adresse: Heubergredder 38, 22297 Hamburg

Kiebitz: Bahnsteigkarte des HVV (gute Sicht für 0,10 €)

Eisvögel: Winterschlacht vs. TuS Celle (22. 2. 1969, s. Foto)

Taubenschlag: 6.000 vs. Barmbek-Uhlenhorst 7:2 (Regionalliga Nord, 29. 10. 1967)

Sportfoto-Agentur Witters

Foto-Gen

Ihr Berufswunsch? Nie wirklich eine Frage. „Wenn ich meinen Vater länger sehen wollte, war es die beste Idee, mit zum Sport zu gehen“, sagt Valeria Witters. „So habe ich als Neunjährige mein erstes Foto veröffentlicht und mit 14 Jahren angefangen, professionell zu fotografieren.“ 1968 gründeten Wilfried und Christa Witters die Firma. 2002 verabschiedeten sie sich in den Ruhestand und legten die Geschäftsführung in die Hände ihrer Tochter.

In mehr als einem halben Jahrhundert Firmengeschichte hat sich einiges verändert. Der dreiköpfige Familienbetrieb ist längst zu einer der größten freien Bildagenturen Deutschlands herangereift. Sieben feste Mitarbeiter, breit aufgestellt: von Stadion bis Studio, tagesaktuell und langfristig-konzeptionell arbeitend, lokal und dank eines verzweigten Partnernetzwerks auch global verortet. Vor allem die technische Entwicklung war rasant. Früher hatten Fotografen Sorge, dass der 36er-Film nicht reicht, wenn plötzlich etwas Tolles passiert. „Da hat man vorsichtshalber nach 30 Bildern den Film gewechselt“, erzählt Witters. Acht bis zehn Filme pro Bundesliga-Spiel hat sie verschossen, rund 300 Fotos. Heute schafft ihre vollautomatische Kamera zwölf Fotos pro Sekunde, ein Spiel bringt so schnell 2.500 Bilder. Früher war auch mehr Hand- und Fußarbeit: Schwarz-Weiß-Filme wurden noch im Labor entwickelt, Abzüge persönlich in die Redaktionen oder im nächtlichen Bahnsteig-Vollsprint zu den Postzügen gebracht. Heute landen die Farbfotos direkt aus der Kamera in den Redaktionssystemen. Schnelligkeit ist (fast) alles im Sportfoto-Geschäft. Die Post muss abgehen. Und die Arbeit nach wie vor Hand und Fuß haben. Wenn beschriftet und archiviert, wenn Altbestände digitalisiert und restauriert werden, sind Fachwissen, Liebe zum Detail und beamtische Akribie gefragt. Sehr stimmig, dass die Agentur heute in Räumlichkeiten untergebracht ist, in denen sich bis 1993 eine Postfiliale befand.

Und der Fotograf, draußen am Spielfeldrand? Der braucht neben etwas Glück noch immer Auge und Spielverständnis. Das Foto-Gen. Das entwickelt gerade auch die Enkelin bzw. Tochter von Firmengründer und -inhaberin, die seit Anfang Oktober 2020 als Fotografin das Witters-Team verstärkt. Die nächste Generation. Es hat mal wieder „Klick“ und „Zoom“ gemacht.

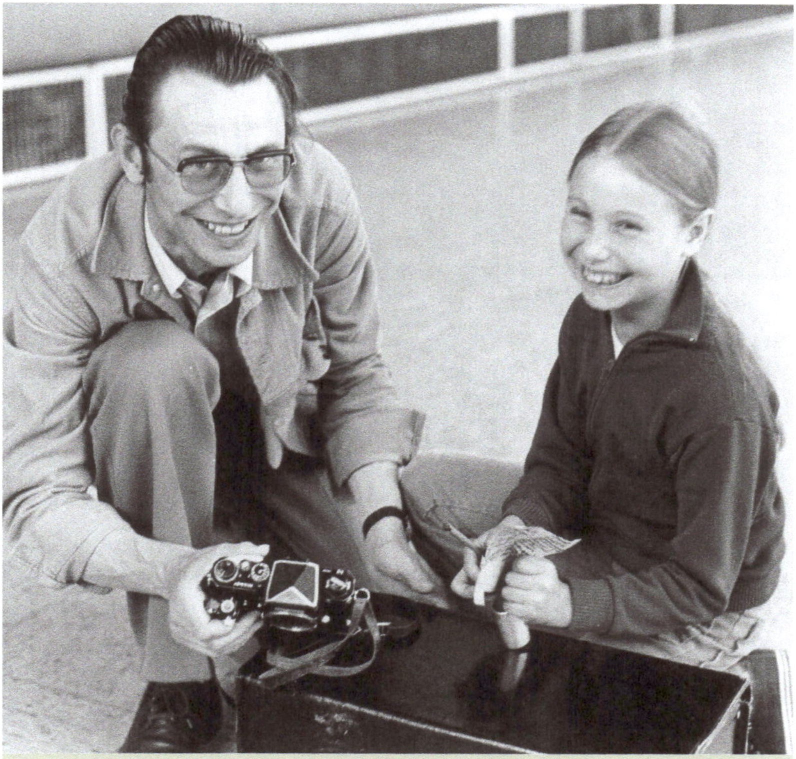

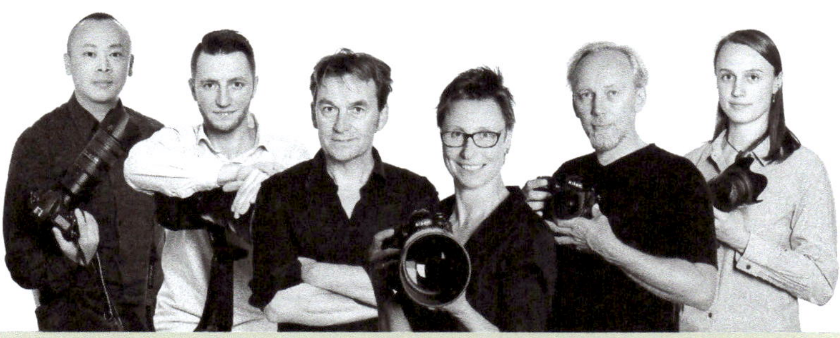

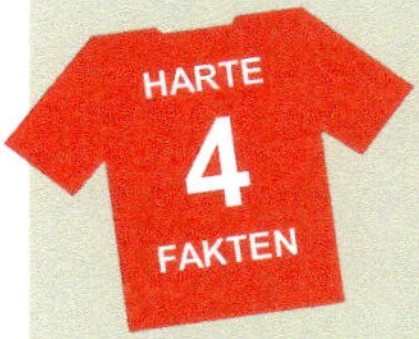

Adresse: Bilser Straße 57, 22297 Hamburg

Bestseller: alles von Uwe Seeler

Lieblingsfoto: Horst Hrubesch mit dem Landesmeisterpokal

Archiv-Bestand: ca. 1,4 Mio. digitale (Datenbank: www.witters.de), ca. 5 Mio. analoge Fotos (Dias, Negative, Abzüge)

Sporthalle Hamburg

Peggy und der fliegende Zander

Die 1980er-Jahre: unvorteilhafte Frisuren (Vokuhila), eigenwillige Kleidung (Ballonseide) und echte Katastrophen (Waldsterben, HIV, Tschernobyl). Im Fußball: Heysel und Hillsborough, neue TV-Formate und Kommerz-Klamauk. Aber auch: Kicks in der Halle. Der Winter-Pausenfüller wurde populär, weil er alle Sinne ansprach: Gucken, Hören, Riechen, Schmecken. Hautnahe Action am laufenden Band, ein ganzes Wochenende lang. Krach unterm Dach in einer Duftmelange aus Bier, Filterkaffee und den Ausdünstungen des Sitznachbarn.

Einer, der in dieser ganz speziellen Atmosphäre so sehr heimisch war, dass man ihm den Ehrentitel „Mister Hallenfußball" verlieh, war Horst „Peggy" Peterson (1935–2020). Der Besitzer eines Sportartikelgeschäfts und ehemalige Torhüter von Grün-Weiß 07 fühlte sich 1986 durch einen Zeitungsartikel herausgefordert, in dem es hieß, es sei unmöglich, in der Hansestadt ein großes Hallenturnier zur organisieren. Peterson, langjähriger Vorsitzender des TuS Hamburg, machte sich sofort an die Planungen. Er gewann Sponsoren, verpflichtete namhafte Teams und fand mit der Alsterdorfer Sporthalle den geeigneten Ort für die Premiere des „Ratsherrn Cups 1987". Eintritt: 3 DM. Die Knackwurst kostete nur 50 Pfennig. Peterson gelang es, ein hochkarätig besetztes Turnier zu etablieren, das von seinem familiären Charakter getragen war. Vor allem osteuropäische Spitzenmannschaften folgten gern den Einladungen nach Alsterdorf. Legendär der Auftritt des FC St. Pauli im Januar 1990: Im Halbfinale lagen die Kiezkicker schon mit 0:5 gegen Lok Leipzig zurück, als sich Feldspieler Dirk Zander den Torwart-Pulli überstreifte und als fliegender Keeper dafür sorgte, dass es binnen vier Minuten 5:5 stand. St. Pauli siegte dann im Neunmeterschießen und gewann später, wie so oft, auch das Finale. Für Peterson war es „das Spiel der Spiele. Wer dabei war, der wird es nie vergessen!"

Das Ende im Jahr 2012 hingegen war sehr wohl zum Vergessen: „Fan"-Krawalle, 49 Verletzte, Polizei-Aufmarsch, 74 Personen in Gewahrsam, Turnierabbruch. Die 26. Auflage wurde zur letzten, das Lebenswerk des Horst Peterson von einer Horde Schläger zerstört. Aus der (Buden-)Zauber.

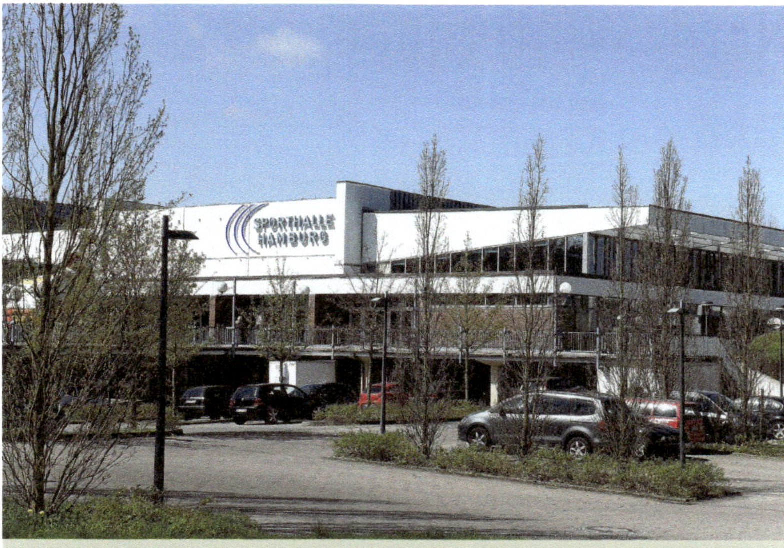

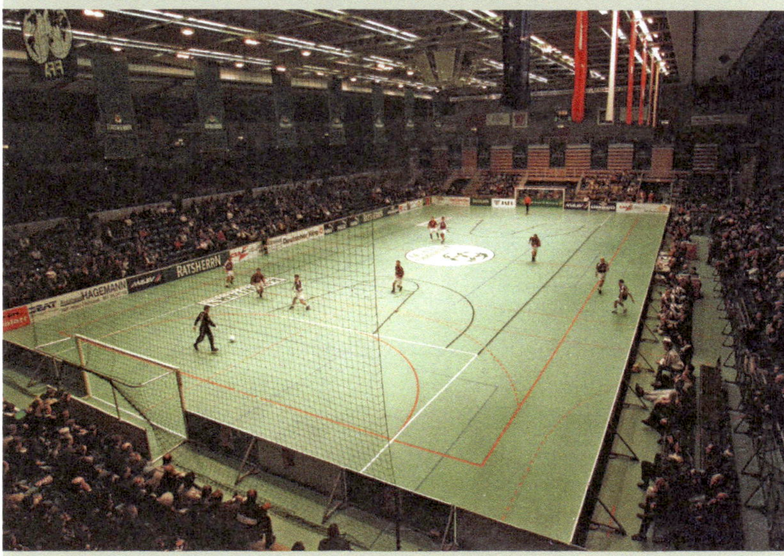

HARTE 4 FAKTEN

Adresse: Krochmannstraße 55, 22297 Hamburg

Budenzauberer: FC St. Pauli (9 Siege), Spartak Moskau (4), Croatia (3)

Namensgeber: Ratsherrn, Astra, Salzbrenner, Schweinske

Halle-luja: Fecht-WM 1978, Tischtennis-DM 1980 + 2008, Basketball-Pokal 1969, Handball-Pokal 1979, HSV Handball (seit 2016)

Stadtpark

Hamburgs größtes Spielfeld

Die Stadtplaner Fritz Schumacher und Fritz Sperber hatten eine große Vision: Das unbedeutende Sierich'sche Gehölz, vormals ein Privatforst, sollte zu einem zentralen Ort der Erholung für den getriebenen Großstädter werden. Das Duo entwarf einen weitläufigen Park mit geschickt angeordneten Gärten, Wiesen, Wanderwegen, Badeseen, Erfrischungshallen sowie zahlreichen Spiel- und Sportplätzen, der 1914 der Öffentlichkeit übergeben wurde. Ein voller Erfolg, denn die Attraktivität der Anlage ist bis heute ungebrochen. Ob Pfosten aus Rucksäcken und Pullovern oder akkurat abgekreidete Spielfelder mit Netztoren und Eckfahnen – unzählige Freizeitkicker machen den Stadtpark zum größten Bolzplatz der Hansestadt. Auch weil das wegweisende Konzept der „Volkswiese", einem sozialen Grün, zeitlos ist.

Konträr zu dieser humanistischen Idee liefen die Pläne für den Bau einer nationalsozialistischen Großkampfbahn mit 100.000 Zuschauerplätzen direkt am Stadtpark. Reichsstatthalter Karl Kaufmann tönte 1936 vor Olympia-Teilnehmern: „Hamburg bekommt das Stadion!" Die Fertigstellung war für 1941 projektiert. Der Krieg verhinderte jedoch den ersten Spatenstich. Es blieb bei den vielen kleineren Sportstätten, die bereits im Konzept von Schumacher und Sperber auftauchen.

Für den (Vereins-)Sport sind es aktuell derer neun. Aus fußballerischer Sicht bedeutsam: die Jahnkampfbahn im Schatten des Planetariums, ein ursprünglich für mehr als 25.000 Zuschauer ausgelegtes Mehrzweckstadion. Wo heute vor allem die Leichtathleten zu Hause sind, gab es in der Saison 1963/64 auch höherklassigen Fußball zu bestaunen, als der Regionalliga-Aufsteiger Barmbek-Uhlenhorst in Ermangelung eines eigenen Rasenplatzes hierhin ausweichen musste. Gleich zum Auftakt gegen die Nachbarn vom SC Concordia (2:1) kamen 6.000 Zuschauer – Rekord. Ein markantes Kleinod ist zudem das Stadion Borgweg, einst beliebte Stätte für Finalspiele des Arbeitersportkartells. 8.000 verfolgten im Februar 1929 das turbulente und wegen Kälte abgebrochene 5:5 zwischen Lorbeer 06 und Hansa Kiel. Eine Renaissance erlebte die mit gestutzten Kastanien umsäumte Spielstätte Anfang der 1990er-Jahre, als Platzverein VfL 93 in der Amateur-Oberliga reüssierte.

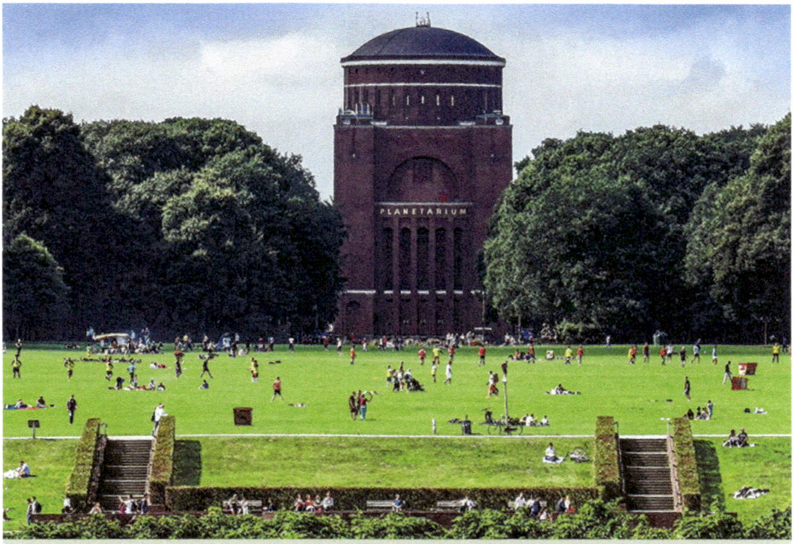

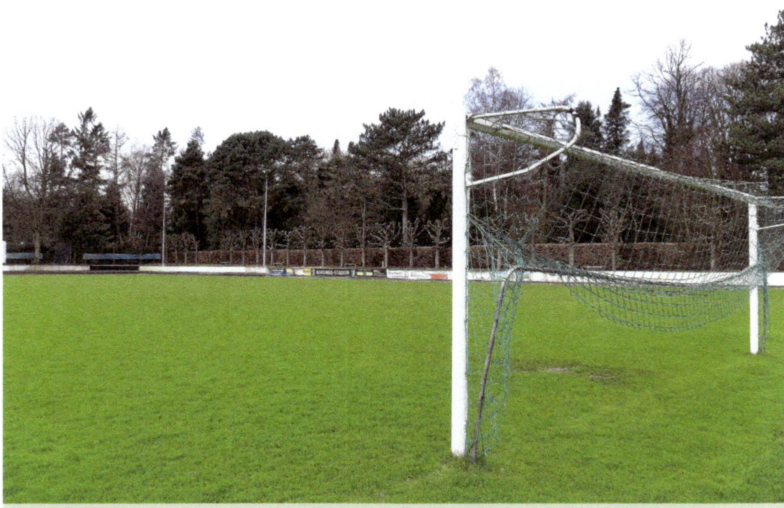

HARTE 4 FAKTEN

Adresse: Otto-Wels-Straße, 22303 Hamburg

Reigen: Turnfest 1953: 20.000 Aktive, 40.000 Zuschauer

Rekordtorjäger: Volker Stahl (*1960), märchenhafte 1.000 Tore

Rock'n'Roll: David Bowie (13.6.1987), Pink Floyd (16.6.1989), Rolling Stones (9.9.2017)

Bildungszentrum für Sehbehinderte

Meisterliche Rasselbande

Rufe von Spielern und Trainern, das Geräusch von Ballkontakten – der pure „Sound des Fußballs“. In Corona-Zeiten wurde er von den Mikrofonen der Fernseh- und Radiosender eingefangen, beim Blindenfußball gehört er je seither zum „guten Ton“. Gespielt wird nach Gehör, weshalb sprachliche Kommunikation auf und neben dem Platz enorm wichtig ist. Die vier Feldspieler einer Mannschaft erhalten Zurufe von außen: Der (sehende) Torhüter dirigiert die Abwehr, der Trainer, der an der Längsseite steht, das Mittelfeld, und ein „Guide“ hinter dem gegnerischen Tor unterstützt seinen Sturm. Rasseln im Innern des Balls signalisieren den Spielern, wo sich das Spielgerät auf dem 40 x 20 Meter großen und von Banden umgebenen Feld gerade befindet. Eine zentrale Rolle spielt zudem das spanische Wort „Voy“. Es heißt „Ich komme“. Jeder Spieler, der sich dem ballführenden Akteur nähert, muss dieses Wort immer wieder laut rufen.

Das alles ist auch am Borgweg zu hören. Hier am Stadtpark befindet sich ein „Mekka der Blindenfußballszene“: die Trainings- und Spielstätte des FC St. Pauli, jährlicher Austragungsort des hochklassig besetzten „Masters“-Turniers. Die „Rasselbande“ der Kiezkicker hat ihren prominenten sehenden Vereinskameraden aus der Profiabteilung einiges voraus: 2008 Gründungs- und seither Dauer-Mitglied der Bundesliga, 2017 Deutscher Meister, 2020 zwei Nationalspieler.

Ein ganz spezieller Coup gelang zudem FCSP-Spieler Serdal Celebi im August 2018: Sein Treffer zum 1:2-Endstand im DM-Finale gegen den MTV Stuttgart reichte zwar nicht zur Titelverteidigung, wurde aber in der Sportschau zum „Tor des Monats“ gekürt und zur Meldung in den Tagesthemen. Auch bei der Abstimmung zum „Tor des Jahres“ enterte der Kunstschütze als Dritter das Podium. Celebi wurde herumgereicht, trat in TV-Shows auf, gab eine äußerst schlagfertige DFB-Pokal-Losfee und nutzte die Publicity, um kräftig Werbung für seine faszinierende Sportart zu machen. Orientierungssinn, Intuition und Körperbeherrschung beeindrucken, die enge Ballführung und Präzision der Pässe verdienen höchsten Respekt und Anerkennung. Sie sind absolut sehens- und – vor allem in Form des „Borgweg Roar“ – auch hörenswerter Fußballsport.

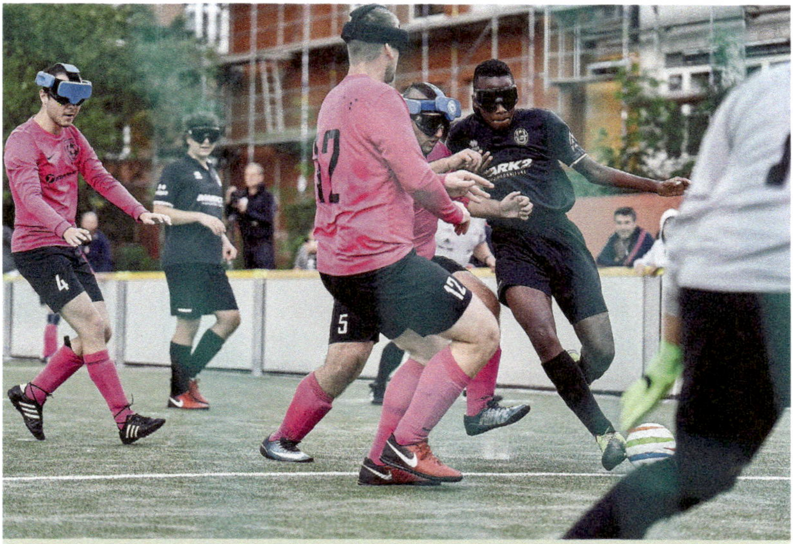

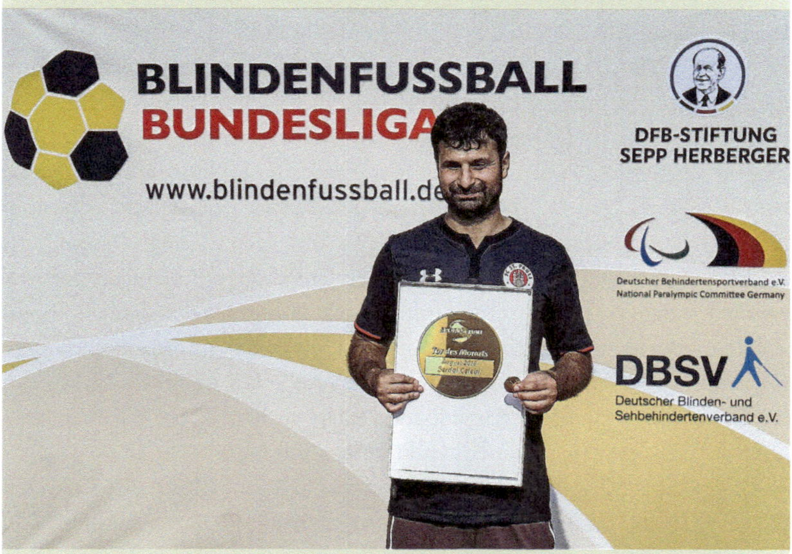

HARTE 4 FAKTEN

Adresse: Borgweg 17a, 22303 Hamburg

Im Winkel: Tor des Monats August 2018

Im Bilde: „Lass Rasseln!“, ausgezeichnete NDR-Doku (2019)

Im Ohr: Hamburgs Hörplatz-Projekte für Sehgeschädigte (HSV seit 2003, FCSP seit 2004) zählen zu Deutschlands renommiertesten

Wilhelm-Rupprecht-Platz (historisch)

Übung macht den (Welt-)Meister

„Mitten inne Stadt", umgeben von den Klinkerbauten des Arbeiterviertels. Hier war der HSV Barmbek-Uhlenhorst, kurz „BU", zu Hause. Ehrlicher Fußball zum Anfassen. Der Platz: 1925 eingeweiht, getauft auf den Namen des Vereinsgründers, keine Laufbahn. Das Publikum: auf Tuchfühlung, selbsternannter „Pöbel", meinungs- wie lautstark. Der Ton rau, aber auch kreativ und witzig. Anfang der 90er, es ging mal wieder hoch her, von einem genervten Schiri ermahnt und zugleich geadelt: „Hey, hey, Barmbeker Pöbel. Nu man mal n'büschen sinnig hier auf der Anfield!"

1967 gab's Rasen, zur Eröffnung kam der HSV. Volle Hütte und Bemerkenswertes im Mittelkreis: Ein strohblonder sechsjähriger Buttje begrüßte erst Uwe Seeler und verzauberte dann mit virtuosen Ball-Jonglagen. Ein gutes halbes Jahrhundert später standen die Wimpeltauscher wieder nebeneinander, diesmal im Dortmunder Museum, in der Gründungself der „Hall of Fame des deutschen Fußballs". Zwischendrin schoss der Jüngere Deutschland zum WM-Titel. Mutter Waltraud drehte sich damals, 1990 auf der Tribüne in Rom, vor lauter Aufregung weg. Vater Bernd hingegen schaute dem Sohn bei dessen Schuss seines Lebens gegen Argentiniens Elfmeterkiller ganz gelassen zu. „Ich wusste ja: Den macht er rein. So wie immer. So wie damals, als wir auf dem Sportplatz in Barmbek trainierten, bis es dunkel wurde. Ich fragte mich nur: Welchen Fuß nimmt er wohl?" Hören wir nochmal ARD-Endspiel-Kommentator Gerd Rubenbauer: „Mit rechts. Flach ins linke Eck. Goycochea wusste alles. Nur halten konnte er ihn nicht."

Das galt auch für die kultige Heimstatt. Nicht zu halten: 2015 rückten die Bagger an. Im Amtsdeutsch: „Innerstädtische Nachverdichtung". In echt: Platzverlust durch Wohnungsbau. Der Abschied würdig: 2.700 kamen, Uwe sprach, Lotto sang, und BU siegte 3:0 gegen Altona. Die Tränen sind getrocknet. Spiel(feld)verlagerung: An der Dieselstraße, nur 500 Meter Luftlinie entfernt, hat BU seine neue, schmucke Heimat errichtet. Lost … but found, Wilhelm Rupprecht still gleaming: Das alte Eingangstor grüßt am neuen Parkplatz, ein schmiedeeisernes Fenstergitter mit dem Klubemblem hängt nahe der Eckfahne. Der Pöbel spricht schon liebevoll vom „Barmbeker Anfield 2.0". Und Andis ewiger Elfer aus der ewigen Stadt ist auch verewigt.

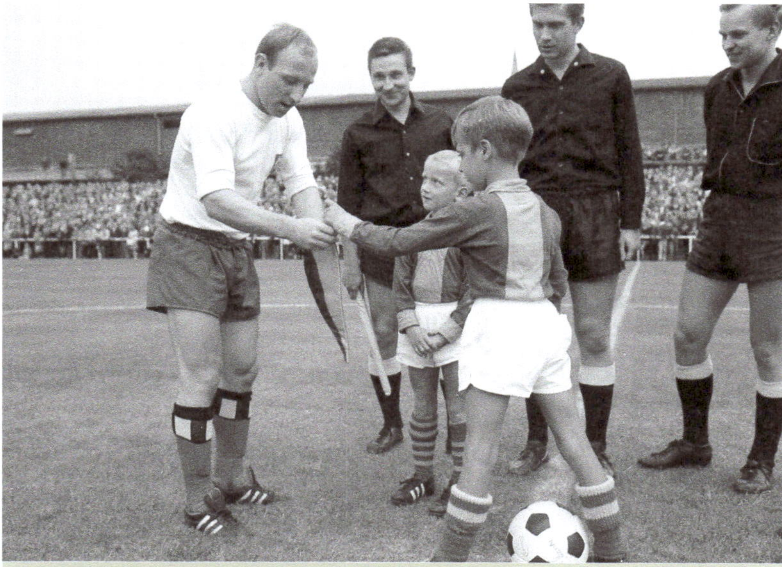

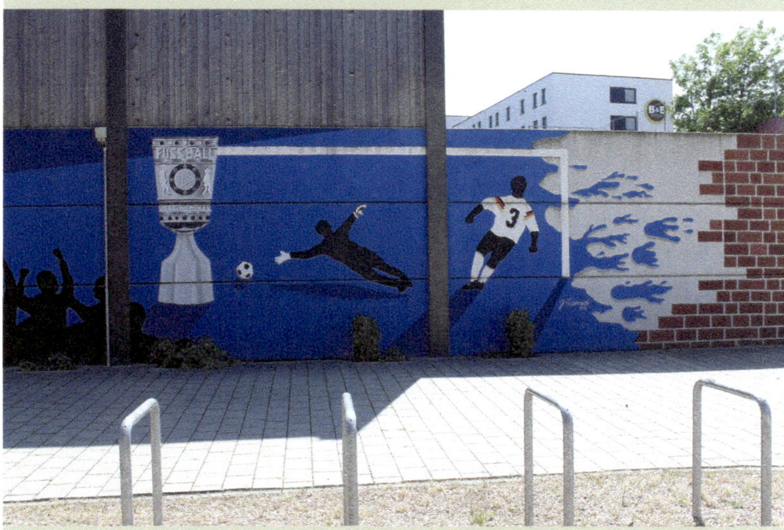

HARTE 4 FAKTEN

Adresse: Steilshooper Straße 210, 22309 Hamburg

Rekordkulisse: 7.000 vs. HSV 3:4 (Einweihung Rasen, 22. 8. 1967)

Tatort: „Platzverweis für Trimmel“ (Erstausstrahlung: 19. 8. 1973)

Abschiedsspiel: 2.700 vs. Altona 93 3:0 (Oberliga HH, 31. 7. 2015)

Sportplatz am Forsthof (historisch)

Wo die Post abging

Wer nach Steilshoop kommt, sucht vergeblich: Das herrschaftliche Ausflugslokal? Von Bomben zerstört. Der namensgebende Forst? Im strengen Nachkriegswinter verheizt. Und die ausgedehnten Sportanlagen? Ein Opfer der Stadtplanung. Dafür stehen jetzt im Schatten von Hochhaussilos ein Kfz-Ersatzteilhändler und ein Fast-Food-Imbiss. Zufall? Oder doch Sinnbild für unseren Rückzug vom Sport? Fest steht, dass dort, wo heute Fritten konsumiert und mit Auspuffen gehökert wird, sporthistorischer Boden war. Der HSV-Vorgänger SC Germania spielte hier von 1906 bis 1916 auf einer Wiese. Ein malerisches Idyll, in dem es für Gegner und Schiedsrichter allerdings unangenehm werden konnte, weil manches Wort allzu locker saß. Im Januar 1914 brach der Unparteiische das Punktspiel gegen den Bergedorfer FC zehn Minuten vor Ende wegen „kritischer Bemerkungen der Zuschauer über seine Entscheidungen" ab, wie die „Hamburger Nachrichten" notierten.

In den 1930er-Jahren baute der Post-Sportverein das Areal zu einem ansehnlichen Sportpark aus, mit Fußball-, Hockey- und Tennisplätzen. Der Großverein zählte zeitweise knapp 5.000 Mitglieder, die dort u.a. auch Kegeln, Schach, Angeln, Wandern und Amateurfotografie betrieben. Zugpferd der Bewegung war aber der Fußball. Aus der untersten Klasse kämpften sich die Postler nach oben: Staffelsiege 1930, 1936 und 1938 – das machte Abteilungsleiter Eduard Ulrich selbstbewusst: „An Euch, Ihr jungen Kameraden, sollen künftig noch größere Aufgaben gestellt werden. Ihr sollt uns einmal die Gauliga erkämpfen und Euch darin behaupten." 1943 stand der Post SV nach einer weiteren Meisterschaft kurz davor, scheiterte jedoch in den Aufstiegsspielen. Als Sportgemeinschaft mit BU, Sperber und St. Georg („die Vier") zog man im folgenden Jahr dann aber doch in die Gauliga ein. Als nach Kriegsende Einteilungsspiele fällig wurden, gelang mit den Gebrüdern Fahrig der große Wurf: Post SV verblieb bis 1947 im Oberhaus. Drei Jahre später klopfte man an die Tür der neuen Oberliga Nord, scheiterte jedoch in der Aufstiegsrunde.

1972 wurde der Forsthof aufgegeben, die Trabantensiedlung brauchte Gewerbeflächen im Umland, und auch der Post SV ist seit 2013 Geschichte.

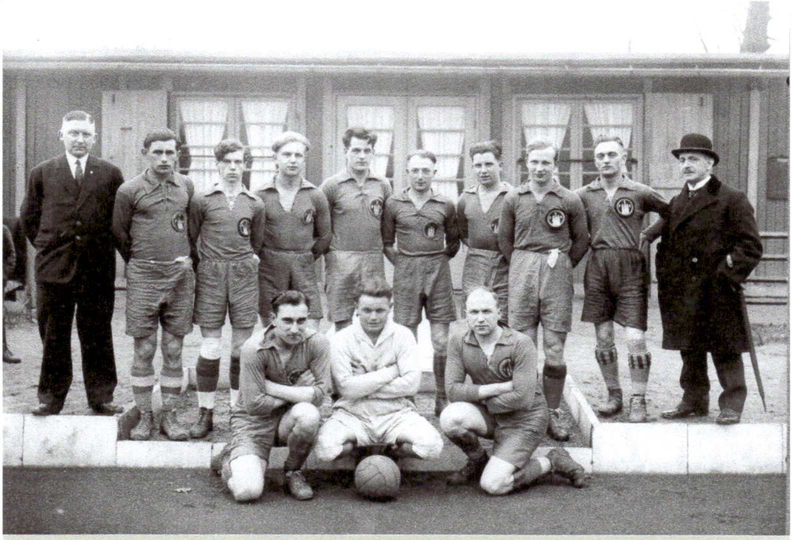

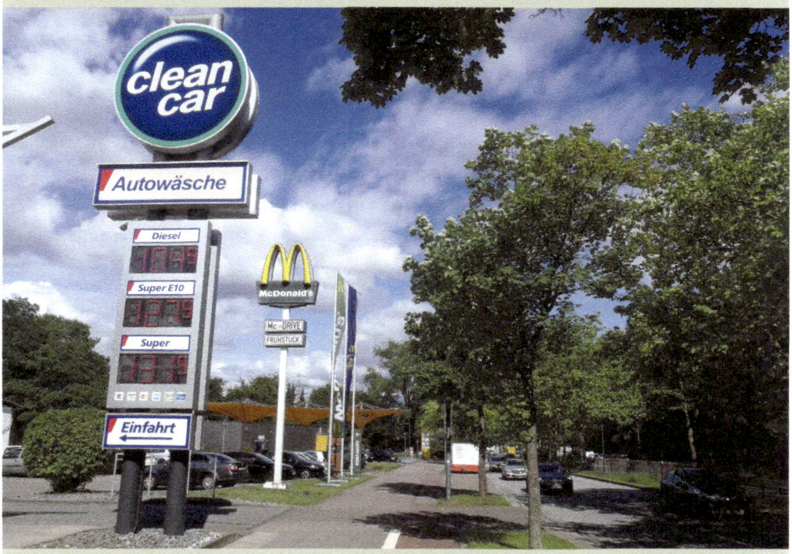

HARTE 4 FAKTEN

Adresse: Steilshooper Allee 3, 22309 Hamburg

virtuelles Museum: www.postsvhamburg.de

Spitze: Deutscher Meister der Postsportvereine 1967

Rekordkulisse: 4.500 vs. Itzehoer SV 0:4 (Aufstiegsrunde zur Oberliga Nord, 11.6.1950)

Sportplatz Grützmühlenweg

Der irre Flug der Hummeln

Diese Geschichte beginnt im Spätsommer 1974 auf der staubigen roten Asche des Sportplatzes am Grützmühlenweg. Der hier zwischen der vierspurigen „Stadtautobahn" des Rings 3 und der dörflichen Idylle am Rückhaltebecken des Flüsschens Susebek beheimatete Sportverein von 1929 hat gerade die unterste Spielklasse als Letzter beendet. Doch das beschaulich-vornehme Hummelsbüttel ist auch eine Wohngegend für Besserverdiener. Einer von ihnen ist der Immobilienmakler Peter Bartels. Mit seinem Geld und dem sportlichen Know-how des umtriebigen Managers und Ex-Torwarts Klaus Beck („Beck fängt alles weg!") gelingt den Grün-Weißen binnen sechs Jahren der Durchmarsch in die höchste Amateurliga.

Der erste Aus-Flug der „Hummeln" in die Oberliga endet 1980/81 zwar mit dem sofortigen Absturz, der zweite 1984/85 jedoch – mit Ex-HSV-Profis wie Schorsch Volkert, Horst Blankenburg und Peter Hidien – an der Tür zur 2. Bundesliga. Gesummt wurde und durfte da schon längst nicht mehr auf dem holperigen Grandplatz. Da eine lärmgeplagte Rentnerin den HuSV auch vom Ausweichterrain am Poppenbütteler Tegelsbarg weggeklagt hatte, tingelte der „Meister vom Reißbrett" („kicker") als Untermieter zu den Kultstätten hamburgischer Traditionsvereine: an die Steilshooper Straße zu BU, nach Alsterdorf zu Sperber, an den Rothenbaum oder auf die Hoheluft.

Das Zustechen in der Aufstiegsrunde misslang – der Start eines Sturzflugs, der in einer spektakulären sportlichen und finanziellen Bruchlandung endete. Zwar enterte Hummelsbüttel im Juli 1985 noch einmal die ganz große Bühne und spielte vor 40.000 Zuschauern, als man die Hansestadt beim Hafenturnier in Shanghai vertrat. Doch da hatte „Macher" Bartels bereits das Interesse an seinem Spielzeug verloren und war ausgestiegen. Die von ihm angeheuerten „Legionäre" zogen nach Hoisdorf weiter, wo der mit Auto-Dichtungen reich gewordene Günter Bruss ein ähnliches Konstrukt aufzog. Nach einem Streik der verbliebenen Kicker wegen nicht gezahlter „Aufwandsentschädigungen" zog sich der Verein am 6.11.1986 vom laufenden Spielbetrieb zurück. Ganze 38 (!) Zuschauer hatten das letzte Heimspiel gegen Göttingen verfolgt. Heute besteht die Fußballabteilung des HuSV nur noch aus einem E-Jugend-Team. Die Buttjes kicken auf Grand. Am Grützmühlenweg.

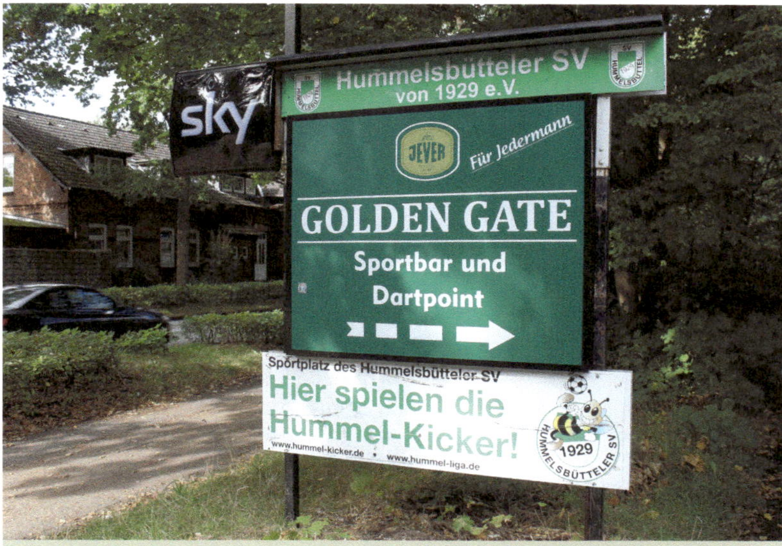

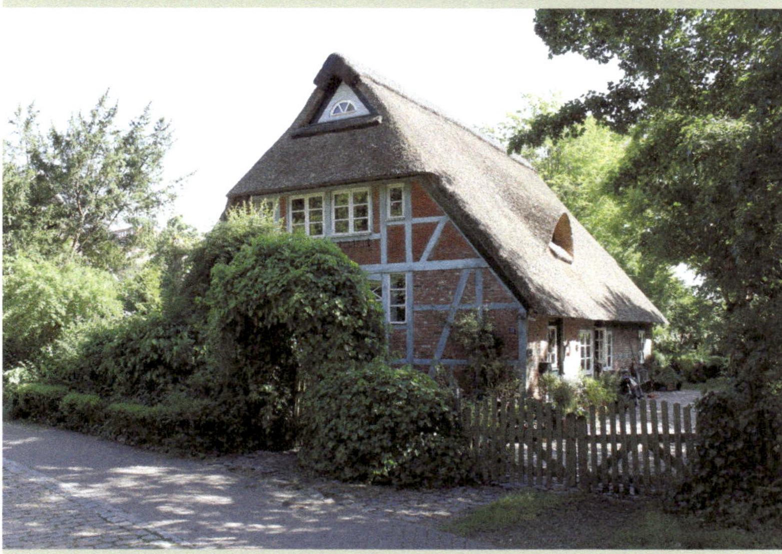

HARTE 4 FAKTEN

Adresse: Hummelsbüttler Hauptstraße 102, 22339 Hamburg

Grützmühle: 1962 abgebaut, ins Museumsdorf Volksdorf versetzt

Hummelflug: orchestrales Interludium von Nikolai Rimski-Korsakow von 1899/1900

Einst HuSV, dann Profi: Jens Duve, Stefan Studer, Marcus Marin, Otto Addo, Kingsley Schindler, Josha Vagnoman

Sportplatz Tegelsbarg

Pssst!

Einmal bitte Depeche Mode auflegen und sich in „Enjoy the silence“ verlieren. Wie heißt es da zu Beginn gleich so schön: „Words like violence, break the silence. Come crashing in, into my little world. Painful to me, pierce right through me“. Die Rentnerin Anni S., die 1979 unmittelbar an der Bezirkssportanlage Tegelsbarg wohnte, fühlte Ähnliches. Ihre kleine Welt war durch das Wort „Toooor!“, das die Kinder beim Training in unregelmäßigen Abständen immer wieder riefen, schmerzhaft durchstoßen. Die 78-jährige fand in der Nachbarschaft weitere Personen, die von den Sportplatz-Geräuschen genervt waren. Ihr Schwiegersohn Horst hatte, auf einer Leiter stehend, gar eine dramatische Situation überstanden, als er wegen eines plötzlich ertönenden Startschusses eines Leichtathletik-Wettkampfes „vor Schreck beinahe gestürzt“ wäre. Ein ebenso weitreichender wie langjähriger Prozess wurde angestrengt, der Kampf gegen den Sport-Lärm zu einer Lebensaufgabe.

1985 kam es zum Urteil. Der Richter stellte fest, dass auf der Anlage „montags bis freitags nach 19 Uhr, sonnabends nach 13 Uhr und an Sonn- und Feiertagen kein Fußball gespielt“ werden dürfe, was praktisch der Stilllegung der 3,5 Millionen teuren Sportanlage gleichkam. Zudem dürfe auf der Ostseite des Grandplatzes, an die das Grundstück der Klägerin grenzt, kein Torschusstraining mehr durchgeführt werden. Ferner sei auf der gesamten Anlage die Verwendung von Startpistolen und ähnlichen „Lärminstrumenten“ untersagt. Die „Lex Tegelsbarg“ war geboren und erregte bundesweites Aufsehen. Viele schüttelten fassungslos den Kopf. Allen voran Hans Apel (SPD), ehemaliger Bundesminister und Mitglied des FC St. Pauli. Der Politiker trommelte Genossen wie Christdemokraten für eine medienwirksame Aktion zusammen: Gemeinsam spielte man am Tegelsbarg gegen ein Team von Sportfunktionären Fußball. Aber nur eine Halbzeit, dann war die „Sperrstunde“ erreicht. Nun wurde leise Tipp-Kick gespielt.

Das berühmte „Tegelsbarg-Urteil“ brachte eine gesellschaftliche Diskussion ins Rollen: Was ist überhaupt Lärm? Welchen Wert hat der Sport? Am Tegelsbarg gilt noch immer eines: Sonntags nie! Stattdessen: Enjoy the silence …

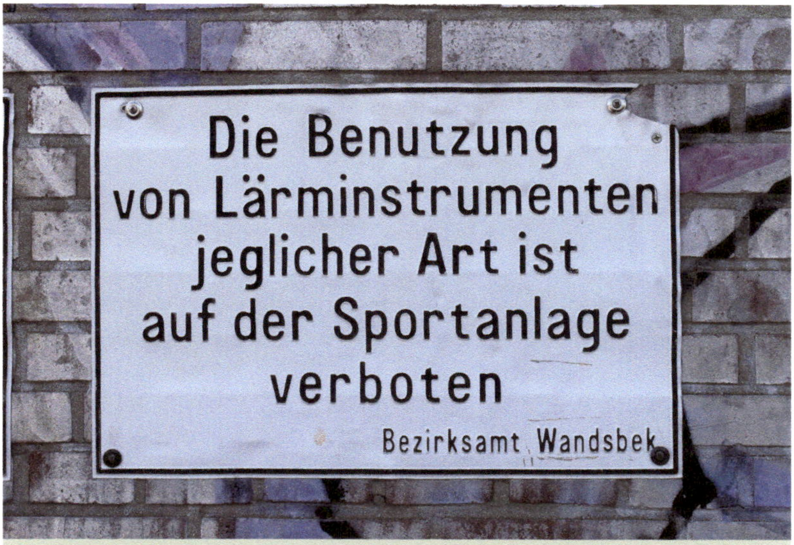

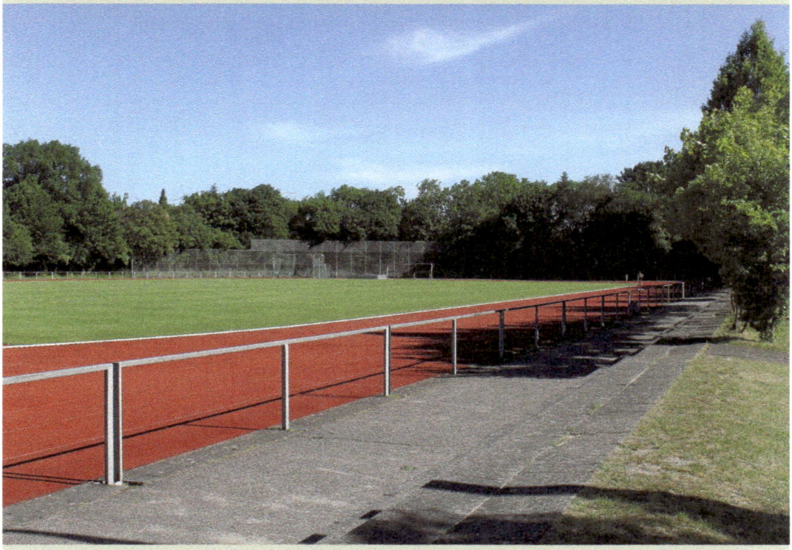

HARTE 4 FAKTEN

Adresse: Tegelsbarg 1, 22399 Hamburg

Weisheit: „Lärm ist das Geräusch der Anderen." (Kurt Tucholsky)

Werte 1 (db): Graswuchs: 0, Schneefall: 10, Atem: 25, Vogelgezwitscher: 60, Disco: 110, Flugzeugstart: 130

Werte 2 (db): Ball trifft Zaun (Maschendraht): 90, Torschuss, kräftiger Pass: 95, Ball trifft Pfosten/Latte: 100

Sportplatz Bültenkoppel

Aller Anfang war schwer

„Bundesliga, Hamburg ist dabei!" – Bei der Premieren-Besetzung der Männer-Eliteklasse 1963 war das völlig unstrittig. Anders 27 Jahre später, als die 20 Gründungsmitglieder für die zweigleisige Frauen-Bundesliga gesucht wurden: In der Nord-Staffel sollte eigentlich der sportlich qualifizierte FTSV Lorbeer die Farben der Hansestadt vertreten. Doch die Rothenburgsorterinnen verzichteten, da sie weder über die finanziellen Mittel, noch den geforderten sportlichen Unterbau verfügten. Im Gegensatz zum Nachrücker, dem damals 4.000 Mitglieder starken Großverein SC Poppenbüttel. Dessen Erstliga-Etat betrug 60.000 DM, weniger als manch Bezirksligist in sein Männerteam investierte. Das Geld wurde für Ausrüstung, Busfahrten und Übernachtungen benötigt, die Spielerinnen gingen leer aus und blieben wortwörtlich Amateure, „Liebhaberinnen".

Dennoch: Die Erwartungen waren groß; die bei der EM 1989 siegreiche und im TV präsente Nationalmannschaft hatte Frauenfußball en vouge gemacht, der „kicker" brachte zum ersten (und letzten) Mal ein 68 Seiten starkes Sonderheft heraus. Zur Hamburg-Premiere am 2. 9. 1990 (Foto o.) gab es ein torloses Remis. Das „Abendblatt" kommentierte: „Poppenbüttel und Schmalfeld wurden in ihren Angriffsbemühungen wohl vom Druck des großen Ereignisses gelähmt. Aller Anfang ist schließlich schwer." Im Schnitt 250 Besucher passierten 1990/91 das Kassenhäuschen und die daneben platzierte Marmorfigur an der Bültenkoppel, mit 350 die meisten beim Auftaktspiel sowie 14 Tage später beim 7:2-Rekordsieg über den 1. FC Neukölln. Der Underdog hielt als Tabellenachter überraschend die Klasse.

Doch genau wie dem 1907 von Selmar Werner erschaffenen „Diskuswerfer" (Foto u.), dem die rechte Hand mit der Scheibe fehlt, bekamen auch die SCP-Kickerinnen Probleme mit dem Sportgerät. Der große Wurf blieb aus: Mickrige sieben Heimtore standen 1991/92 zu Buche, nur drei der 20 möglichen Punkte blieben in Poppenbüttel. Mit der im Vereinslied besungenen „Macht von der Bülte" war es so weit nicht her. Fünf Trainer wurden binnen zwei Spielzeiten verschlissen, doch auch das konnte den Abstieg nicht verhindern. Dennoch: Das Ehrenetikett „Bundesliga-Gründungsmitglied" bleibt. Für immer.

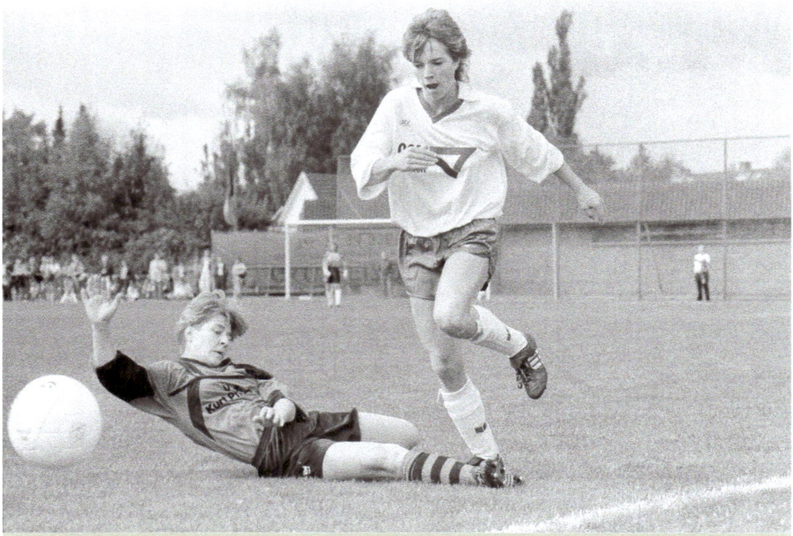

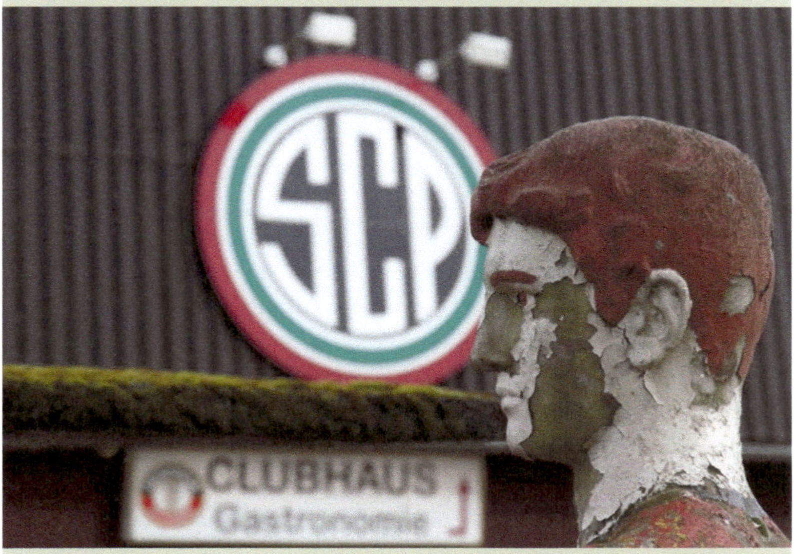

HARTE 4 FAKTEN

Adresse: Bültenkoppel 1, 22399 Hamburg

Bilanz: 38 Spiele (5/7/26), 38:90 Tore (1990–92)

Ewige Tabelle: Platz 37

Top-Torschützinnen: Beate Wendt (14), Susanne Scharras (9), Meike Wolff (5)

Wohnhaus (ehemals Familie Topf)

Das erste Nachwuchsleistungszentrum des HSV

Herbst 1970: Der HSV ließ Fußball-Deutschland aufhorchen. Nicht unbedingt durch berauschende Bundesliga-Siege, wohl aber durch seinen „neuen Jugendstil" und die Verpflichtung des Nachwuchs-Experten Gerhard Heid. Der bestens vernetzte sowie ruhe- und rastlos durch die Republik reisende Junggeselle erwies sich als absoluter Volltreffer und lotste zahlreiche Talente in die Hansestadt.

Ein durchaus kniffliges Unterfangen, wie sich HSV-Schatzmeister Helmut Kallmann erinnerte: „Wir hatten die Jungen in die Hansestadt geholt, sie kamen meist aus ländlicher Umgebung. Ihre Eltern glaubten zwar an die Seriosität des HSV, aber sie wollten sich doch davon überzeugen, dass ihre Sprösslinge nicht in einen Sündenpfuhl geraten waren. Hamburg wird ja in der Provinz sehr schnell an der Reeperbahn gemessen." Die Lösung: HSV-Präsident Dr. Horst Barrelet sorgte durch Anrufe bei Mitgliedern dafür, dass die Talente in Gastfamilien unterkamen, die sich wiederum rührend um die Jungs kümmerten. Heid, selbst ohne Eltern und Geschwister aufgewachsen, wusste, worauf es ankommt: „Man muss mit dem Herzen dabei sein." Verteidiger Manfred Kaltz (Foto o.: 2.v.l.) und Torwart Rudi Kargus (Mitte) zogen so Ende 1970 zu einer Patenfamilie namens Topf nach Volksdorf. „Ein Glücksfall", wie sich Kargus erinnert, „ein schönes Haus, geregeltes Leben, und einen Sohn in unserem Alter hatte die Familie auch." Im Frühjahr gesellte sich mit Caspar Memering (l.) ein weiterer WG-Genosse dazu. Der „kicker", der seinerzeit als Service für Autogrammjäger noch die Privatadressen (!) der Bundesliga-Stars veröffentlichte, führte so zeitweilig gleich drei HSV-Profis unter der Anschrift „Holunderkamp 5". Memering schwärmt noch heute: „Wir waren in die Familie eingebunden, das war schon toll. Da hatte jeder sein eigenes Zimmer. Man brauchte nie allein zum Training."

Tragisch: Heid, der Entdecker und väterliche Freund, ging an seinem Job gesundheitlich zugrunde und erlag im März 1972 im Alter von nur 36 Jahren einem Herzinfarkt. Sein Vermächtnis: Zahlreiche Talente, die zu langjährigen und erfolgreichen Bundesliga-, ja sogar Nationalspielern wurden und großen Anteil daran hatten, dass der HSV in den 1970er-Jahren zu einer internationalen Spitzenmannschaft aufstieg.

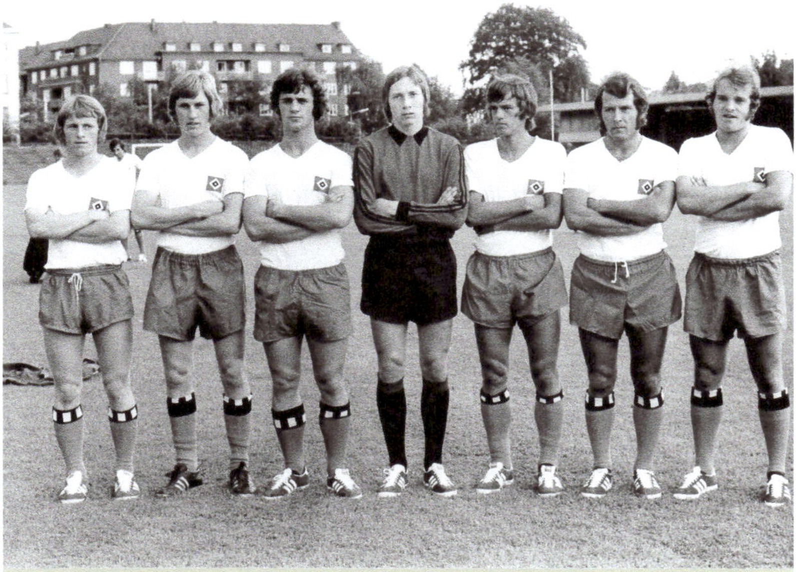

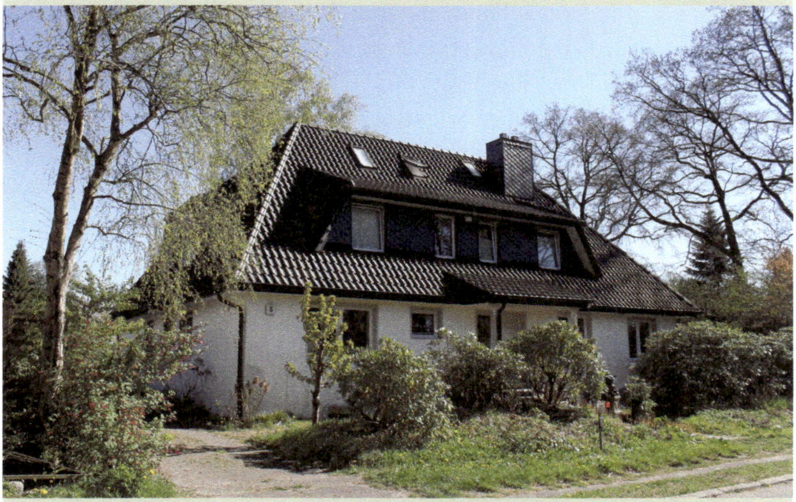

HARTE 4 FAKTEN

Adresse: Holunderkamp 5, 22359 Hamburg

Rudi: HSV: 336/0; DFB: 3/0 (A-NM), 11/0 (B-NM)

Cappi: HSV: 402/50; DFB: 3/0 (A-NM), 8/0 (B-NM)

Manni: HSV: 744/102; DFB: 69/8 (A-NM), 3/0 (B-NM), 7/0 (Amateur-NM/Olympia-Auswahl), 2/0 (U23)

Studio Hamburg

Ran an den Zuschauer

Was hat uns das Privatfernsehen in den Anfangsjahren nicht alles abverlangt: ein italienischer Hütchenspieler („Salvatore"), der die Zuschauer abzockte, dazu laszive Früchtchen in einer abendlichen Stripshow („Tutti Frutti"). Kaum erholt, ging der Wahn morgens um 5:30 Uhr mit bettflüchtigen Moderatoren („Frühstücksfernsehen") weiter. Auf diese Weise wollte man dem in die Jahre gekommenen öffentlich-rechtlichen Fernsehen („Opas Glotze") die Zuschauer abspenstig machen. Natürlich auch mit „König Fußball". Nach hartem Bieterkampf durfte RTL 1988 die Bundesliga „anpfeifen", 1992 schnappte sich dann SAT.1 den Ball. Sportchef Reinhold Beckmann konzipierte ein völlig neues Format: eine bildgewaltige Fußball-Show für die ganze Familie. Modern, auffällig, in satten Farben – ganz so wie seine rote Jeansjacke, die später zum Inbegriff dieser TV-Revolution wurde.

Am 14.8.1992 war es soweit: Im Studio M in Jenfeld ging „ran" auf Sendung, und 3,6 Millionen sahen neugierig zu. Die „FAZ" monierte: „Mit einer nicht enden wollenden Fröhlichkeit, die in keinerlei Verhältnis zum Trübsinn dieses ersten Spieltags stand, suchte Reinhold Beckmann den permanenten Blickkontakt zum Zuschauer. Seine gute Laune scherte sich nicht um die nervöse Fahrigkeit der meisten Spiele, die weder Brillanz noch Dramatik aufkommen ließen." Charakteristisch für „ran": Vollständigkeit („Alle Spiele, alle Tore"), Live-Schalten, vor allem aber mehr Kameras für innovative Perspektiven (Superzeitlupe, Zoom, Kran) und neue Inhalte wie sich am Kopf kratzende Trainer, aufgedonnerte Spielerfrauen und Zuschauer-Originale auf der Tribüne. Auf dem Rasen bemühten sich zudem „Fieldreporter" um Interviews mit verschwitzten Kickern („Wie fühlen Sie sich?"). Ebenfalls stilprägend: der Einsatz von aufwändig erhobenem Statistikmaterial („ran"-Datenbank), mit dem sich jedes noch so langweilige Spiel aufpeppen ließ.

Das alles geschah dann ab 1999 aus Berlin-Mitte. Wie viele Redaktionen hatte auch „ran" „rübergemacht". Vier Jahre später zog sich SAT.1 schließlich von der teuren Bundesliga-Berichterstattung zurück. Die Fernsehlandschaft jedoch hatte die Sendung mit ihrem Infotainment-Konzept aufgemischt und nachhaltig verändert.

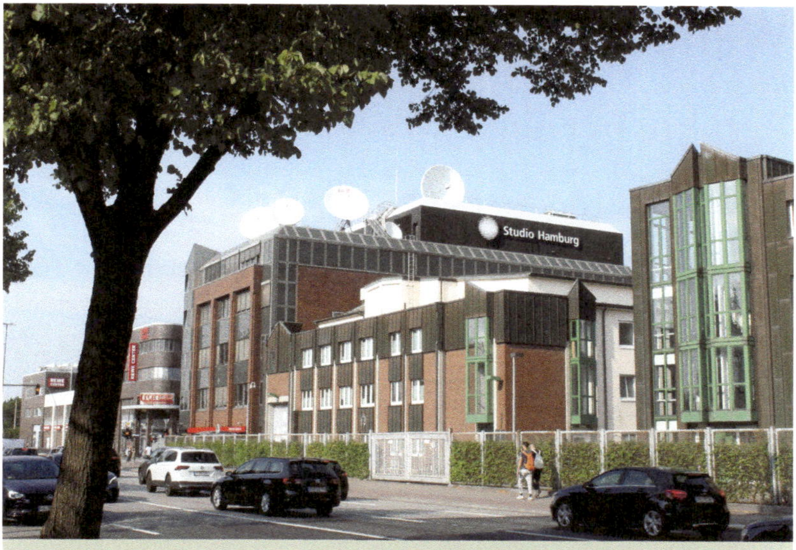

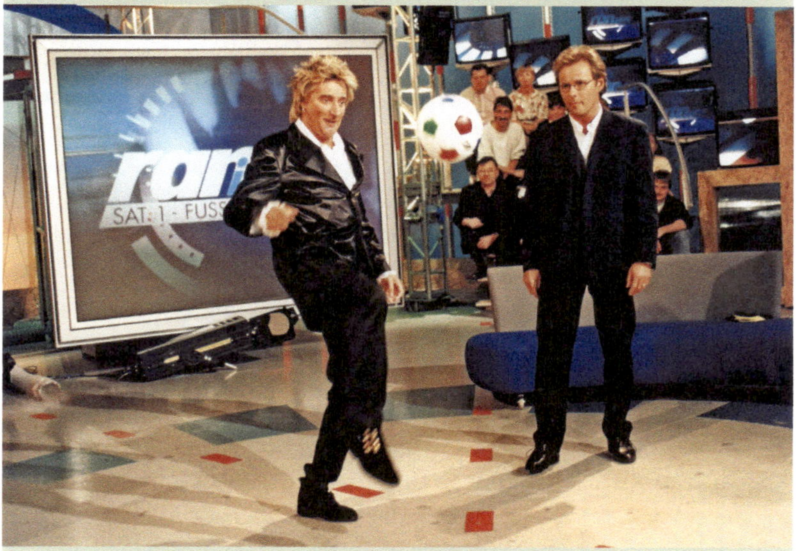

HARTE 4 FAKTEN

Adresse: Jenfelder Allee 80, 22045 Hamburg

Show-Acts: Gigs, Gewinnspiele, Gejohle

After-Show: Snacks und Drinks fürs Studiopublikum

Show-Master: u. a. Reinhold Beckmann, Johannes B. Kerner, Gaby Papenburg, Steffen Simon, Jörg Wontorra

Hamburger Fußball-Verband

Schalt- und (Aus-)Bildungszentrum

Hamburgs Fußball-Herz schlägt im Osten: Als der 1947 gegründete Hamburger Fußball-Verband im Jahr 2001 die neu errichtete Verbandssportschule in Jenfeld bezog, ging ein alter Traum in Erfüllung: die Bündelung aller Kräfte an einem Ort. Auf dem alten Kasernengelände werden seitdem Trainer und Schiedsrichter ausgebildet, Spielpläne erstellt und der wöchentliche Wettkampfbetrieb für die aktuell knapp 3.200 Mannschaften organisiert. Von hier aus wird Verbindung gehalten zu den 401 gemeldeten Vereinen und den sechs DFB-Stützpunkten im Stadtgebiet, an denen systematische Talentförderung betrieben wird: in Allermöhe, Wilhelmsburg, Mümmelmannsberg, Pinneberg, Niendorf und Steilshoop.

Öffentlich in Erscheinung trat der Verband früher vor allem durch die Auftritte seiner Auswahlteams, etwa bei den beliebten Städtespielen gegen Berlin (1899–1963) oder den Kämpfen um den Amateur-Länderpokal (Sieger 1959 und 1961). Heute sind es die Spiele um den Verbandspokal, dessen Finale den absoluten Saisonhöhepunkt des Hamburger Amateurfußballs markiert. An diesem Event wird die grenzüberschreitende Fußball-Topografie besonders deutlich: Das HFV-Gebiet umfasst den kompletten (schleswig-holsteinischen) Kreis Pinneberg. Zudem sind etliche Vereine aus den südlichen Teilen von Stormarn und Lauenburg, aus dem Kreis Segeberg sowie mit Buchholz 08 und dem Buxtehuder SV auch zwei Klubs aus Niedersachsen Mitglied. Der Pokalsieger repräsentiert den HFV im DFB-Pokal, Aushängeschild des Verbandes ist aber seit jeher auch seine angesehene Schiedsrichtergilde. Seit Beginn des organisierten Fußballs wurden Hamburger Unparteiische immer wieder zu großen Spielen herangezogen, sie leiteten z. B. sechs DM- und fünf DFB-Pokal-Endspiele.

Die Verbandsarbeit geht aber weit über das Organisatorische hinaus, schließlich gilt es, Werte zu transportieren: Fair Play, Integration und Inklusion, Rassismus- und Gewaltprävention stehen ganz oben auf der Agenda. Eine Herkulesaufgabe, in Angriff genommen von vielen namenlosen Ehrenamtlichen, deren Engagement viel häufiger gewürdigt werden müsste.

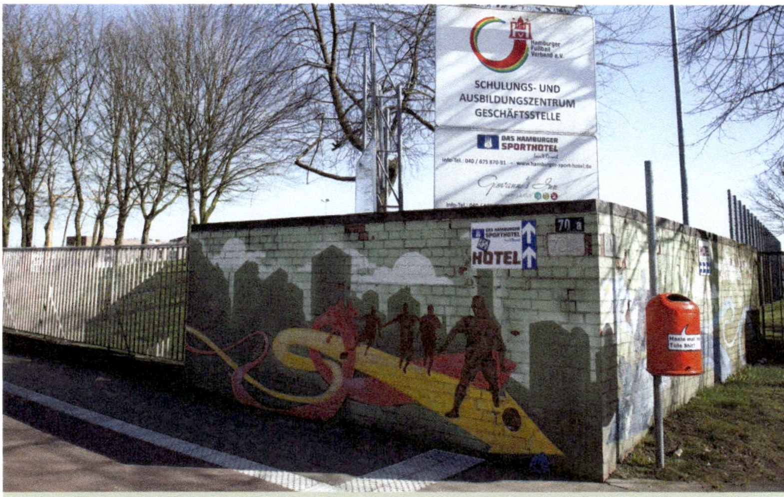

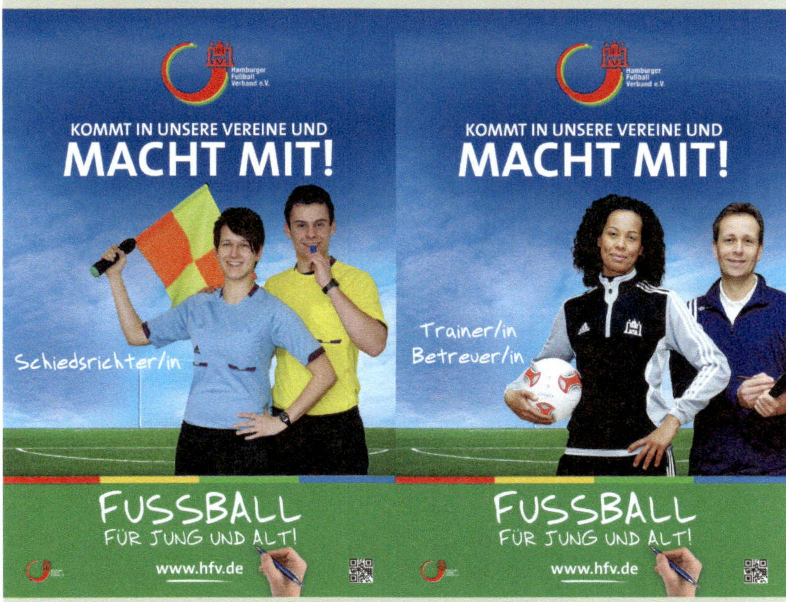

HARTE **4** FAKTEN

Adresse: Jenfelder Allee 70 a-c, 22043 Hamburg

Mitbewohner: Hamburger Freizeit Fußball Gemeinschaft

Rekord-Schiri: Klaus Ohmsen (SC Urania), 131x Bundesliga (1964–81)

Finalorte: Hoheluft (30), Adolf-Jäger-Kampfbahn (3), Billtal, Millerntor (je 2), Landesgrenze, Rothenbaum, Flurstraße, Hammer Park, Wolfgang-Meyer-Sportplatz (je 1)

Redaktion transfermarkt.de

Wer wird Millionär?

Diese Story hat was. Sie erinnert ein klitzekleines bisschen an Steve Jobs und Steve Wozniak, jene Jungs, die Ende der 1970er-Jahre im kalifornischen Los Altos Computer zusammenschraubten und damit den Grundstein für ein Welt-Unternehmen legten – Big Business aus der Garage. Hamburgs Los Altos liegt in Wandsbek, Steve Jobs heißt hier Matthias Seidel, und seine „Garage" befindet sich in einem unscheinbaren Hinterhof. Durch einen Gang gelangt man von der Zollstraße zu den Redaktionsbüros von „transfermarkt.de" (TM). Rechts röcheln die Wasserpfeifen aus einer Shisha-Bar, links klappert das Geschirr in der Küche eines vietnamesischen Restaurants. Von Paffern und Tellerwäschern zu den Millionären in 25 Metern.

Auch bei Seidel hat es ganz klein angefangen. Als Hobby. Der gebürtige Bremer und eingefleischte Werder-Fan wollte in der grün-weißen Diaspora Hamburg an Infos über seinen Lieblingsklub kommen. Der Inhaber einer Internet-Agentur stellte dafür im Mai 2000 eine Website mit Community-Funktion zum Diskutieren online. Aus dieser Fan-Page ist zwei Jahrzehnte später mit 600.000 registrierten Nutzern und monatlich über 40 Mio. Besuchern das nach „kicker.de" größte deutsche Fußball-Portal geworden. Knapp 800.000 Spielerprofile und 75.000 Vereinskader machen es zur unverzichtbaren Enzyklopädie für Fans und Profis. Rund 70 Mitarbeiter pflegen und erweitern die Datenbank. „TM immer besser", heißt es dann, wenn etwa die bolivianische División vollständig eingepflegt wurde.

Alleinstellungsmerkmal der Website aber sind die Marktwerte der Profi-Kicker. Ähnlich wie Wikipedia lebt TM bei deren Bestimmung vom Mitmachprinzip und der „Schwarmintelligenz" seiner User. Fans diskutieren die Werte, die TM-Mitarbeiter dann in letzter Instanz festlegen. Das gelingt erstaunlich präzise, die Korrelation der Schätzungen mit den tatsächlich gezahlten Summen ist hoch. „Wertvollster" gebürtiger Hamburger, der in Wandsbek gelistet ist, war bei Redaktionsschluss dieses Buches übrigens der in Leverkusen unter Vertrag stehende DFB-Nationalspieler Jonathan Tah. Der 1,95-Meter-Hüne erwarb sein fußballerisches Rüstzeug in der Jugend von Altona 93, beim SC Concordia und beim HSV, für den er 2013 in der Bundesliga debütierte. Sein Marktwert wird auf 24 Mio. Euro taxiert.

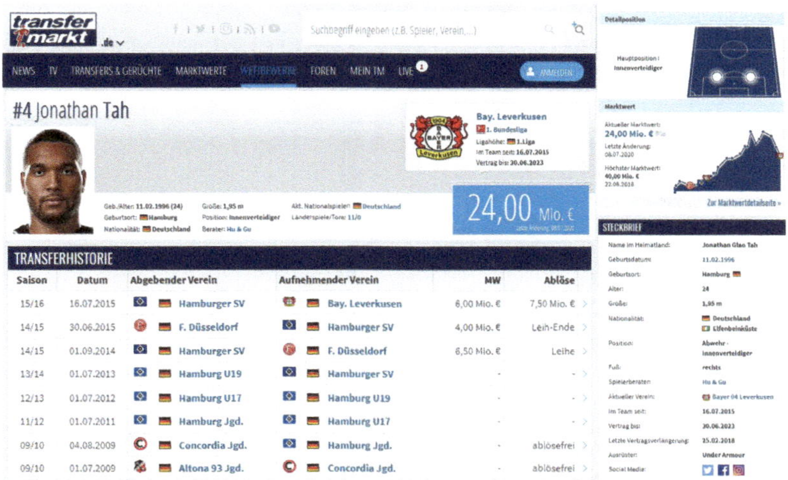

Saison	Datum	Abgebender Verein	Aufnehmender Verein	MW	Ablöse
15/16	16.07.2015	Hamburger SV	Bay. Leverkusen	6,00 Mio. €	7,50 Mio. €
14/15	30.06.2015	F. Düsseldorf	Hamburger SV	4,00 Mio. €	Leih-Ende
14/15	01.09.2014	Hamburger SV	F. Düsseldorf	6,50 Mio. €	Leihe
13/14	01.07.2013	Hamburg U19	Hamburger SV	-	-
12/13	01.07.2012	Hamburg U17	Hamburg U19	-	-
11/12	01.07.2011	Hamburg Jgd.	Hamburg U17	-	-
09/10	04.08.2009	Concordia Jgd.	Hamburg Jgd.	-	ablösefrei
09/10	01.07.2009	Altona 93 Jgd.	Concordia Jgd.	-	ablösefrei

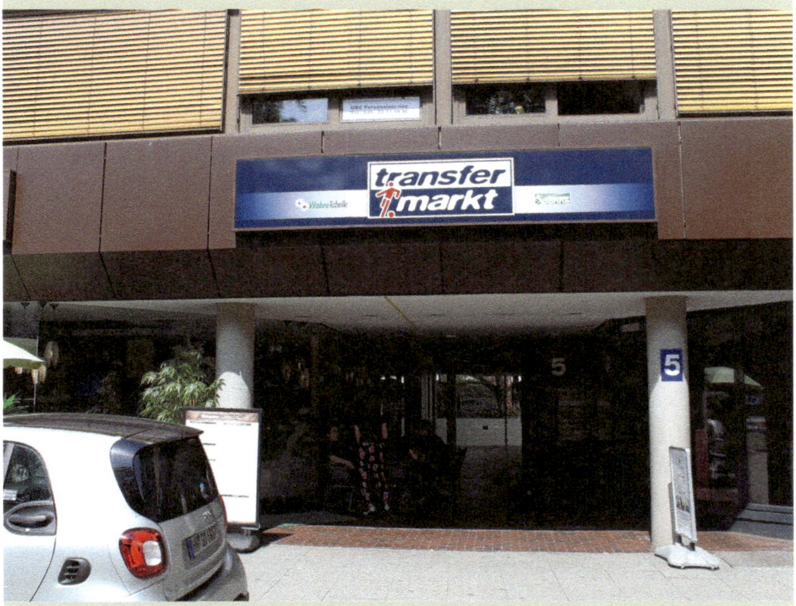

HARTE 4 FAKTEN

Adresse: Wandsbeker Zollstraße 5a, 22041 Hamburg

Frauenfußball: soccerdonna.de (8/2010)

Schiedsrichter: wahretabelle.de (9/2012, lange vorm VAR)

TM international: .at (2007), .ch (2008), .co.uk (2009), .it, .tr (2010), .pl (2012), .es (2013), .nl, .pt (2014), .fr (2020)

Stadion Marienthal (historisch)

Wo Hamburg zuerst ein Licht aufging

„Wir Concorden haben eine Heimat / und diese Heimat heißt Marienthal / und von dorthin ziehen wir in die Ferne / um zu erspielen manchen Goldpokal." Das Vereinslied transportiert, wie stolz sie bei „Cordi" stets auf ihr Stadion waren. Mit Recht: Mitten in einem Wohngebiet am Rande des Wandsbeker Gehölzes, dort, wo einst „Nackedeis ihrer Körperkultur huldigten", wie es in der Vereinschronik heißt, hatte der Sportclub zwischen 1922 und 1924 mit dem freiwilligen Einsatz vieler Mitglieder, Lottogeldern und ohne staatliche Hilfe eine äußerst stimmungsvolle Wettkampfstätte errichtet. Die Zahl der „Goldpokale", die an der Oktaviostraße präsentiert wurde, blieb zwar überschaubar. Doch höchstklassigen Fußball gab es hier durchaus zu bestaunen, allein neun Spielzeiten lang in der Oberliga Nord. Oder legendär im DFB-Pokal: Im August 1952 wurden noch bis in die Nacht vor dem Spiel im Licht von Pkw-Scheinwerfern (!) Tribünen und Platz hergerichtet, anschließend im neuen „Schmuckkästchen" erst Borussia Dortmund und im Achtelfinale auch der VfB Mühlburg aus dem Wettbewerb geworfen – jeweils dramatisch mit 4:3, vor 10.000 bzw. 12.000 begeisterten Zuschauern. Ein weiteres „Highlight" folgte am 29. 10. 1957 mit der Einweihung der ersten Hamburger Flutlichtanlage gegen Preußen Münster (2:3).

Glory days. Längst passé. Mit Ablauf der Spielzeit 2008/09 gingen in Marienthal die Lichter für immer aus. Nach 85 Jahren musste der mittlerweile fünftklassig spielende Verein seine geliebte Heimstatt aufgeben. Betriebs- und Instandhaltungskosten von jährlich bis zu 50.000 Euro waren nicht mehr zu stemmen. Im Fan-Forum schrieb User „Dicker Klaus": „Der SC Concordia ohne Marienthal – eine perverse Vorstellung. Barca trägt die Heimspiele auch nicht in Hongkong aus. Oder auf dem Mond. (…) Mit dem Stadion stirbt die Identität. Man kann Heino keine dunkle Lockenperücke aufsetzen und sagen: ‚Du bist jetzt Costa Cordalis.'"

Vier Jahre rottete das Stadion vor sich hin, bot morbide Motive für Fotografen und schmerzhafte Ansichten für Groundhopper. Ende 2013 konnten sich dann Bürgerinitiative, Kommunalpolitik und Finanzbehörde auf einen Bebauungsplan für das Areal einigen. Ein Teil wurde aufgeforstet, auf dem Rest stehen heute acht Stadthäuser mit 21 Wohnungen.

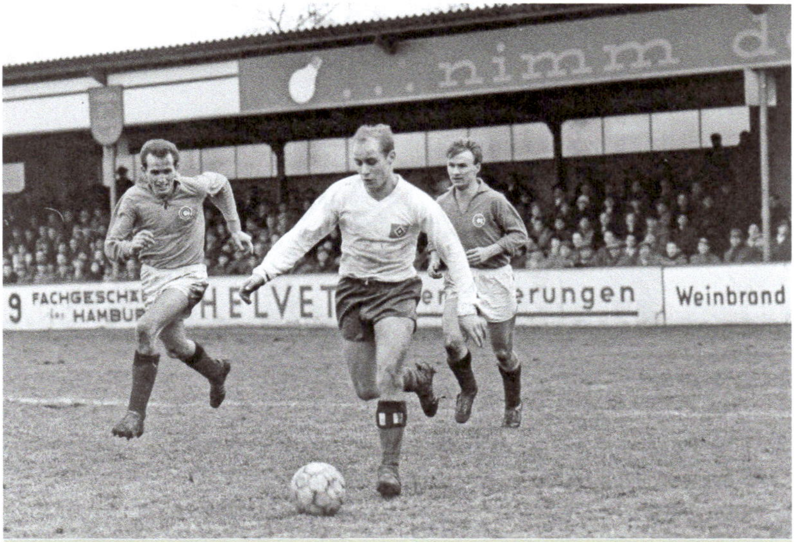

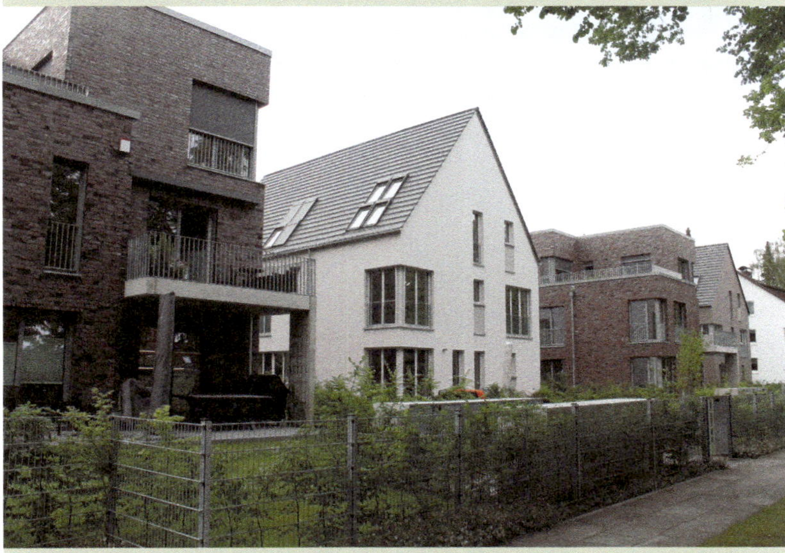

HARTE 4 FAKTEN

Adresse: Oktaviostraße 102, 22043 Hamburg

Anfang: vs. HSV 1:16 (Norddt. Liga, 14. 9. 1924)

Ende: vs. Bergedorf 85 3:1 (Oberliga Hamburg, 22. 5. 2009)

Rekordkulisse: 15.000, vs. HSV 1:2 (Oberliga Nord, 20. 1. 1957)

Sportplatz Von-Elm-Weg

Pokal-Posse auf dem Grand(e)-Platz

Die Horner Geest ist einen Besuch wert. Sandablagerungen formten während der Eiszeit die Landschaft, und auch sonst spielt das körnige Sediment hier eine große Rolle: Architektur-Fans erfreuen sich an dem viergeschossigen Backstein-Ensemble „Von-Elm-Weg 1–14" mit seinen mit Sandsteinfresken verzierten Eingängen, Balkonen und Erkern – ein herausragendes Beispiel für die „Kleinwohnungsbauten" der 1930er-Jahre. Vis-à-vis befindet sich ein Sportplatz, auf dessen grobkörnigem Sand (norddt.: „Grand") ein ganz besonderes Kapitel DFB-Pokal-Geschichte geschrieben wurde.

Im Sommer 1977 empfing der hier ansässige und gerade in die fünftklassige Verbandsliga aufgestiegene Horner TV in der 1. Hauptrunde den zwei Ligen höher kickenden und nahe Karlsruhe beheimateten FC Alemannia 05 Eggenstein. Die Badenser gingen baden. Sie erlebten – sieben Jahre vor Freddy Krueger – ihren ganz persönlichen „Nightmare on Elm Street" und unterlagen 1:2, mit Grand im Getriebe: „Nicht ganz austrainiert" und dem ungewohnten Hartplatz „fast hilflos ausgeliefert", urteilte die Fachpresse. Trainer Eglin hingegen wetterte: „Völlig irreguläre Bedingungen!", während Vereinsboss Reuter, die französische Sprache im Kopf, jammerte: „Wir dachten an den ‚großen Platz', die Hauptanlage!" Der vorm Anpfiff eingelegte Protest der Alemannen verlief zunächst im Grande. Horns Pokalabenteuer ging weiter. „Losfee" Uwe Seeler bescherte eine Reise zu Bundesligist 1860 München. Die Amateure wurden beim 0:15 im Grünwalder „Löwenkäfig" zwar rekordverdächtig zerrissen (Foto o.), setzten jedoch beim anschließenden Schwabing-Bummel noch einmal Kondition frei. Die letzten „Pokalhelden" fielen erst morgens um acht in die Hotelbetten. Ihre Story wurde trotzdem fortgesetzt, dem DFB-Dilettantismus sei Dank. Das erste Urteil des eigenen Sportgerichts wurde auf Bundesinstanz kassiert: Neuansetzung der Erstrundenpartie, diesmal auf Rasen beim Nachbarn HT16 an der Legienstraße, wo Eggenstein klar mit 8:0 siegte.

Der Horner Grandplatz ist kürzlich – wie zuletzt so viele in Hamburg – einem Kunstrasen gewichen. DFB-Pokal dürfte hier nicht gespielt werden. Doch die Erinnerung an den Sommer 1977 bleibt: Erstrunden-Aus nach drei Spielen, 270 Minuten und 2:24 Toren. Eine grand-iose Geschichte.

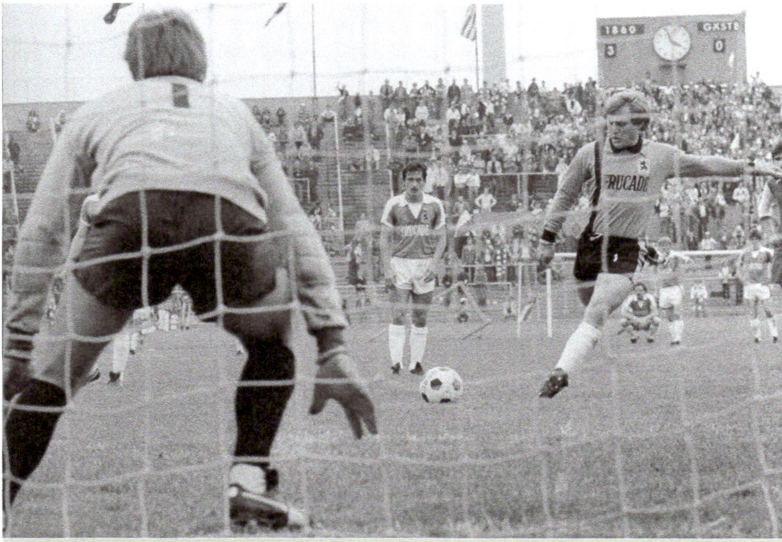

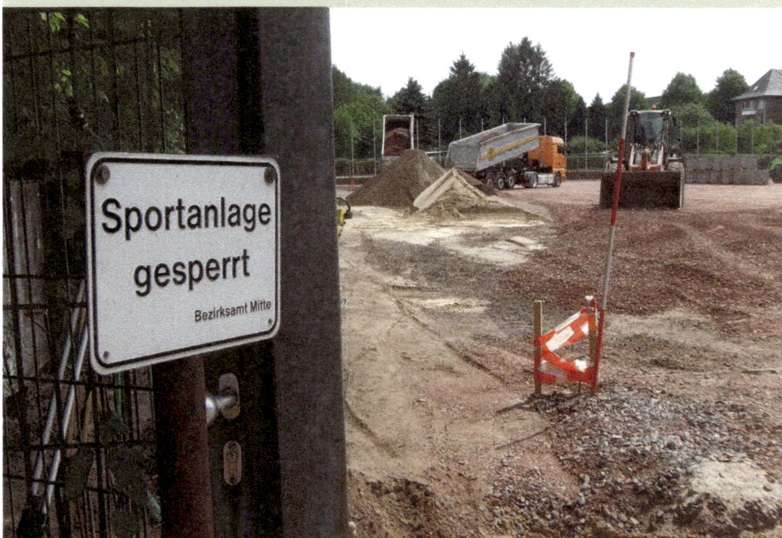

HARTE 4 FAKTEN

Adresse: Von-Elm-Weg 16, 22111 Hamburg

Heim-Grand: vs. Eggenstein 2:1
(1. Rd., Von-Elm-Weg, 30.7.1977)

Bundesliga-Rasen: vs. 1860 München 0:15
(2. Rd., Grünwalder Straße, 20.8.1977)

Ausweich-Gras: vs. Eggenstein 0:8
(1. Rd. Wdh., Legienstraße, 9.10.1977)

Erwin-Seeler-Park (projektiert)

Verdiente Ehre, stimmige Verortung

„Wir waren schon ein bisschen überrascht, als die Anfrage von der Stadt kam. Doch unsere ganze Familie freut sich sehr darüber“, erklärte Uwe Seeler. Und was hätte „Vaddern“ wohl dazu gesagt? Sohn Uwe weiß: „Ich glaube, er wäre sehr stolz über diese Nachricht gewesen. Und vermutlich hätte er auch ein bisschen geschmunzelt und gesagt: ‚Mok man nich so'n groten Tüdelkrom darum!‘“

Ein klein bisschen „Tüdelkrom“ war allerdings doch nötig. Hat sich aber gelohnt. Rausgekommen ist dabei nämlich eine schöne Geschichte, die in dürrem Bürokraten-Deutsch in der Drucksache Nr. 21-4293 der Bezirksversammlung Hamburg-Mitte vom 12.6.2018 angeregt und im „Amtlichen Anzeiger des Hamburgischen Gesetz- und Verordnungsblattes“ der Justizbehörde vom 11.9.2018 offiziell wurde: Auf dem Gelände des neuen Huckepackbahnhofs in Rothenburgsort wird eine neu herzustellende, etwa 5.200 m² umfassende Grünanlage den Namen „Erwin-Seeler-Park“ erhalten.

Erst Torjäger und „Brecher englischen Typus“, dann Mittelfeld-Antreiber und kompromissloser Haudegen – schon zu Lebzeiten (1910–1997) wurde dem populären Fußballer, der 48 Jahre lang als Schuten- oder Ewerführer und Stauerviz im Hafen anpackte, in einer Zeitung ein Loblied gesungen: „De ganze Woch, dor dribbelt he sein sware lange Schut / dorch de veelen Fleete in denn Elbstrom rut. / Sünndogs dribbelt he denn Ball / meisterhaft und ohne Fehler dorch de veelen Been / Dat is Erwin Seeler.“ Posthum erfuhr „Old Erwin“ eine weitere Würdigung und ist künftig im Kartenwerk seiner Heimatstadt verewigt – mit einer Grünfläche, einem Platz also, auf dem man kicken kann! Gelungen ist auch die Verortung: Der Ball wurde dorthin zurückgespielt, wo die Geschichte der Fußball-Familie Seeler einst begann. Nur ein paar stramme Spannstöße von der Stelle entfernt, an dem sein Namensgeber das Licht der Welt erblickte. Mitten im Arbeiterstadtteil. Der Opa betrieb dort eine Tischlerei, Vater Friedrich in der Ausschläger Allee 35 eine „Pieselei“, wie früher in Hamburg die Kneipen genannt wurden. Uwe Seeler sagt: „Der Alte hat uns immer viel von seiner Kindheit und Jugend dort erzählt. Kurz vor seinem Tod sind wir mit ihm auch nochmal in Rothenburgsort gewesen. Das war sehr bewegend.“

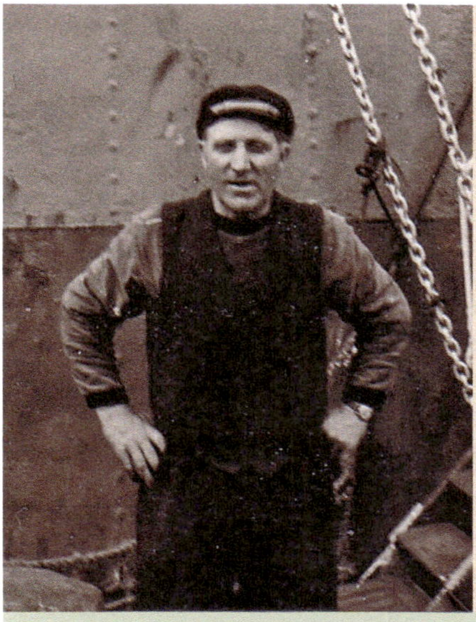

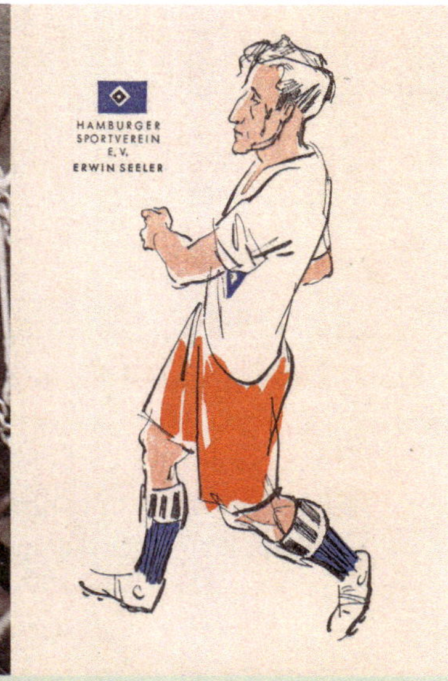

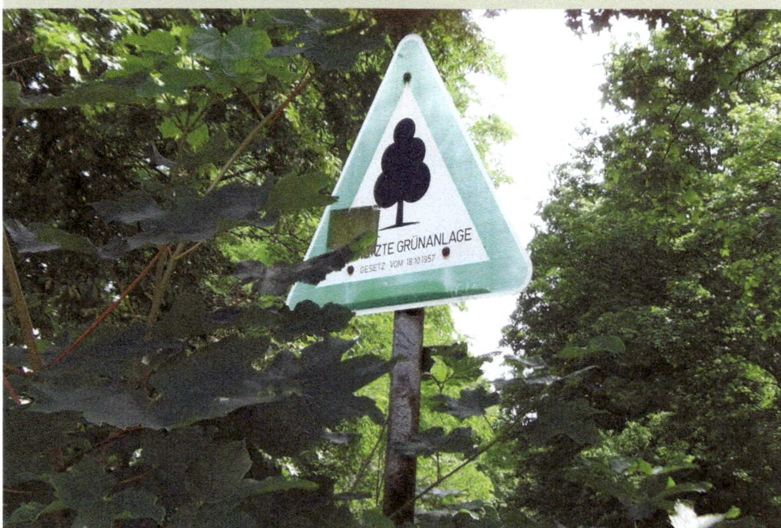

HARTE 4 FAKTEN

Adresse: Billstraße/Niebuhrstraße, 20539 Hamburg

Grabstelle: Friedhof Ohlsdorf, Abteilung Y26, Grab 339–340

Nationalspieler: 9 ATSB-Länderspiele/11 Tore (1929–1931)

Vereinsspieler: Mittelstürmer beim SC Lorbeer und SC Victoria (1926–1938), Mittelläufer beim HSV (1938–1948)

Sportplatz Marckmannstraße

Klassenlose Held*innen

Die unscheinbare Sportanlange, einst staubiger Grandplatz, seit 2014 mit Kunstrasen versehen, genießt im Hamburger Fußball eine ganz besondere Stellung: Sie ist die Heimat eines zweimaligen Deutschen Meisters! 1929 und 1931 errang der SC Lorbeer 06 die Krone des Arbeitersportkartells. Dreh- und Angelpunkt der Mannschaft: der junge Erwin Seeler, der auf dem Sportplatz seine Frau Anny kennenlernte, eine quirlige Handballerin und wagemutige Schwimmerin und Wasserspringerin.

Als sich Seeler und Klubkamerad Alwin Springer 1932 vom bürgerlichen SC Victoria abwerben ließen, war die Hamburger Fußballszene polarisiert. Die meisten Arbeiter im Quartier hatten Verständnis für den Wechsel – es ging schließlich auch um sozialen Aufstieg in wirtschaftlichen Notzeiten. Das sozialdemokratische „Hamburger Echo" rechnete mit den Abtrünnigen ab. Von „verirrten Proletariern" war die Rede, das böse Wort vom „Klassenverrat" fiel ebenso.

Einige Monate später wurde die Arbeitersportbewegung von den Nationalsozialisten verboten und Lorbeer aufgelöst. 1946 wurde in dem im Bombenhagel völlig verwüsteten Stadtteil auch sportlich ein Neuanfang gewagt. Der wiedergegründete SC Lorbeer fusionierte mit der Freien Turnerschaft Hammerbrook-Rothenburgsort. Als der DFB 1970 endlich die Bildung von Frauenteams erlaubte, machte der Verein seinem Namen abermals Ehre und sicherte sich weiteren unwelkbaren Ruhm: „Freudentränen mischten sich mit dem strömenden Regen, als Lorbeers Damen ihren 2:0-Endspielsieg der ersten Hamburger Damen-Fußballmeisterschaft über den SC Sperber feierten", notierte das „Abendblatt" 1972 anlässlich des historischen Erfolgs. Trainer und Obmann Wilhelm Plett gehörte dabei zu den Vorkämpfern der Sache im Verband. In den folgenden zwei Jahrzehnten zählten die Frauen aus Rothenburgsort zu den führenden Vereinen im Hamburger Frauenfußball; 1987 erreichten sie sogar das Halbfinale um den DFB-Pokal, unterlagen dort aber dem STV Lövenich aus dem niederrheinischen Erkelenz mit 0:4.

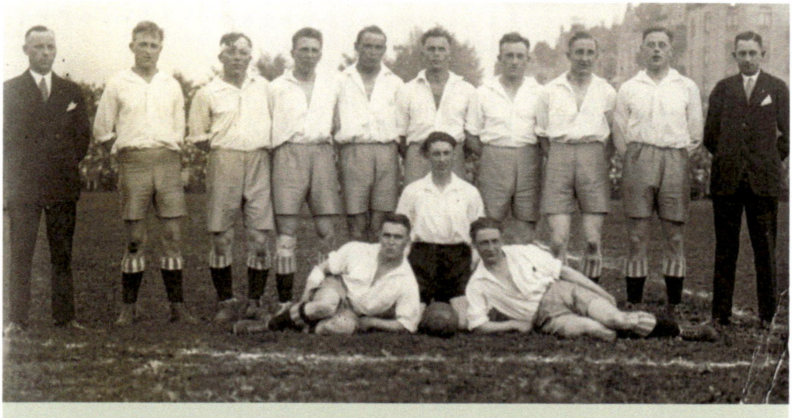

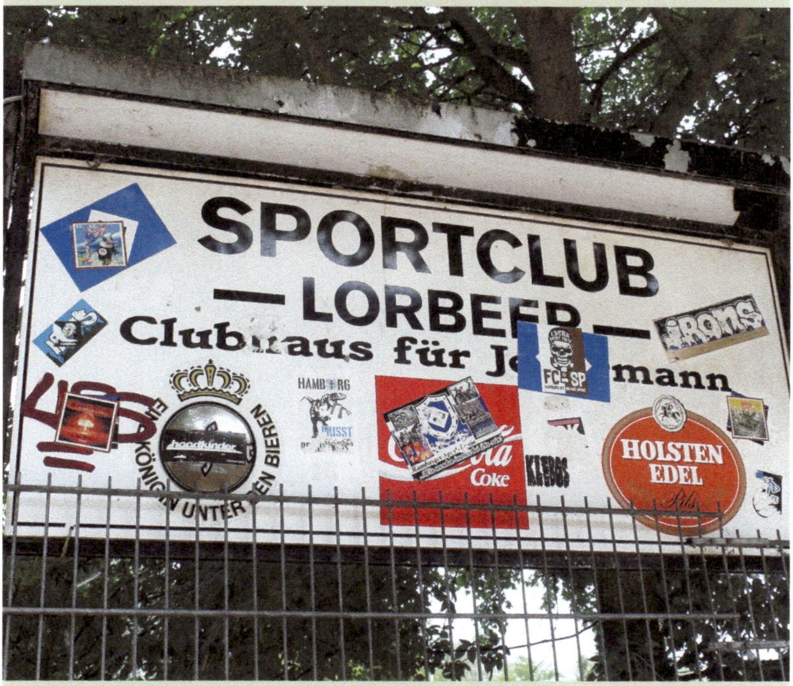

HARTE 4 FAKTEN

Adresse: Marckmannstraße 125, 20539 Hamburg

Meister: 1929 (5:4 vs. Döbern), 1931 (4:2 vs. Leipzig-Pegau)

Meisterinnen: 4 Hamburger Meisterschaften, 15 Pokalsiege

Meisterschüler: Serdar Dursun, heute Torjäger bei Darmstadt 98

Sander Tannen

Hingucker im DFB-Pokal

Das Fachmagazin „kicker" hatte beim FC Bayern schon finale Resignation ausgemacht: „Da schlug auf der Trainer-Bank Manager Uli Hoeneß immer wieder die Hände vors Gesicht, sah minutenlang nichts mehr vom Spiel, schien sich vergraben zu wollen. Da hatte Trainer Pal Csernai (...) sich stockheiser geschrien, dann verstummte er, saß, aschfahl, zur Maske erstarrt da, brachte keinen Ton mehr heraus, schloss gar für Sekunden die Augen, so nach dem Motto: ‚Ich kann es nicht mehr ansehen.'" Nur Sekunden fehlten Bergedorf 85, dem „David" aus „Klein Kleckersdorf" (so die selbstironische Trikot-Werbung für eine gleichnamige Kneipe) zur Sensation. Doch Dieter Hoeneß köpfte den „Goliath" noch zum Ausgleich. Der Wille des Viertligisten war gebrochen, die Kraft erlahmt, in der Verlängerung setzte sich der Titelverteidiger mit 5:1 durch.

Das DFB-Pokal-Drama vom 28. 8. 1982 zählt wie die anderen Erstrunden-Partien gegen die Profi-Teams aus Leverkusen (1992: 1:3), Wolfsburg (2003: 1:6) und Duisburg (2008: 1:5) zu den Höhepunkten der Klub- und Stadiongeschichte. Ein Sieg gelang den mittlerweile in der 7. Liga kickenden Bergedorfern zwar nie, der ewigen Ruhm verheißende Ehrentreffer aber stets. Andreas Hammers 1:2 (85.) gegen den späteren Pokalsieger Leverkusen sorgte nicht nur für Spannung, sondern blieb auch der einzige Gegentreffer der Werkself im gesamten Wettbewerb. Sven-Arne Kleins spektakuläres Führungstor gegen Wolfsburg schaffte es in die Auswahl zum „Tor des Monats". DFB-Pokal-Flair und gut gefüllte Ränge bescherte den Sander Tannen als „Untermieter" auch zweimal die TSG aus dem zehn Kilometer entfernten Dassendorf (2000: 0:5 vs. Unterhaching; 2018: 0:1 vs. Duisburg).

Doch die Zukunft des 1919 eröffneten Stadions ist ungewiss. Im September 2019 präsentierte der Bezirk Bergedorf, dem die sanierungsbedürftige Anlage gehört, sein Bauvorhaben: Für die benachbarte Stadtteilschule sollen Leichtathletikanlagen entstehen. Eine Sanierung der maroden Stehtraversen ist indes nicht mehr vorgesehen. Sie sollen mit Sand verfüllt werden. Ein De-facto-Abriss, der die Kapazität auf etwa 200 Zuschauer reduzieren würde. „Die machen die Kultstätte einfach platt", zeigten sich Bergedorfs Fußballer entsetzt und kündigten massiven Widerstand an.

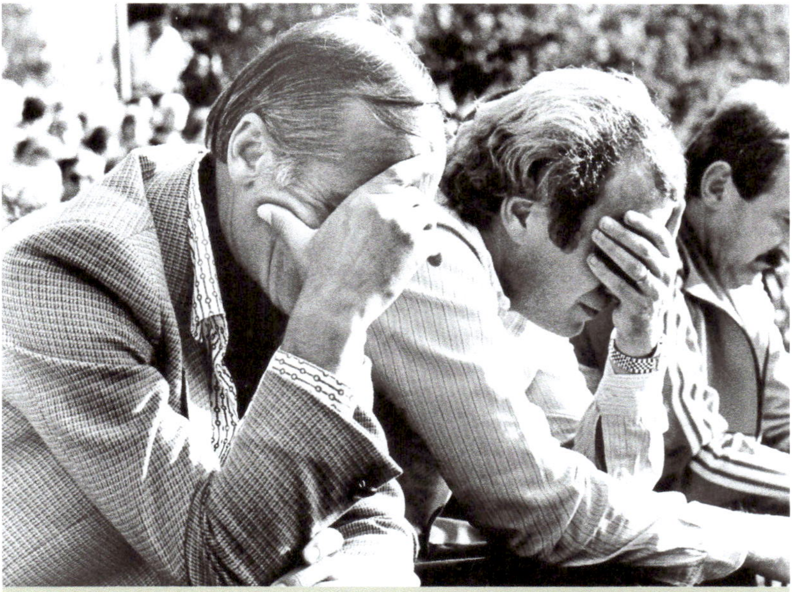

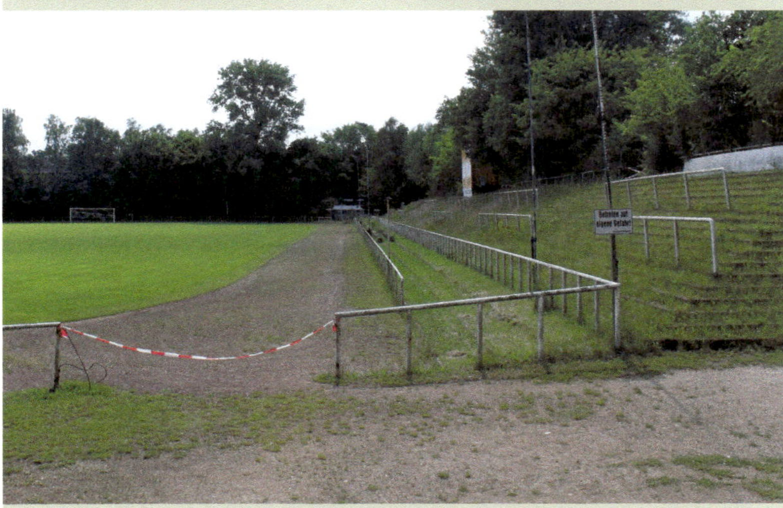

HARTE 4 FAKTEN

Adresse: Krusestraße 7, 21033 Hamburg

Landmarke: Wasserturm „Sander Dickkopp" (Baujahr: 1907)

Lieblingsgast: Hannover 96 – 3:2, 2:1, 4:1, 5:0 (1959–62)

Rekordkulisse: 16.000 vs. HSV 0:3 (Oberliga Nord, 1. 11. 1959)

Billtalstadion

Pflichtprogramm für Groundhopper

Es ist etwas in Vergessenheit geraten, Deutschlands einstmals größtes Grandplatz-Stadion. Zu Unrecht, denn wer der Sportanlage heute einen Besuch abstattet, kann noch immer nachvollziehen, warum sie einst als „Norddeutschlands schönste" („Die Welt") gefeiert wurde. Von Arbeitslosenfürsorge-Empfängern in Handarbeit errichtet; am 2. 9. 1950 mit einem acht Tage währenden Fest inklusive Symphonieorchester-Konzert, 200 Fackelträgern und bengalischem Feuer eröffnet; mit Platz für über 30.000 Menschen auf Sitzplätzen und Stehtraversen, die sich harmonisch in das Gelände schmiegen. Das Spielfeld umgab – damals ein Novum in Hamburg – eine genau 400 Meter lange Laufbahn.

Seine fußballerischen Höhepunkte erlebte das Oval gleich im ersten Jahrzehnt seines Bestehens, etwa die legendäre Stippvisite der z. T. barfuß (!) auflaufenden indischen Olympia-Auswahl auf ihrer Rückreise von den Spielen in Helsinki. 1955 und 1956 wurde das Stadion zum Austragungsort der ersten Hamburger Pokalfinals auserkoren, 1958/59 gab es hier sogar Erstliga-Fußball zu bestaunen: Aufsteiger Bergedorf 85 durfte, bis der neue Rasenplatz an den Sander Tannen fertiggestellt war, seine Oberliga-Heimspiele ausnahmsweise auf Grand bestreiten – absolute „Großkampftage", die regelmäßig über 10.000 Zuschauer lockten.

Anschließend fiel die abseits des ÖPNV gelegene Anlage in einen jahrzehntelangen Dornröschenschlaf. 2005 wollte ihr der viermalige Deutsche Football-Meister Hamburg Blue Devils neues Leben einhauchen. Bei prognostizierten 16.000 Fans und Cheerleader-Brimborium wäre sicher auch der „Teufel los" gewesen, doch die Umzugs-Pläne scheiterten am Veto der Anlieger im Bergedorfer Villenviertel. Hauptnutzer des Stadions sind so seit Jahren neben den umliegenden Schulen, Leichtathleten sowie die Amateur-Fußballer der TSG Bergedorf. 2009 wurde die Anlage grundsaniert. Der Grand ist einem Kunstrasen gewichen, den am 29.11.2009 die Oberligisten Bergedorf 85 und Curslack-Neuengamme mit einem turbulent-torreichen 3:3 vor der stattlichen Kulisse von 2.400 Zuschauern standesgemäß einweihten.

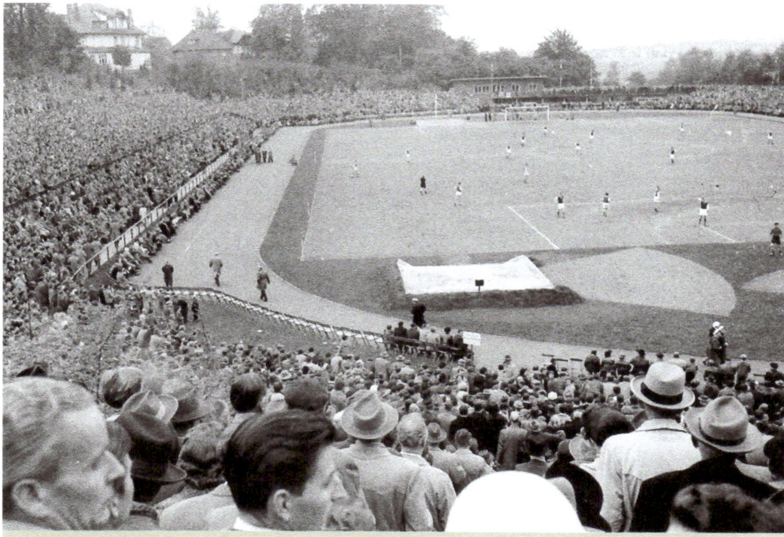

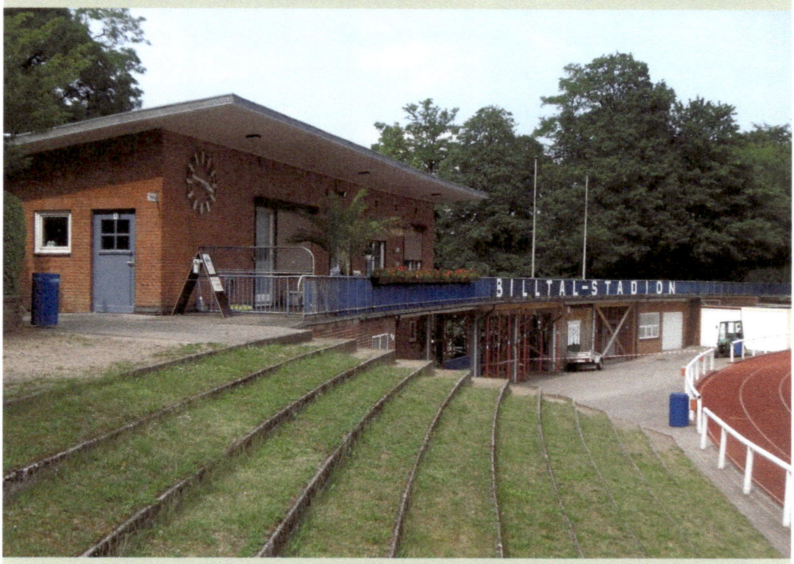

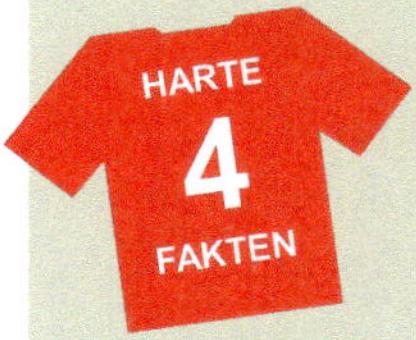

Adresse: Daniel-Hinsche-Straße 50, 21029 Hamburg

Barfuß-Ball: HSV vs. Indien 5:3 (15.000 Zuschauer, 3.8.1952)

1958/59: 27 Bergedorfer Punkte, davon 22 (82 %) im Billtal

Rekordkulisse: 25.000, Bergedorf 85 vs. HSV 1:4 (Oberliga Nord, 19.10.1958)

KZ-Gedenkstätte Neuengamme

„Der Tod ist ein Meister aus Deutschland"

Man will es sich nicht vorstellen, aber auch im Konzentrationslager Neuengamme rollte das Leder. Für die wenigen noch spielfähigen Häftlinge war der Fußball eine kurze Flucht aus dem bedrückenden Lageralltag, für die Wachmannschaften ein Mittel, die Gefangenen bei Laune zu halten und deren Arbeitsmoral zu stärken. Der Spielort war der Appellplatz, auf dem die Häftlinge jeden Morgen und Abend antreten mussten, gezählt, drangsaliert und gedemütigt wurden. Am Sonntagvormittag verwandelte sich der gefürchtete Ort in ein Spielfeld, wie Herbert Schemmel (1914–2003) berichtete. Er gehörte einst Borussia Halle und TuRa Leipzig an, ehe er 1940 wegen „staatsfeindlicher Äußerungen" ins Lager kam und dort zu den Kickern gehörte: „Für das Fußballspielen haben unsere Tischler uns Tore gebaut, natürlich ohne Netze, die Torpfosten wurden auf dem Appellplatz in Löcher eingesetzt. In unserer Sattlerwerkstatt wurden aus Lederabfällen Fußbälle gemacht. Es gab sie nirgends zu kaufen. Da bin ich zu Tull Harder gegangen – er saß damals in der Kommandanturbaracke."

Gegen reichlich Zigaretten und Geld besorgte der einstige HSV-Star drei Fußballblasen. Insgesamt sollen etwa 40 bis 60 Häftlinge in vier Mannschaften gegeneinander gespielt haben. Ob eine Meisterschaft wie in Theresienstadt ausgetragen wurde, ist unklar. Fest steht, dass eine ganze Reihe guter Spieler aus dem In- und Ausland in Neuengamme interniert waren. Tragisch ist die Geschichte des niederländischen Nationalspielers Reinder Boomsma (1879–1943). Der Berufssoldat war Mitglied im Traditionsverein Sparta Rotterdam und ging nach der Besetzung der Niederlande in den Widerstand. Boomsma wurde denunziert. Im Mai 1943 kam er als Häftling in Neuengamme an und starb bereits drei Wochen später. Er gehört damit zu den knapp 50.000 Menschen, die im Lager ermordet, verhungert, im Arbeitseinsatz oder an Krankheiten verstorben sind.

Seit 2005 befindet sich auf dem Gelände ein Ausstellungs-, Begegnungs- und Studienzentrum. Wer am vereinigten Europa zweifelt, der sei an 75 Jahre Frieden erinnert und sollte sich hier die Skulptur „Der sterbende Häftling" („Le Deporté") der französischen Bildhauerin Françoise Salmon ansehen. Wehret den Anfängen! Auch im Stadion.

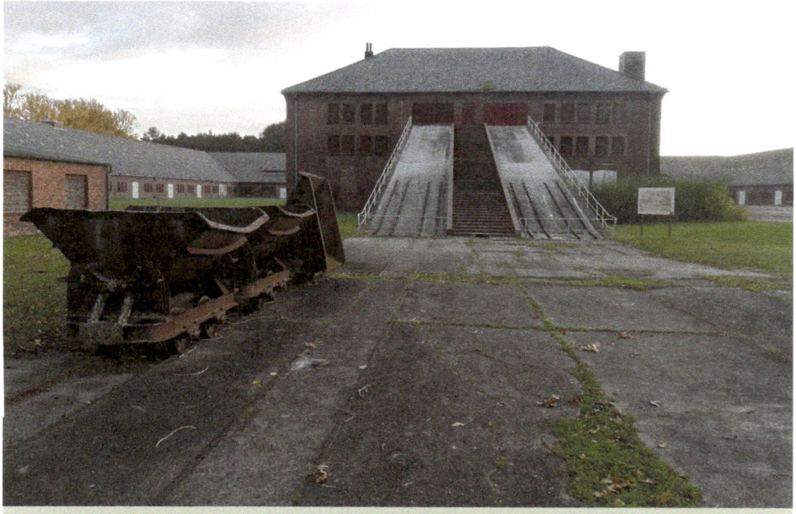

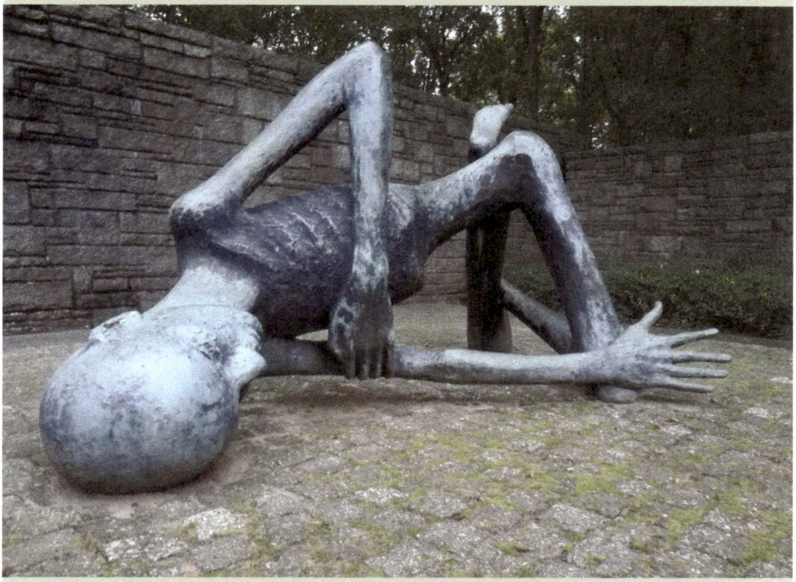

HARTE 4 FAKTEN

Adresse: Jean-Dolidier-Weg 75, 21039 Hamburg

1938–1945: NS-Konzentrationslager

1945–1948: Internierungslager für Kriegsverbrecher

1948–2003/2006: Justizvollzugsanstalt „Vierlande“

Sportplatz Zollenspieker

Ecken nur von rechts

Mit dem Wegerecht war das schon immer so eine Sache am Zollenspieker. Stein gewordenes Zeugnis hiervon legt eindrucksvoll das Fährhaus ab, dessen Grundmauern bis auf das Jahr 1252 zurückgehen. Hier, an Elbkilometer 598,5, dem südlichsten Punkt Hamburgs, wo der Fluss eine scharfe Biegung macht, konnten die Zöllner von ihrem Wachhaus in alle Richtungen „spieken" und zugleich den Wegezoll für die Elbquerung einkassieren.

Weniger bekannt als die Historie des denkmalgeschützten Vierländer Wahrzeichens ist eine Fußball-Geschichte, die sich Anfang der 1970er-Jahre nur gute 500 Meter entfernt abspielte. Der Sportplatz des TSV Kirchwerder entsprach damals nicht ganz den Erfordernissen eines korrekten Spielbetriebes. Das Problem: Eine Ecke des ohnehin schon nur dem Mindestmaß genügenden Feldes ragte auf die Zufahrt zum Grundstück eines benachbarten Landwirts. Und dieser erlaubte es partout nicht, dass auf seinem Boden Sportveranstaltungen durchgeführt wurden. „Ein richtiger Fußballhasser war das. Wenn unsere Bälle auf sein Land flogen, hat er die einkassiert und nicht mehr rausgerückt", erinnert sich Karl Woller, seit über 50 Jahren Vereinsmitglied und 2. Vorsitzender des mittlerweile hier beheimateten SC Vier- und Marschlande. „Es drehte sich um eine Fläche von vielleicht zwei Quadratmetern. Doch deswegen gab es richtig Terz." Die Kicker griffen zu einem Trick: Der Platzwart kreidete das umstrittene Areal kurzerhand ab. Die spezielle Kirchwerderaner Geometrie: Dem Rasenviereck fehlte ein Dreieck, so dass es zum Fünfeck wurde. Linksaußen und Rechtsverteidiger mussten ihre Positionen völlig neu interpretieren, und „Ecken durften nur von der anderen Seite, von rechts, geschossen werden", lacht Woller. Mit Sondergenehmigung ging das auch lange gut. Bis irgendwann der VfL Geesthacht nach einen verlorenen Derby Protest einlegte.

Am Zollenspieker kehrte aber schließlich Frieden ein. Der Platz wurde einige Meter zur Straße hin versetzt und die Grenzkollision damit aufgehoben. Und der streitbare Landwirt? Woller schmunzelt: „Irgendwann wollte sein Enkel bei uns mitspielen. Unbedingt. Was soll ich sagen? 180-Grad-Drehung. Er hat uns sogar die Bälle aus den Gräben gefischt und wiedergebracht."

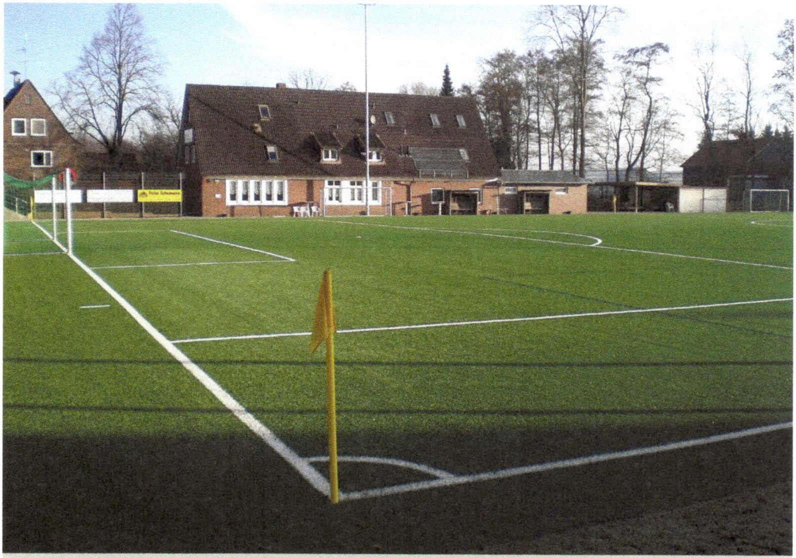

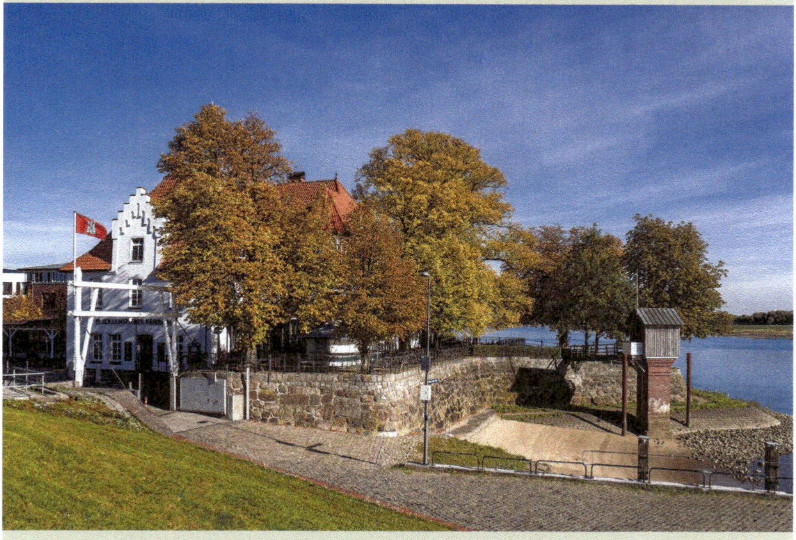

HARTE 4 FAKTEN

Adresse: Auf dem Sülzbrack 2, 21037 Hamburg

Weggefährten: Martin Harnik (SCVM: 1992–2005), Max Kruse (SCVM: 1998–2005)

Wegzehrung: Fährhaus (Hotel, Restaurant, Biergarten, Elbblick)

Wegezoll: Fährtarife Zollenspieker – Hoopte (einfache Fahrt), Erwachsene: 2 €, Pkw: 2,50 €, Rindvieh/Schwein: 2 €

Sportplatz Landesgrenze

Eintracht Kopftuch vs. United Strumpfhose

Frauenfußball und Wilhelmsburg – das passt zusammen. Für das Bahnhofsviertel sind seit Ende der 1920er-Jahre kickende Mädchen belegt. Auf den Höfen des Quartiers, wo die Wäsche vom Ruß der Lokomotiven schwarz wurde, oder an der Volksschule Buddestraße. Hier kletterten nachmittags Jungen wie Mädchen über den Zaun, um gemeinsam auf dem Hof zu bolzen. So auch Emma Seikowski. Sie hatte gerade den späteren Gauligaspieler Eberhard Voss (Pastorensohn!) umdribbelt, als dieser das Bein stehen ließ: „Ich kam zu Fall und brach mir den Arm. Der sah aus wie ein ‚Z' und wurde dann vom Arzt ohne Narkose wieder gerichtet." Tapfer mussten sie sein, die Mädchen damals. Auch weil ihnen die Teilhabe am organisierten Fußballsport verboten wurde. Der Verband stellte 1936 fest, dass der „männliche Kampfcharakter dem Wesen der Frau widerspricht". Fußball sei unvereinbar mit der „Würde des Weibes".

Es war die zweite Generation der Wilhelmsburger Mädchen, die den Durchbruch schaffte. Als am Neujahrsmorgen 1968 überall die obligatorischen Ulk-Spiele stattfanden, wurde an der Landesgrenze Fußball-Geschichte geschrieben. Dort kickten die kostümierten Gymnastikdamen von Gastgeber Viktoria („Eintracht Kopftuch") gegen die Handballdamen des ESV Einigkeit („United Strumpfhose"). Organisiert hatte das Wohltätigkeitsspiel der Wilhelmsburger Sportjournalist Uwe Hansen. Seinem Ruf folgten auch mehrere Pressefotografen und sogar ein Kamerateam des NDR. Frauen am Ball, das war eine Sensation, da kochten Emotionen hoch. Für einige Männer war die Partie auf Schnee ein blöder Klamauk, für die Spielerinnen jedoch eine willkommene Bühne: Seht her, die Zeit ist reif! Die „Bild-Zeitung" titelte zum Foto einer Kopftuch-Stürmerin dennoch: „Balla Balla!".

Als der DFB am Reformationstag (!) 1970 das Verbot des Frauenfußballs aufhob, war der Weg endlich frei. Überall in der Stadt entstanden trotz großer Vorbehalte Mannschaften. Die Pädagogikstudentin Hannelore Ratzeburg war es, die den Frauenfußball im SV West-Eimsbüttel einführte. Eine Pioniertat. Erste Meisterschaften entstanden, und Ratzeburg „rockte" als junge Funktionärin den greisen Männerclub DFB. Ohne Kopftuch und Strumpfhose. Stark!

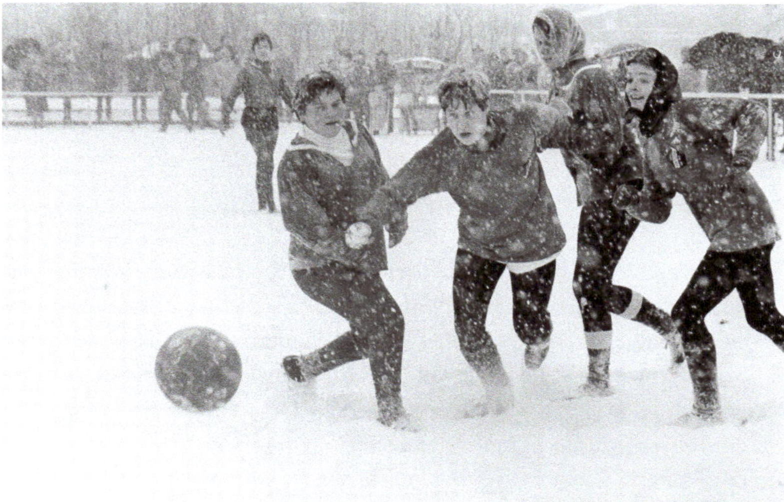

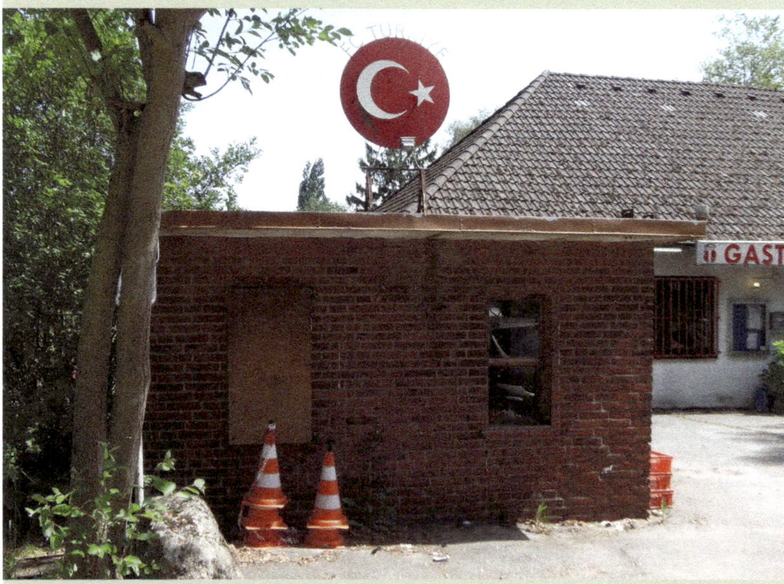

HARTE 4 FAKTEN

Adresse: Georg-Wilhelm-Straße 6, 21107 Hamburg

Etymologie: Grenze Hamburg/Preußen (bis 1937)

HFV-Pokalfinale: Poppenbüttel vs. Schnelsen 2:1 (30. 6. 1973)

Rekordkulisse: 6.000 bei Viktoria vs. LSV Hamburg 2:3 n.V. (Tschammer-Pokal, 23. 4. 1944)

Schulte-Platz (historisch)

Hexenkessel mit einer Prise Wembley

Es ist nichts mehr übrig geblieben von der berühmt-berüchtigten Sportanlage. Nur das benachbarte Wohnhaus hat Krieg und Immobilienspekulationen standgehalten. Im Schatten des Gründerzeitbaus hatte 1911 der Wilhelmsburger Fußballverein eine Wiese vom Gastwirt Ernst Schulte gemietet und notdürftig hergerichtet. Als der Zahnarzt John Breuning 1933 „Vereinsführer" wurde, konnte der kleine, spartanisch ausgestattete Platz auf Vordermann gebracht werden. Sogar ein Duschraum wurde installiert, den die Wilhelmsburger Zeitung als „Schmuckkästchen" bezeichnete: „Ein Gasbadeofen speist mehrere Duschen, daneben befinden sich einige Waschbecken und darüber hängt – vielleicht der wichtigste Bestandteil des Raumes – ein Arzneimittelschrank mit allem, was nötig ist, vom kleinsten Pflaster angefangen bis zur Arm- und Beinschiene."

Die dürften rege Verwendung gefunden haben, denn Mannschaften, die sich nicht auf Boden („größtes Moorbad Norddeutschlands"), Gegner und die Zuschauer einlassen konnten, versanken rettungslos im Morast. Unvergessen der 2:0-Sieg der gelb-schwarzen „Kartoffelkäfer" am letzten Spieltag über Hannover 96, der dem Klub 1937 den Verbleib in der Gauliga sicherte: „Vielleicht ist es eine der größten Leistungen gewesen, die in Deutschland je in Abstiegskämpfen gezeigt worden ist", lobte die „Fußball-Woche".

Dreimal wurde auch der große HSV im kleinen Hexenkessel abkocht: 5:3 (1932), 2:1 (1942, Foto) und 5:2 (1943). Legendär zudem das Duell von 1941 im Halbfinale des Statthalterpokals. Das Spiel musste verlängert werden und fand in der 95. Minute seinen dramatischen Höhepunkt, wie WFV-Torhüter Henry Arnt berichtete: „Ein Schuss krachte von der Unterkante der Latte ins Feld zurück. Der Schiedsrichter gab jedoch Tor und pfiff ab. Eine klare Fehlentscheidung." Wütende Zuschauer stürmten das Feld, der Unparteiische musste über den Bretterzaun und die umliegenden Wiesen flüchten. Der Skandal wurde in der Presse leider in wenigen Zeilen abgetan, sonst wären Treffer dieser Güte heute vielleicht als „Wilhelmsburger Lattenpendler" oder „Insel-Tor" bekannt. Ostern 1945 wurden das ominöse Torgestänge, Duschraum und Gaststätte dann bei einem Luftangriff zerstört.

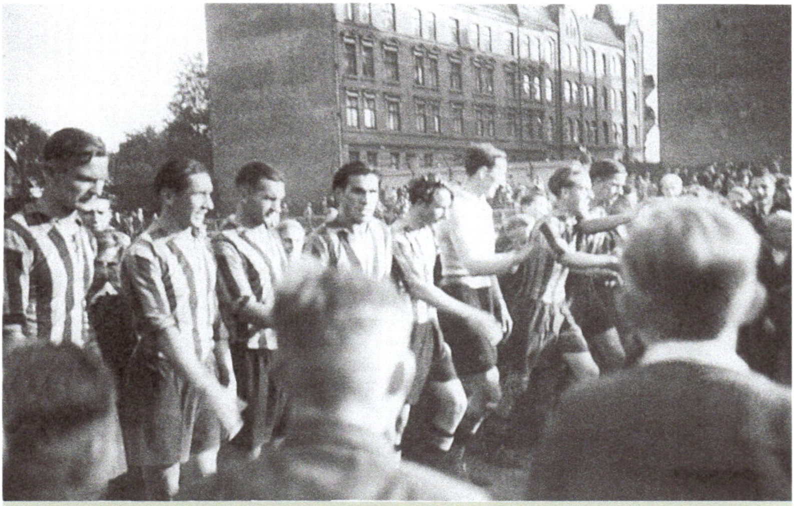

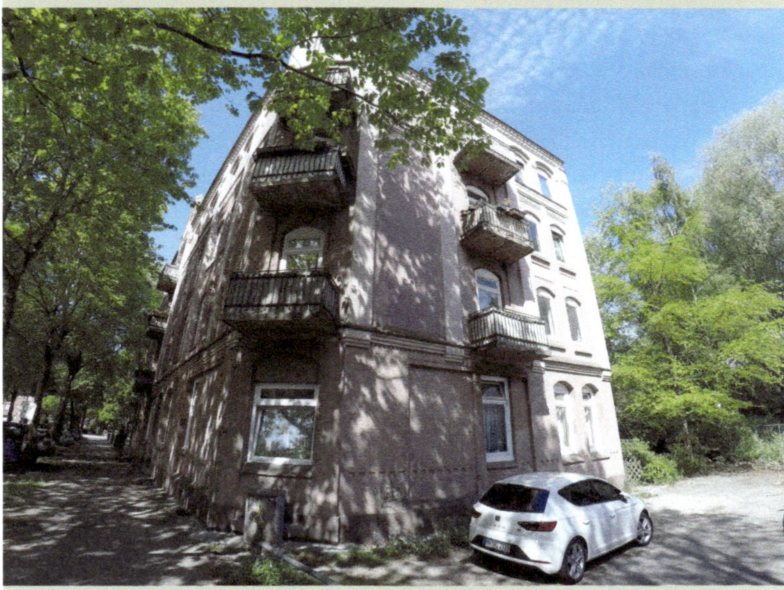

HARTE 4 FAKTEN

Adresse: Rotenhäuser Straße 51, 21109 Hamburg

Schulte(n)-Bräu: half den Autoren beim flüssigen Texten

Neue Heimat: Sportplatz Vogelhüttendeich (1952–2019)

Rekordkulisse: 4.000 vs. Holstein Kiel 4:8 (Achtelfinale Norddt. Meisterschaft, 16. 3. 1930)

Inselparkhalle

Auf dem Sprung

Hamburgs Stadtplaner hatten Großes vor: Für die Internationale Bauausstellung (IBA) und Gartenschau (IGS) wollten sie sich des stark vernachlässigten Quartiers Wilhelmsburg annehmen und zum „Sprung über die Elbe" ansetzen. Das Bild des Stadtteils änderte sich tatsächlich nachhaltig: Grünflächen wurden umgestaltet, zahlreiche Neubauten entstanden, auch die 2013 fertiggestellte Inselparkhalle, in der zunächst eine Blumenschau zu sehen war. Als die defizitäre IGS schließlich beendet war, wurde ein Konzept zur Nachnutzung entwickelt, das besser funktionierte: In einem Teil der Halle entstand ein kleines Schwimmbad, im anderen eine moderne Multifunktionshalle. Seit 2014 gehen hier die Hamburg Towers auf Korbjagd und locken Basketballfans an.

Der DFB machte es den Stadtplanern nach: Auch der Verband widmete sich endlich eines lange vernachlässigten Themas und setzte in Wilhelmsburg zum Sprung an. Ende Oktober/Anfang November 2016 absolvierte die neu gegründete Futsal-Nationalmannschaft in der Inselparkhalle ihre ersten beiden Länderspiele überhaupt. Dass die Premiere nach Hamburg vergeben wurde, war kein Zufall. Die vom Weltfußballverband FIFA anerkannte Variante des Hallenfußballs, die ihren Ursprung in den 1930er-Jahren in Südamerika hatte (port.: futebol de salão), wurde erst Anfang des Jahrtausends in Deutschland populär. Die Hansestadt war von Beginn an eine Hochburg des rasanten Fünf-gegen-Fünf, das auf einem Handballfeld gespielt wird. 2010 schaffte es der Mümmelmannsberger SV bis ins DM-Finale. Zwei Jahre später packten die Hamburg Panthers erfolgreich zu und holten den ersten nationalen Titel an die Elbe. 2013, 2015, 2016 wiederholten die Raubkatzen, die sich 2017 dem HSV anschlossen, ihren Triumph. Beim Länderspielauftakt vor mit über 2.000 Zuschauern ausverkaufter Halle zählten mit Torhüter Yalcin Ceylani sowie den Feldspielern Saboor Khalili, Stefan Winkel und Michael „Magic" Meyer gleich vier Panther zum 18-köpfigen DFB-Kader. Letzterem (Foto u.), einst outdoor zusammen mit Thomas Müller und Mats Hummels in der Jugend des FC Bayern ausgebildet, war es vergönnt, beim umjubelten 5:3-Sieg über England den historischen ersten deutschen Indoor-Treffer zu erzielen.

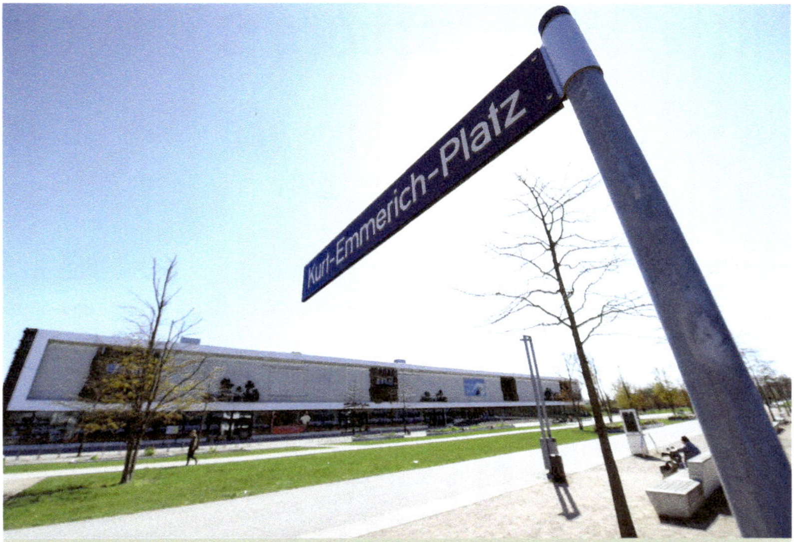

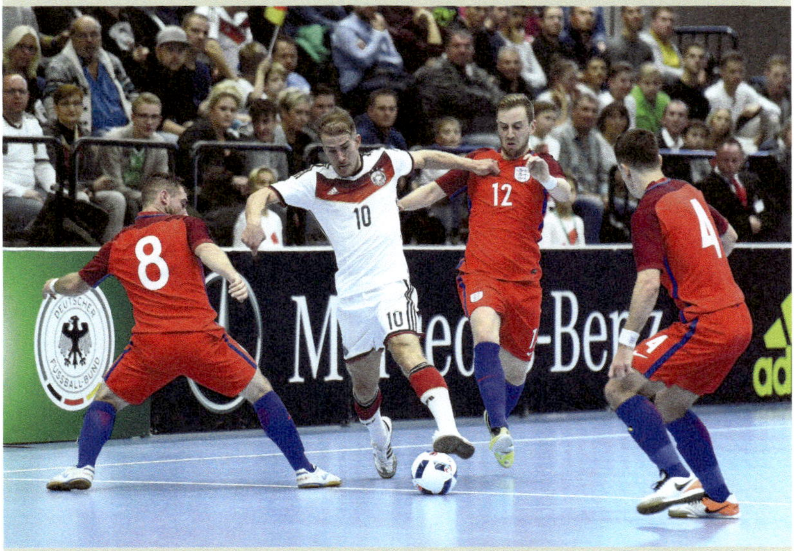

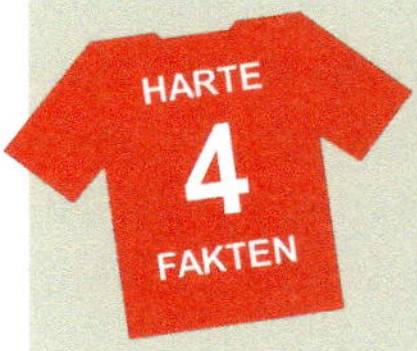

Adresse: Kurt-Emmerich-Platz 10-12, 21109 Hamburg

DM 2013: Panthers – UFC Münster 6:3 n.V. (Sporthalle Wandsbek)

DM 2016: Panthers – FC Liria Berlin 4:2 (CU Arena, Neugraben)

„Stern des Nordens": Rekordmeister Panthers (2012, 2013, 2015, 2016), Heimspielstätte: Sporthalle Wandsbek

Fußballspieler und Torwart

Kunst am Bau, Kunst für alle

„Kunst kommt von Können". Ein engagiertes Tackling hier, eine spektakuläre Flugparade dort – die angehenden 74er-Weltmeister Berti Vogts und Sepp Maier hätten angesichts der beiden Skulpturen sicher anerkennend ihre Daumen gehoben. In Bronze erstarrt und doch voller Dynamik: Die gespreizten Hände des Torwarts etwa sind als wichtigste „Akteure" gegenüber den Körpermaßen stark vergrößert. Die lineare Anordnung der Haare setzt sich in den strengen Falten des Trikots fort. Beine und Arme ergeben Rechtecke.

Die 1973 und während des laufenden WM-Turniers im Sommer 1974 aufgestellten Kicker-Plastiken sind eindrucksvolle Exponate einer deutschen Tradition: In der Weimarer Republik begonnen, von den Nationalsozialisten vereinnahmt, wurde „Kunst am Bau" 1950 in der Bundesrepublik durch eine Empfehlung des Bundestages zum integralen Bestandteil der Bauherrenaufgabe. Die Regelung sah vor, dass zwei Prozent der Bausumme für Gebäude in Kunst investiert werden soll. Seit den 1980er-Jahren fließen diese Beiträge in Hamburg in einen Fonds der Kulturbehörde, der Kunst im öffentlichen Raum finanziert. Allein rund 300 Werke schmücken so die Wohngebiete des größten Vermieters der Stadt, des Zusammenschlusses der Siedlungs-Aktiengesellschaft Altona (SAGA) mit der Gesellschaft für Wohnen und Bauen mbH (GWG). 2008 erklärte deren damalige Aufsichtsratsvorsitzende Anja Hajduk, zugleich Senatorin für Stadtentwicklung und Umwelt: „Kunst im öffentlichen Raum ist Kunst für alle. Plastiken und künstlerisch gestaltete Fassaden strahlen auf ihre Umgebung aus. Sie machen Häuser und Plätze unverwechselbar, Kunst und Alltag kommen zusammen."

Die beiden Wilhelmsburger Plastiken wurden geschaffen vom Bildhauer Gerhard Brandes (1923–2013). Zahlreiche seiner Werke stehen im öffentlichen Raum in ganz Deutschland, seine herausragenden in Hamburg, etwa: „Drachensteigenlassende Kinder" (1963, am westlichen Alsterufer beim Fährdamm), „Maritim" bzw. „Fischer" (1965, Altonaer Balkon), „Rummelpott" (1992, Bramfeld) oder – mit Sportbezug – „Läufergruppe" (1963, Jenfeld) und „Ballspieler" (1974, Lurup). Das Besuchen und Anschauen lohnt. Prädikat: „künstlerisch wertvoll" bzw. „sehr gekonnt"!

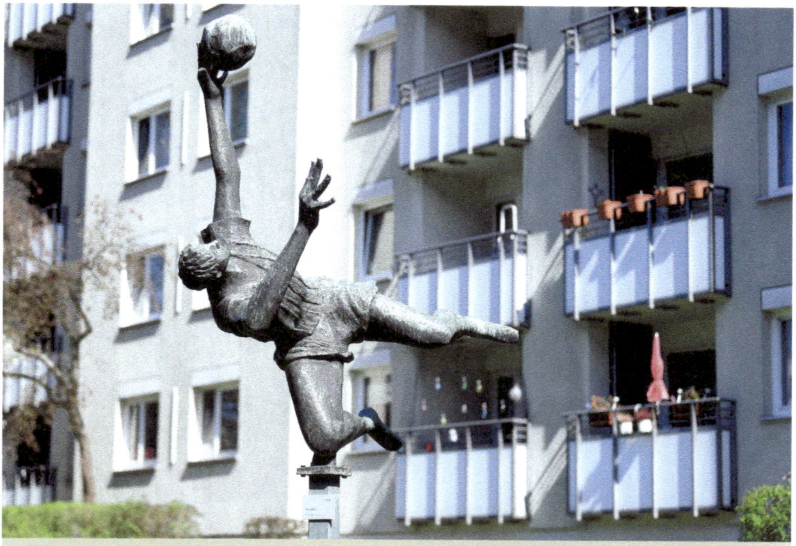

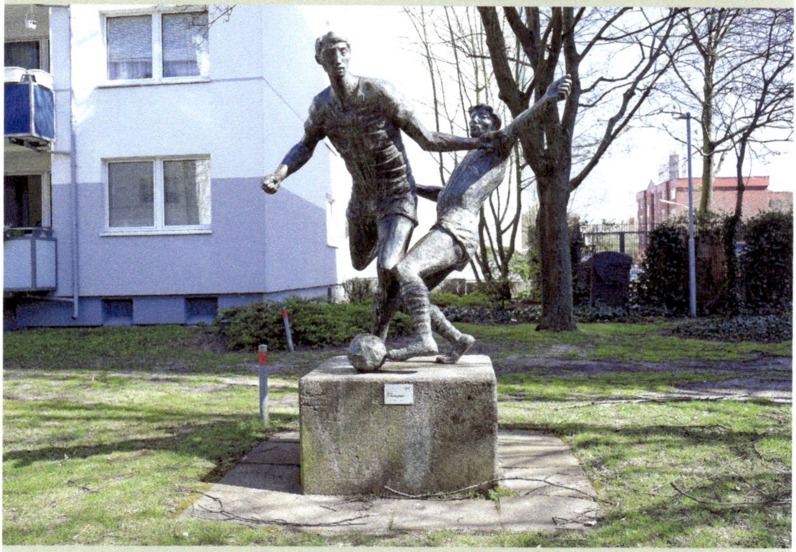

HARTE 4 FAKTEN

Adresse: Neuenfelder Straße/Wilhelm-Strauß-Weg, 21109 Hamburg

SAGA GWG: 136.000 Wohnungen, 270.000 Mieter (Stand: 6/2020)

Mehr von Brandes: www.kulturkarte.de/hamburg/SkuGeBra

Buchtipp: Thomas Wittkuhn: SkulpTouren. Wege zur Kunst am Bau in Hamburg. Hamburg: Verlag Thomas Zang 2011

Sportanlage Am Turnplatz

Der unsichtbare Tod

Der kleine Grandplatz in Kirchdorf ist ein Idyll. Malerisch liegt er zwischen grünen Wiesen, wilden Brombeersträuchern und wasserblauen Wettern. Doch die Tage der Anlage scheinen gezählt. Vom Bezirksamt als „entbehrlich“ eingestuft, soll sie dem Wohnungsbau weichen. Einst war der Grund Heimat des TV Jahn, der heute im SV Wilhelmsburg aufgegangen ist. In den 1940er-Jahren konnte man hier erstklassigen Handball sehen, wenn die Platzherren in der Gauliga um Punkte kämpften und gegen den deutschen Meister, den Polizei SV Hamburg, antraten.

Die fußballsportliche Geschichte ist weniger spektakulär. In der Regel bewegte sich das Zuschaueraufkommen bei 100 bis 500 Personen. Am 20. 5. 1928, dem Tag der Reichstagswahl, sollen noch weniger auf der Anlage am Turnplatz gewesen sein, was eine glückliche Fügung des Schicksals war. Die Partie zwischen Jahn und Gut Heil Moorburg war in vollem Gange, als plötzlich einige Spieler zusammensackten und sich von Krämpfen geplagt herumwälzten. In der Luft lag der Geruch von Heu. Bei einigen Weltkriegsveteranen wurden schreckliche Erinnerungen wach: Das ist doch „Grünkreuz“, Phosgen!

Fünf Moorburger Spieler mussten zur stationären Behandlung in ein Krankenhaus. Was war passiert? Im nahen Industriegebiet Peute war auf dem Gelände der Chemischen Fabrik Stoltzenberg ein Kesselwagen undicht geworden. Schwaden des tödlichen Gases traten aus, waberten Richtung Süden nach Georgswerder und trafen schließlich Kirchdorf. Emma Gereke, Schwester des HSV-Spielers Ernst Seikowski und selbst leidenschaftliche Kickerin auf den Höfen des Bahnhofsviertels, war Augenzeugin: „Ich bin nicht mit dem Gas in Berührung gekommen, das sich unsichtbar in Senken festsetzte. Es gab aber viele Wilhelmsburger, die verätzte Lungen bekamen und mit den Spätfolgen zu kämpfen hatten. Wie viele Menschen damals wirklich starben, ist nie geklärt worden.“ Auch nicht, was das verbotene Giftgas eigentlich auf der Peute zu suchen hatte. Die Firma Stoltzenberg hatte ein Problem, ebenso die Reichswehr und einige Politiker, denen man ein verbotenes chemisches Rüstungsprojekt nachsagte. Die Welt hielt den Atem an …

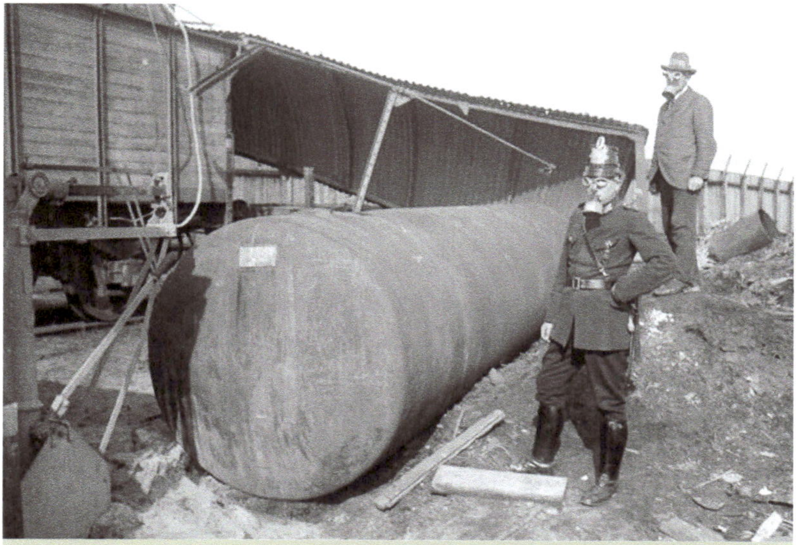

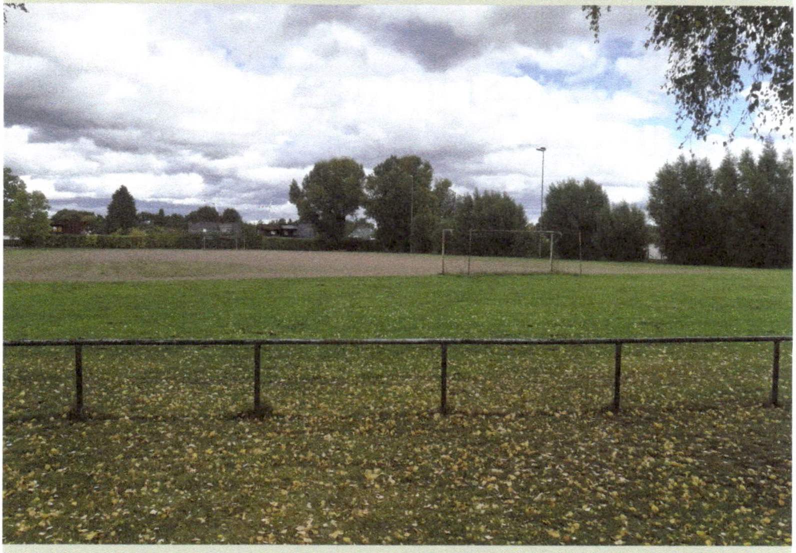

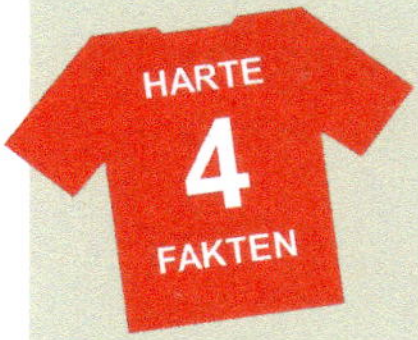

Adresse: Am Turnplatz 1, 21109 Hamburg

Offizielle Opferzahl: 12 Tote und 324 Verletzte

Filmische Verarbeitung: „Giftgas" (1929, 87 Minuten)

Musikalische Verarbeitung: „Gaslied" der Berliner Agitprop-Truppe „Rote Raketen" (1929)

Phoenix-Werke

Fußballträume aus Kautschuk

Der Harburger ist gerne direkt: „Spielt die deutsche Fußball-Blase!" forderte eine Plakat-Serie der Phoenix-Gummiwarenfabrik in den 1920er-Jahren auf. Der Konzern wandte sich gerade dem größer werdenden Markt der Sportartikel zu und fertigte nun u. a. Turnschuhe, Fußballstiefel, Tennisbälle und eben Fußballblasen. Angefangen hatte es im 1856 von der jüdischen Bankiersfamilie Cohen gegründete Unternehmen mit modernen Schuhsohlen, die aus der unförmigen Kolonialware Kautschuk hergestellt wurde. Später kamen dann Reifen für Flugzeuge, Automobile und Fahrräder dazu, die den Hauptteil der Produktion ausmachten und weltberühmt waren.

Die Produkte aus Harburg standen im Ruf, qualitativ hochwertig und strapazierfähig zu sein – so auch die besagte Fußballblase, die es durchaus mit den Marktführern aus England aufnehmen konnte. Als die deutsche Nationalmannschaft 1927 im Altonaer Stadion gegen Norwegen antrat, befand sich im braunen Lederball eine Phoenix-Blase. Und auf der Tribüne warb ein überdimensionales Transparent für das Harburger Qualitätsprodukt. Ball und Mannschaft harmonierten und triumphierten: 6:2 hieß es am Ende für die Adlerträger. Im Jahre 1929 stellte Phoenix auch die offizielle Blase für das Bundespokalendspiel zwischen Berlin-Brandenburg und Norddeutschland, womit der Konzern auch in einer entsprechenden Annonce warb. Mit dabei in dem Finale waren auch die Harburger Karl Schütt (SV Harburg) und Heinrich Johanniesson (Verein für Rasensport), die beinahe im Schatten der mächtigen Fabrik aufgewachsen waren. Geholfen hat es ihnen nichts. Sie verloren deutlich mit 1:4. Vielleicht hätten sich Schütt und Johanniesson am Werkstor eine entsprechende Phoenix-Blase reichen sollen – zum Studium der Flugeigenschaften ...

Seit 2007 gehört das Unternehmen zur Continental AG, deren Hauptsitz Hannover ist. In Harburg konzentriert man sich auf die Fertigung von Dichtungen und Luftfederungen. Die Sportartikel verschwanden bereits in den 1980er-Jahren aus dem Sortiment. Die Luft war raus.

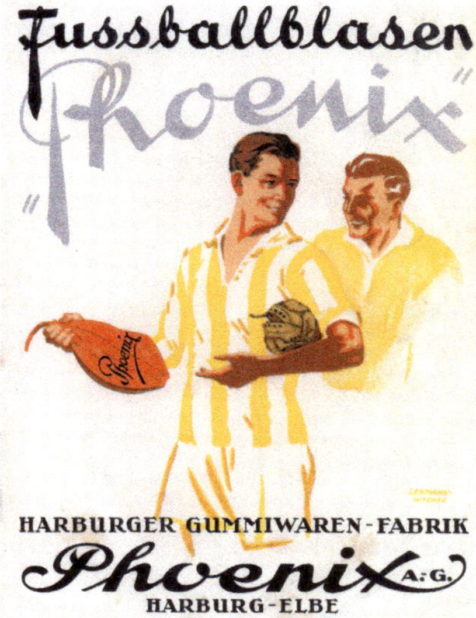

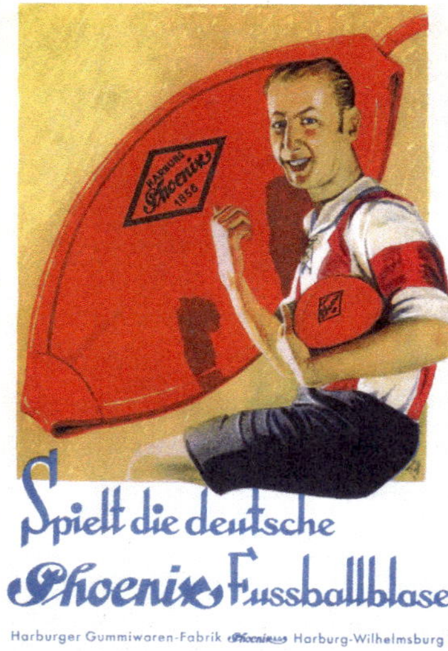

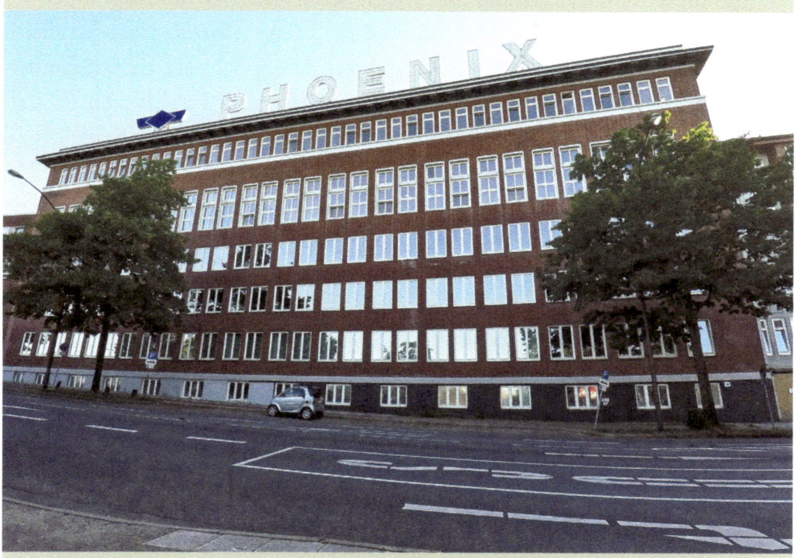

HARTE 4 FAKTEN

Adresse: Hannoversche Straße 100, 21079 Hamburg

Kunstsammlung Falckenberg: Wilstorfer Straße 71, Fabrik-Tor 2

Werkself: BSG Phoenix (Tor-Produktion längst eingestellt)

Bundesliga: Sponsor und Namensgeber des TV Fischbek (Frauen-Volleyball; DM-Dritter 2003, Pokal-Finalist 2002 + 2004)

Mopsberg

Olymp der Straßenfußballer

Wie die Anhöhe zwischen Altem Friedhof und Stadtpark zu ihrem lustigen Namen kam, darüber gibt es verschiedene Versionen: Eine führt bis ins Kaiserreich zurück. In jenen Jahren soll eine fein gekleidete Dame regelmäßig ihren Hund im Quartier Gassi geführt haben. Der pummelige Mops sei dabei mächtig ins Schnaufen gekommen, beim Anstieg auf den 31 Meter hohen Hügel.

Gesichert ist, dass in den 1920er und 30er-Jahren das Gebiet zu einem bedeutenden Treffpunkt für Fußballkünstler wurde. In Zeiten von Arbeitslosigkeit und politischer Instabilität trafen sich dort die talentiertesten Kicker der Region – viele von ihnen wohnten in der unmittelbaren Nachbarschaft. Die „Mopsberger" traten auf dem angrenzenden Sportplatz an der Harmsstraße gegen andere Straßenmannschaften an und erwarben sich schnell einen legendären Ruf. „Hier sieht man die besten Spieler der Stadt", hieß es. Zuschauer kamen in Scharen, um die Ballvirtuosen in Aktion zu erleben. Während der Spiele ging dann zugunsten der meist arbeitslosen Kicker eine leere Fußballhülle um, die am Ende prall mit Geldstücken gefüllt war. Für eine ganze Generation von Spitzenspielern war das Quartier ein erster Spiel- und Lernraum: Rudi Noack (Foto o.), Richard und Friedo Dörfel und Rudi Greifenberg (alle später beim HSV) kickten dort ebenso wie die späteren Gauligaspieler Wilhelm Griebe (Rasensport Harburg) und Paul Noack (Borussia Harburg). „Wir sind fast alle bei den großen Vereinen untergekommen. Vermutlich hat das am Umfeld gelegen. Das Arbeiterquartier bot einen guten Nährboden", erinnerte sich Greifenberg.

Im Krieg wurden zahlreiche Wohnhäuser am Mopsberg zerstört. Die Steine brachen, die Sozialstruktur des Quartiers änderte sich im Laufe der Jahre, der Fußball jedoch blieb am Mopsberg immer zu Hause. Friedo Dörfel betrieb in den 1960er-Jahren in der Würffelstraße 1 die Gastwirtschaft „Dörfels Eck", in der er die Gäste mit Astra und Anekdoten versorgte. Bis zu fünf Teams nutzten die Kneipe mitsamt der im Keller gelegenen Duschkabinen als Clubhaus. Gegenwärtig spielt Harburg Türksport auf einer 2011 eingeweihten Sportanlage (Foto u.), und sogar einen kleinen Bolzplatz für die „Jungs und Deerns von der Straße" gibt es dort. Der Mopsberg lebt!

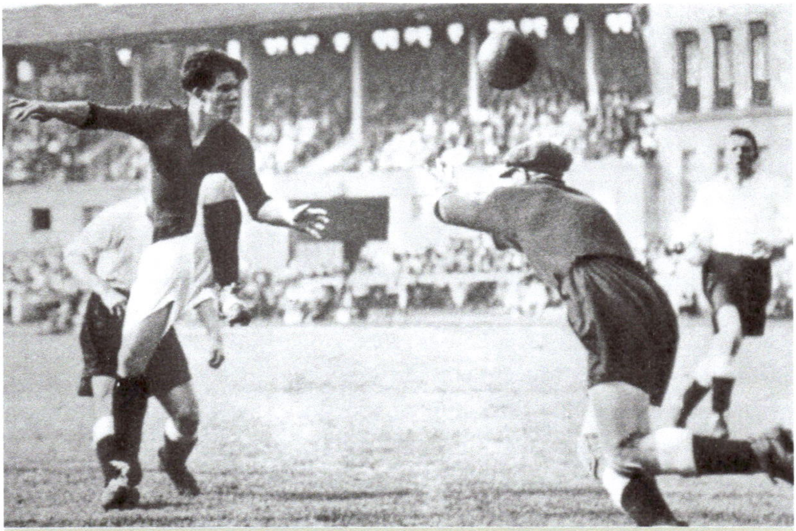

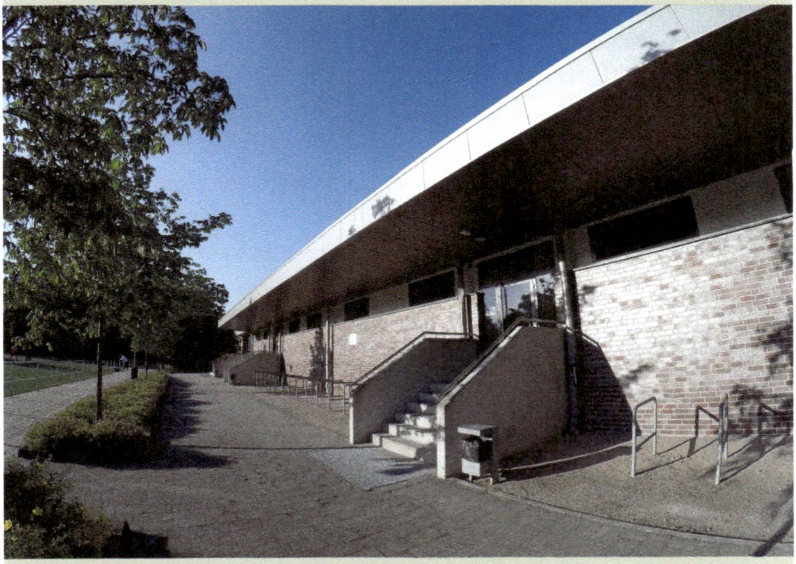

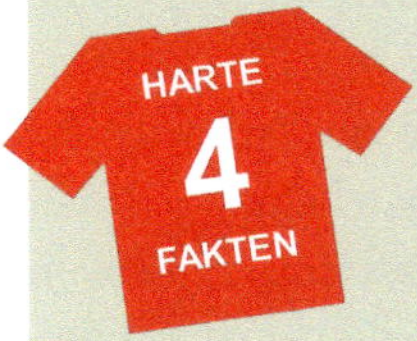

Adresse: Baererstraße 45a, 21073 Hamburg

„Mopsberger Höhe“: Sportplatz des FC Britannia (1910)

„Mopsberg“: Fanclub des FC St. Pauli (1988–2014)

„Dörfels Eck“: Name einer Kolumne von Charly Dörfel im Vereinsmagazin „HSVlive“ (seit Januar 2020)

Sportplatz Rabenstein

Esst Heringssalat!

Rabenstein – allein der Name lässt Sprachbeflissene schaudern, wurde so doch volkstümlich eine gemauerte Hinrichtungsstätte genannt. Ob hier im Mittelalter tatsächlich geköpft oder gehenkt wurde, ist nicht mehr feststellbar. Sicher aber ist, dass der Verein für Rasensport hier 1921 einen Fußballplatz errichten ließ und es zumindest sportlich Manchem an den Kragen ging. Der Bau war ein Kraftakt; Gönner und Ideen waren gefragt: Carl Maret, Direktor der Phoenix-Werke, schenkte 15.000 Mark aus seinem Privatvermögen. Weitere Einnahmen generierte der Klub aus eigenen Lotterien und dem Verkauf von selbstgemachtem Heringssalat auf dem Stiftungsfest. Im Eröffnungsspiel gegen den Lokalrivalen FC Borussia (1:1) führte NFV-Präsident August Bosse höchstpersönlich den Anstoß aus.

Der Ball lief nun wie am Schnürchen. So erreichte Rasensport in den 1920er-Jahren mehrfach die Endrunde um die norddeutsche Meisterschaft und feierte später umjubelte Aufstiege – 1935 in die Gauliga Niedersachsen, 1938 in die Gauliga Nordmark. Viele Spieler reiften zu sportlicher Größe: Heinrich Johanniesson stand 1929 mit der NFV-Auswahl im Finale des Bundespokals, Rudolf Greifenberg wechselte 1936 zum HSV, Wilhelm Griebe wurde 1938 von Nationaltrainer Herberger zu einem Lehrgang berufen und stand gemeinsam mit Wilhelm Leßle 1939 in der Hamburger Auswahl. Über allem stand aber der Name Hermann Knupper, der von 1920 bis 1952 durchgehend den Spielausschuss leitete. Legendär seine abendlichen Rundgänge, um zu sehen, ob die Spieler auch schon schlafen, gefürchtet sein Fachwissen und seine Eingaben an das Schiedsgericht („Protest-Knupper"). 1924 sah er in Leipzig den FC Aberdeen und vereinbarte mit den Schotten ein Gastspiel am Rabenstein (1:6). Ähnliches gelang Rasensports jüdisch-ungarischem Trainer Guyla Kertesz, der im selben Jahr Ferencvaros Budapest (0:3) nach Harburg holte.

Bei Kriegsende schien dann alles verloren: Die Anlage ein Parkplatz der Briten, die Holzbalustrade wanderte in den Ofen. Doch man kämpfte. Rasen nebst Barriere wurden hergerichtet, und zur Wiedereröffnung 1950 kam sogar der HSV. Heute ist der Rabenstein 100 Jahre alt und einer der letzten historischen Spielorte der Stadt. Eine zauberhafte Zeitkapsel.

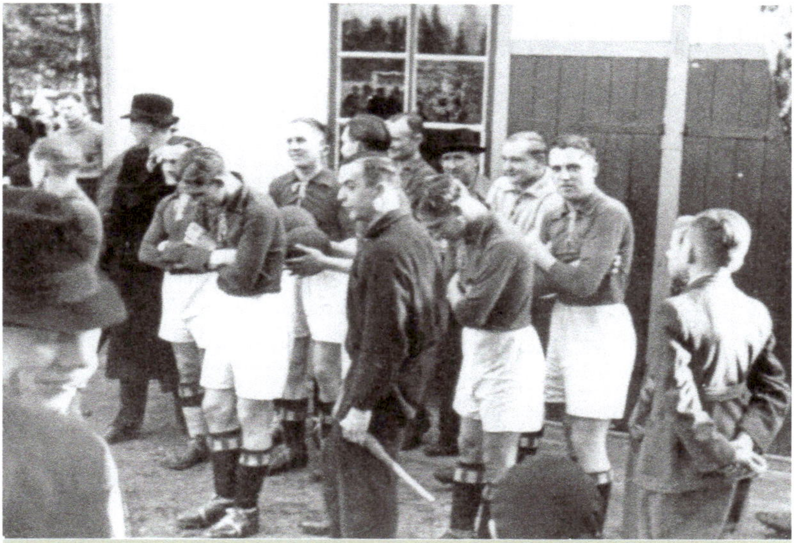

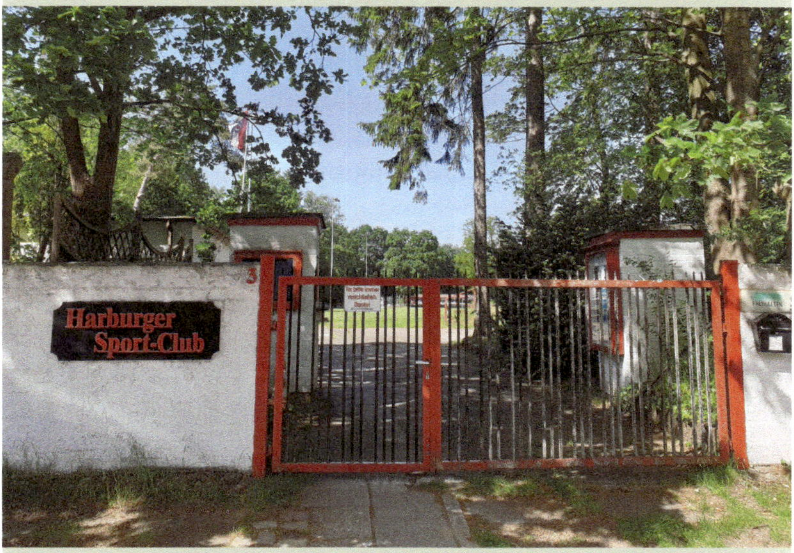

HARTE 4 FAKTEN

Adresse: Hölscherweg 11, 21077 Hamburg

Zweckehe: Fusion mit dem FC Borussia zum Harburger SC (1970)

Frischfisch: Mimi Kirchner, Sand 25 (seit 1919)

Rekordkulisse: 9.000 vs. HSV 2:3 (Platzeinweihung, 4. 8. 1950)

Harburg/Eißendorf 090

Sportplatz Eichenhöhe (historisch)

Vom Winde verweht

Paul Duysen, Herausgeber der „Hanseatischen Sportzeitung“, fand wenig schöne Worte für die Eichenhöhe. Der Platz sei ein „kleiner Holperacker“, in „der Spielfeldmitte fast grasnarbenlos“ und zudem „unerträglich staubig bei leisestem Windsäuseln“. Ein hartes Urteil, hatte der FC Borussia doch viel Arbeit in die Anlage gesteckt, dazu auch noch ein wetterfestes Umziehhäuschen errichtet. Gewiss, der Norddeutsche Meister von 1917 und Vizemeister von 1920 hätte eine repräsentative Anlage verdient gehabt, mit einer kleinen Tribüne. Doch die Mittel waren knapp in Harburg.

Der neue Platz wurde 1927 gegen 1860 München eingeweiht. Ein echter Coup, schließlich galten die „Sechzger“ zu diesem Zeitpunkt als eine der besten Mannschaften Deutschlands und siegten auch standesgemäß mit 4:1. In der Folgezeit entwickelte sich das Areal zu einem der gefürchtetsten Sportplätze im Norden. Das musste im Mai 1932 auch Austria Wien erleben, eine Mannschaft von „kontinentaler Spitzenklasse“, angeführt vom legendären Matthias Sindelar. Doch von dessen Spielkunst war nicht viel zu sehen. Ob dem „Papierenen“ der Harburger Wind zu scharf um die Ohren blies? Erst mit der letzten Aktion der Partie gelang Austria der schmeichelhafte 1:1-Ausgleich. Borussias überragender Paul Noack hatte in der ersten Hälfte noch auf Anweisung hin einen Elfmeter verschossen. Man hatte Angst, nach einem frühen Tor von zornigen Wienern auseinandergenommen zu werden. Ebenfalls legendär: Das Duell mit Werder Bremen im September 1936. Niedersachsens Gaumeister führte bereits mit 4:1, wurde dann jedoch in einer atemberaubenden halben Stunde zu Fischhäppchen verarbeitet. In der letzten Minute stellte ein Elfmeter Borussias 5:4-Sieg sicher.

Als Erfolge und Zuschauer schwanden, fusionierte Borussia am 12. März 1970 mit dem Erzrivalen Rasensport zum Harburger SC, der nur zwei Monate später aus der Landesliga abstieg und nie mehr zurückkehrte. 1983 musste die Eichenhöhe schließlich einem Seniorenwohnheim weichen. Übrig geblieben sind lediglich die Eichen, die einst die Spielstätte umfassten und ihr den Namen gaben. Fest verwurzelt säuseln sie noch immer im süderelbischen Wind.

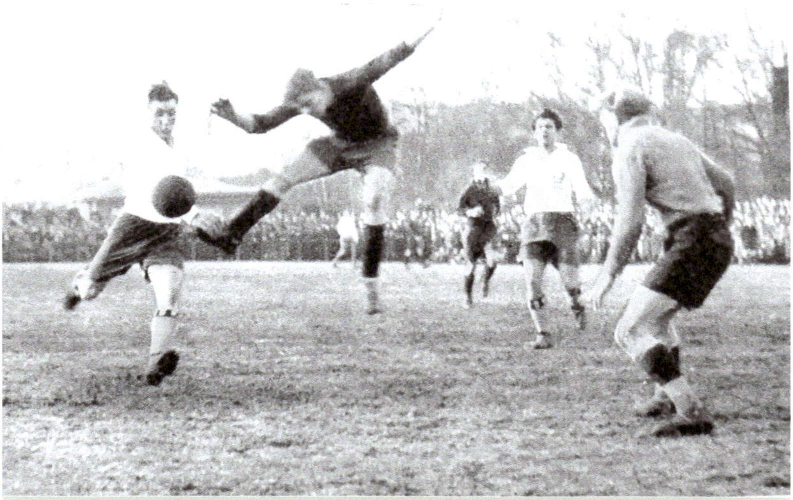

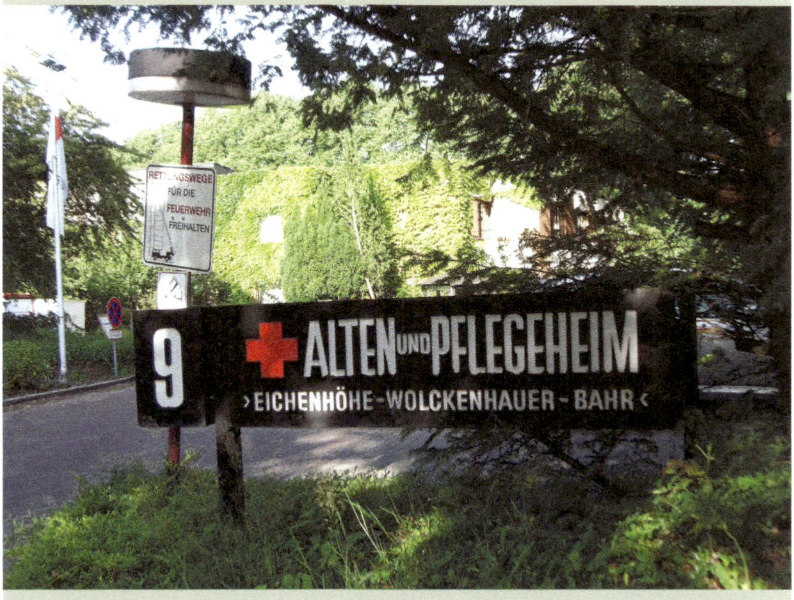

HARTE 4 FAKTEN

Adresse: Eichenhöhe 9, 21073 Hamburg

Eichenhöhe: bis max. 40 m; dt. Rekord: 35,5 m (Ivenack)

Kapazität heute: 130 Wohn- und Pflegeplätze

Rekordkulisse: 6.000 vs. Viktoria Wilhelmsburg 2:1 (Oberliga Nordhannover, 14. 2. 1932)

Sportpark Jahnhöhe

Turner, Titel, Triumphe

Der Harburger Turnerbund war seit jeher ein Verein der besonderen Möglichkeiten. 1865 von Kaufleuten, Fabrikanten, Privatiers und zwei späteren Senatoren gegründet, erwarb der Verein 1907 für viel Geld einen unebenen Acker am Lokal „Eißendorfer Schweiz". Dort errichteten die Mitglieder eine großflächige Sportanlage, die sogar über eine Straßenbahnanbindung verfügte. 1922 wurde das Areal dann nochmals großflächig erweitert, seitdem prangt der Name „Jahnhöhe" auf den historischen Kassenhäuschen. Der 1. Vorsitzende Heinrich Heuer schrieb begeistert: „Vom höchsten Punkt unseres Platzes kann der Blick zu den langgedehnten Hügelwellen des Sachsenwaldes und den fern leuchtenden Dächern Lauenburgs schweifen. Im Süden und Südosten kann man Winsen und bei klarem Wetter die Türme Lüneburgs erkennen."

Die fußballsportlichen Aussichten waren zunächst trüb: 1910 war die Abteilung gegründet worden und stand lange im Schatten der örtlichen Konkurrenz von Borussia und Rasensport. Nach der „reinlichen Scheidung" mit dem DFB (1924) spielte der HTB dann beinahe unbeachtet mehrere Jahre unter dem Dach der deutschen Turnerschaft. Dort errang der Verein am 29. Juli 1928 in Köln überraschend den deutschen Meistertitel nach einem 1:0-Sieg über den TV Leipzig-Paunsdorf. Die goldenen Jahre sollten jedoch noch kommen, wieder im DFB und eingeläutet von dem Aufstieg in die Oberliga Nord 1949. In der Saison 1952/53 wurden auf heimischem Geläuf eine ganze Reihe von sportlichen Schwergewichten erlegt: Holstein Kiel (3:1), Werder Bremen (3:2) und Hannover 96 (2:1). In Erinnerung geblieben ist aber vor allem der 1:0-Sieg im Februar 1954 über den HSV, als Edmund Adamkiewicz über seinen Ex-Klub triumphierte und dem Lokalfußball eine immergrüne Tresengeschichte bescherte.

Danach setzte ein sportlicher Niedergang ein. Einige Funktionäre wollten 1970 mit dem Phoenix-Konzern eine Kehrtwende einleiten und zu einem großen Werksverein fusionieren, um wieder konkurrenzfähig zu sein. Doch die Idee scheiterte am Veto der Mitglieder. Heute spielen die Herren in der Landesliga. Die B-Juniorinnen jedoch treten in der Bundesliga an. Erstklassige Aussichten!

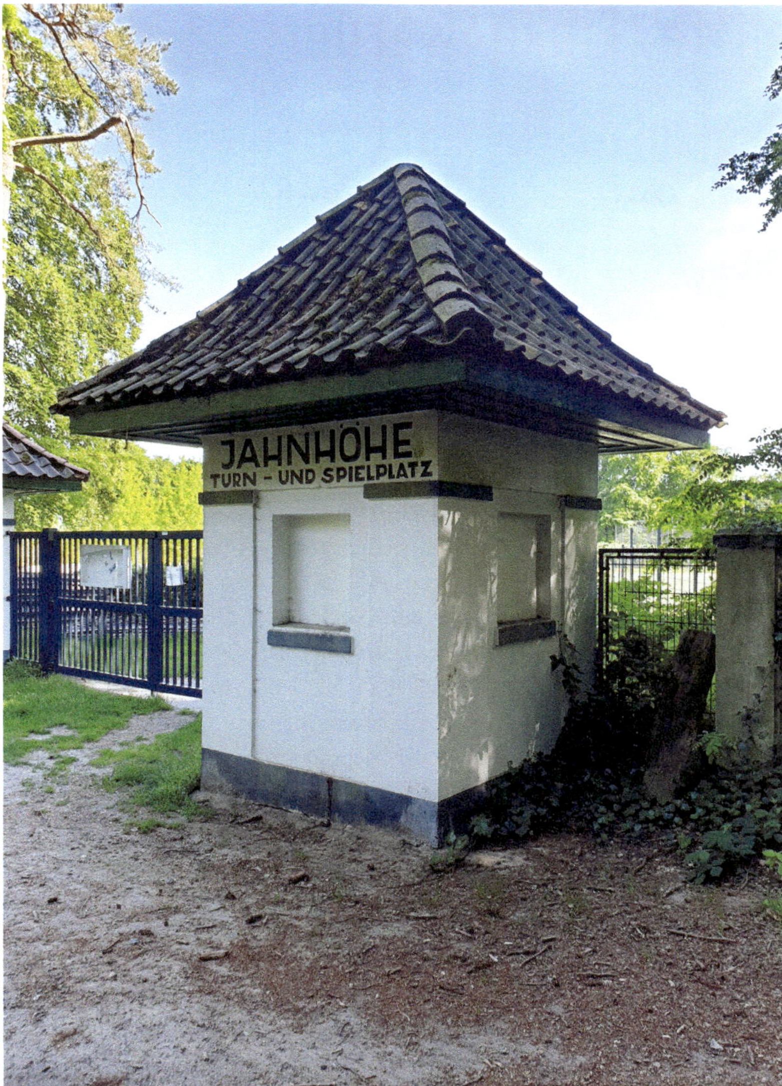

HARTE 4 FAKTEN

Adresse: Vahrenwinkelweg 28, 21075 Hamburg

Neugestaltung: Umbau zum modernen Sportpark (2008/09)

Finale: Länderpokal Hamburg vs. Nordbaden 1:2 (29. 6. 1969)

Rekordkulissen: 12.000 vs. HSV 2:5 (Oberliga Nord, 7. 2. 1954) und Arminia Hannover (Oberliga-Aufstiegsrunde, 2. 5. 1959)

Sportplatz Finksweg

Elf Flaschen müsst ihr sein!

Diese Lage! Direkt neben einer Badeanstalt. Mit Blick auf den Elbstrom und den Backsteinturm der Lotsenstation am Seemannshöft, der den Pegelstand anzeigt. Wortspiel-Möglichkeiten ohne Ende. Doch wir machen den Chancentod. Passt besser zu dieser Fußball-Story, die im Oktober 1970 begann.

Damals identifizierte die Bild-Zeitung den FC Auwald aus dem schwäbischen Dietenheim als „schlechteste Fußballelf" der Nation: Mit 1:80 Toren punktloses Schlusslicht in der C-Klasse Donau. Unabsteigbar, weil ohnehin schon in der untersten Liga. Im Tor der als „gehbehindert" eingestufte „flotte Hotte", im Feld Akteure mit einem Kampfgewicht von über zwei Zentnern und entsprechend eingeschränkter Feinmotorik und Ausdauer. Die Boulevardjournalisten regten ein „Treffen von Deutschlands größten Fußball-Blindgängern" an und machten sich auf die Suche nach einem „ebenbürtigen" Gegner. Die Wahl fiel auf die Kneipenkicker von FC Pinguin Finkenwerder, die mit einer vielversprechenden Torbilanz von 8:150 aufwarten konnten. Am 1.2.1971 der Showdown der Trümmertruppen vor 2.000 Schaulustigen: Bei nasskalter Witterung und auf schwerem Geläuf kamen die von der mehr als 700 Kilometer langen, feucht-fröhlichen Anreise sichtlich geschlauchten Hanseaten mit 1:14 unter die Räder. Augenzeugenberichten zufolge sollen die Gäste teilweise betrunken aus dem Bus gefallen sein. Immerhin: Im Hamburger Rückspiel rehabilitierten sich die Pinguine vor ebenfalls stattlicher Kulisse im Volksparkstadion mit einem 5:0-Sieg. Uwe Seeler und Willi Schulz fungierten bei diesem Vorspiel der Bundesliga-Partie des HSV gegen RW Oberhausen als Linienrichter.

Nicht lange nach dem geschichtsträchtigen Gegurke waren die beteiligten Teams selbst Geschichte: Der FC Auwald wurde 1974 aufgelöst, und auch die Pinguine tauchten ab. In den Verbands-Archiven jedenfalls findet sich von ihnen keine Spur. Auch nicht, als 1973 die Hamburger Freizeit Fußball Gemeinschaft gegründet wurde. Den Platz aber, auf dem sie sich einst ihren zweifelhaften Ruhm erstolperten und für die denkwürdigen Dilettanten-Duelle qualifizierten, gibt es noch immer. Ein Besuch lohnt: Das Grand-Feld zählt zwar nicht zu den bestgepflegten, ganz sicher aber zu den bestgelegenen Spielstätten Hamburgs.

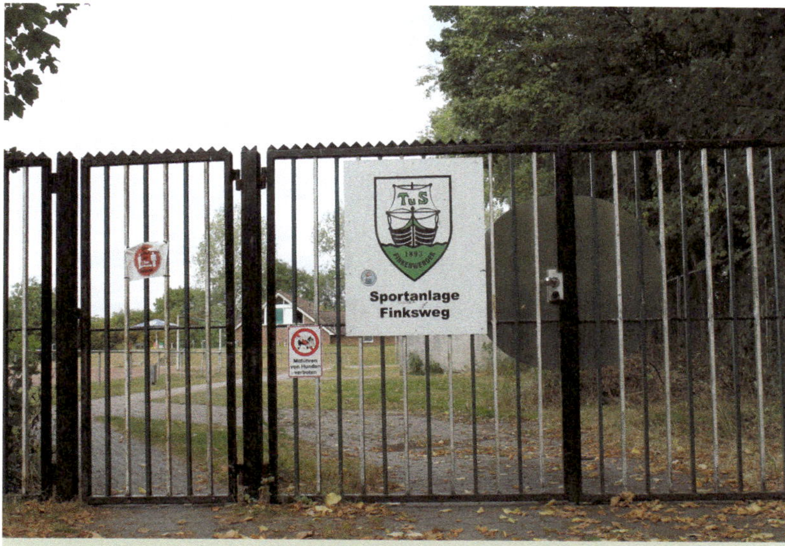

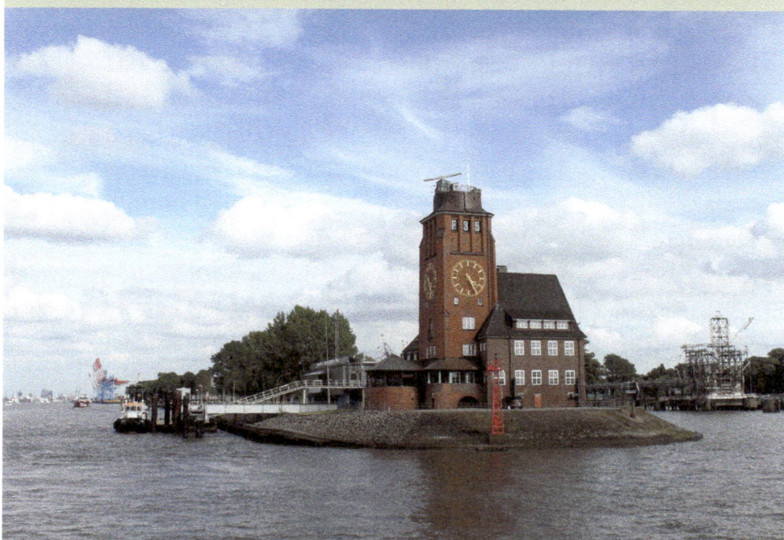

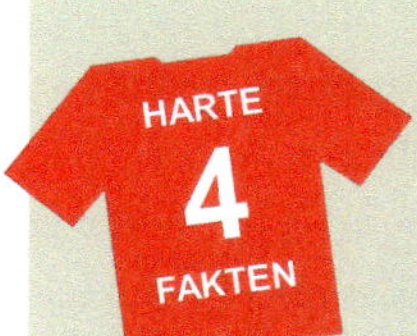

Adresse: Finksweg, 21129 Hamburg

Hinspiel: 14:1 für Auwald (1.2.1971, 2.000 Zuschauer)

Rückspiel: 5:0 für Finkenwerder (20.3.1971, bis zu 13.000 Z.)

Hin-/Rückreise: Mini-Elb-Kreuzfahrt ab Landungsbrücken, HADAG-Hafenfähre (Linie 62), Fahrtzeit/-Preis: 32 Minuten/3,40 €

Blohm+Voss

Schwimmende Abwehr und echte Nieten

Welches war Hamburgs größter Fußballverein? Eine kniffelige Frage. Viele Experten nennen den HSV, einige den FC St. Pauli oder den ETV. Der Name Blohm+Voss fällt nicht. Dabei hatte die traditionsreiche Werft 1937 eine Betriebssportgemeinschaft ins Leben gerufen, die sich unter der Leitung von Hans Kirchmann (SC Hermannia Veddel) rasant entwickelte: So konnte der Sportwart bereits in der Spielzeit 1938/1939 sage und schreibe 32 Mannschaften auflisten. Die traten zunächst noch gegeneinander in einer eigenen „Blohm+Voss-Liga" an: „Da spielte die Kleiderkammer gegen die Lagerfeuerwehr und Ingenieure gegen Werftarbeiter", erinnerte sich Herbert Müller, der dort als Konstrukteur arbeitete und für den FC St. Pauli kickte.

Die große Anteilnahme hatte einen politischen Hintergrund: Jeder, der körperlich dazu in der Lage war, hatte in seinem Unternehmen Sport zu treiben. Als Ziele wurden neben der „Gesunderhaltung" die „Gemeinschaftserziehung, Wehrertüchtigung und rassische Vervollkommnung" ausgegeben. Paramilitärische Sportangebote wie Kleinkaliberschießen und Hindernislauf waren in der Belegschaft aber eher unbeliebt. Der Werftarbeiter wollte kicken. Und so trat die BSG Blohm+Voss bald auch gegen andere Firmen an. Zusätzlich meldete Hans Kirchmann im Jahre 1940 eine Mannschaft für den Spielbetrieb im „Reichsbund für Leibesübungen" an. Sie kickte auf dem fernen Forsthof und dem Eimsbütteler „Sparbier-Platz" in der mehrgleisigen 3. Liga. Viele Werften und Reedereien kämpften damals organisiert um Punkte, so die Afrika-Linien, Hamburg-Süd und auch die Hamburger Seeleute. Blohm+Voss blieb trotz zahlreicher Luftangriffe bis Kriegsende im turbulenten Spielbetrieb aktiv. So verloren die Männer von der Werft u. a. 1944 gegen die HSV-Reserve deutlich mit 0:7, konnten aber ihrerseits noch am 21. 1. 1945 einen 11:0-Kantersieg über Nienstedten verbuchen.

Als sich nach dem Krieg der „Betriebssportverband Hamburg" gründete, nahm auch Blohm+Voss an der dortigen Meisterschaftsrunde teil. Die Anzahl der kickenden Werftarbeiter nahm jedoch stetig ab. Gegenwärtig werden keine Mannschaften mehr für die Fußballwettkämpfe gemeldet. Nietenpupen un Footballspeel, dat is vörbi …

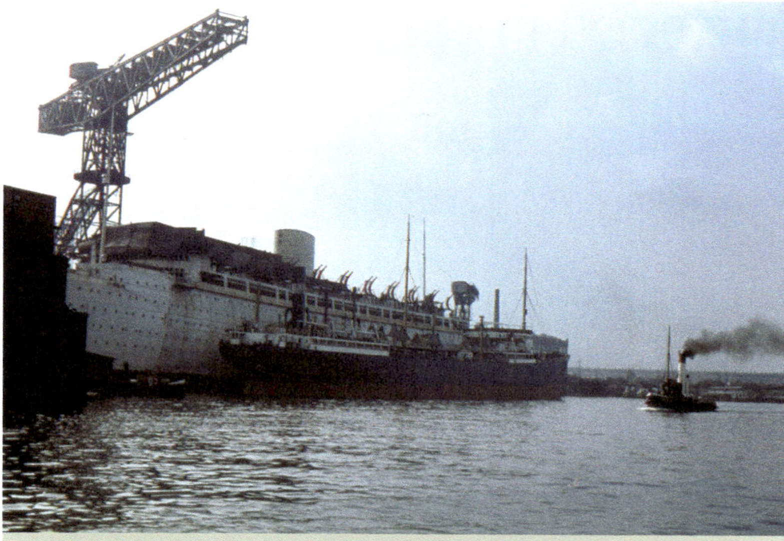

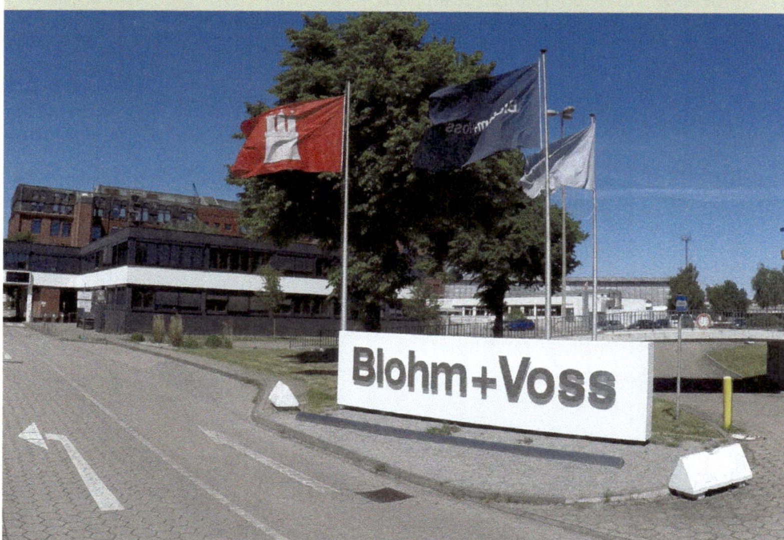

HARTE 4 FAKTEN

Adresse: Hermann-Blohm-Straße 3, 20457 Hamburg

Gründung: 1877 durch Hermann Blohm und Ernst Voss

Weltmeister: größtes Schwimmdock (1908) und Kran (1913)

Verbliebene Hafen-Kicker: Betriebssportgruppen Hamburg Port Authority, HAPAG-Lloyd, Zoll Hamburg/Wasser, HHLA

Theater an der Elbe

Das Wunder von Hamburg

Das Interesse an den 54er-Weltmeistern war auch 750 Kilometer nördlich des Berner Wankdorf-Stadions riesig. Schon immer. Vier Tage nach dem 3:2 über Ungarn bereiteten mehr als 100.000 Hamburger den HSVern Jupp Posipal und Fritz Laband am Hauptbahnhof einen triumphalen Empfang. Und am 22. 2. 1956, einem Mittwochnachmittag (!), strömten 20.000 bei klirrendem Frost zum Rothenbaum-Sportplatz. Der HSV hatte als erster Verein überhaupt als Anerkennung für die Abstellung von Nationalspielern ein „Benefiz-Gastspiel" der DFB-Auswahl erhalten. Vom WM-Aufgebot wirkten beim 4:1 neben den beiden Lokalmatadoren vom HSV im Adlerdress zwar nur noch Linksaußen Schäfer, Keeper Kwiatkowski und Verteidiger Erhardt mit, doch der Begeisterung tat das keinen Abbruch.

Kein Wunder, dass das „Wunder von Bern" auch mehr als ein halbes Jahrhundert später noch zog. Über eine Million Zuschauer verfolgten in mehr als 500 Vorstellungen das gleichnamige Musical, das inhaltlich und dramaturgisch auf dem Kinofilm von Sönke Wortmann aus dem Jahr 2003 basiert – eine bewegende Vater-Sohn-Geschichte im Nachkriegsdeutschland. Zur Welt-Uraufführung am 23. 11. 2014 gaben sich neben „Bern-Veteran" Horst Eckel auch die beiden Film-Hauptdarsteller Peter Lohmeyer und sein Sohn Louis Klamroth im neu erbauten Theater an der Elbe die Ehre. Das wegen seiner innovativen Bühnentechnik sogar international gefeierte dreistündige Musical vermochte auch sportlich zu überzeugen, schließlich gehörten die beiden Fußball-Artisten Adrian Fogel und Dominik Kaiser (Foto u.) zum festen Ensemble und ließen gekonnt das Leder tanzen. Der Rezensent des Deutschlandfunks notierte anerkennend: „Ab und an pompös, drei, vier unglaubliche Choreographien, mit und ohne Ball, zwei, drei technische Bühnentricks par excellence."

Die 15 Millionen Euro teure Eigenproduktion von Stage Entertainment war das erste Stück in dem auf dem Gelände der früheren Stülcken-Werft errichteten Haus in bester Hafenlage. Anfang 2017 hieß es: „Aus, Aus, Aus – das Spiel ist aus!" Von Bern ging es danach mit den Hits von Udo Jürgens nach New York, dann tanzten an der Elbe die Vampire, Mary Poppins und Pretty Woman, und ab August 2021 soll hier die Eiskönigin regieren.

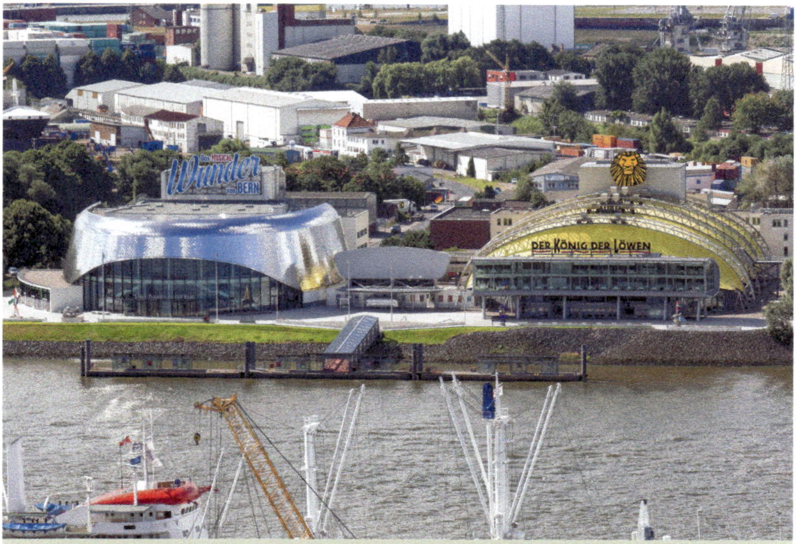

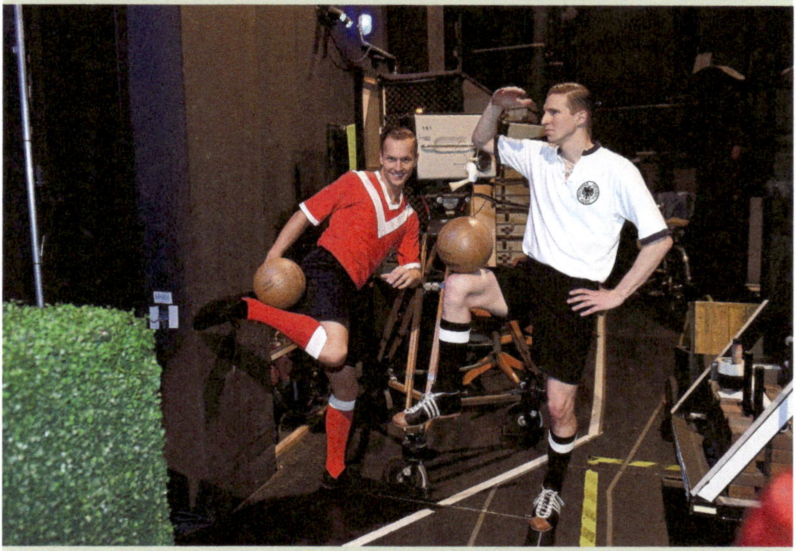

HARTE 4 FAKTEN

Adresse: Norderelbstraße 8, 20457 Hamburg

Original: Bern, 4. 7. 1954 (62.471 Zuschauer)

Re-Play: Hamburg, 23. 11. – 5. 1. 2017 (> 1 Mio. Besucher)

Top 3: Cats (1986–2001; 6,2 Mio.), Phantom der Oper (1990–2001, 2013–15; 7,8 Mio.), König der Löwen (seit 12/2001; > 14 Mio.)

Barkasse „Peter"

Seemannsgarn und Klabautermänner

Barkassen-Kapitäne sind eine ganz besondere Spezies. „He lücht" („Er lügt") werden sie liebevoll genannt, weil sie den Hafen-Touristen neben allerlei Wissen auch reichlich Seemannsgarn in Form von „Döntjes" und „Tünkram" auftischen. Ein „He lücht" aus dem Bilderbuch war Ludwig „Lutn" Alm: kräftige Statur, lockeres Mundwerk. Dazu noch ein exzellenter Torwart.

Dass Fußballer mindestens so abergläubisch wie Seeleute sind, erfuhr Alm während in seiner Zeit beim FC St. Pauli (1948–51). Die Geschichte geht so: Erna, seine Herzensdame, wich ihrem Lutn nicht von der Seite, stand bei den Spielen am Millerntor stets direkt hinterm Kasten, argwöhnisch beäugt von den Klub-Oberen. Die mochten die Frau ihres Keepers wohl leiden, stellten aber unmissverständlich klar: „Eine Frau als unser zwölfter Mann? Das geht nicht, das bringt Unglück!" Die klare Ansage: „Erna, pass auf! Du heißt ab sofort Peter!" Ludwig und Erna Alm hatten Verständnis. Mehr noch: Ihnen gefiel der neue Name so gut, dass sie auch ihr Schiff entsprechend umtauften. Ob diese Anekdote 100-prozentig so stimmt, lässt sich nicht mehr nachprüfen. Lutn Alm, der es genau wüsste, starb 1976. Es tut aber auch nichts zur Sache. Denn vermutlich hätte Alm die Story – inklusive einiger kunstvoller Ausschmückungen – genauso auf seinen Touren erzählt.

Alms „Peter" pflügt noch immer durch den Elbstrom, schippert mit Touristen durch die Fleete der Speicherstadt, zur Elphi, rüber zu Blohm+Voss oder zum Museumshafen nach Övelgönne. Schlagzeilen machte die Barkasse im Februar 1972 als Rettungsboot bei einem schweren Schiffsunglück. Nach der Kollision der Hafenfähre „Eppendorf" mit der Barkasse „Cäsar II" konnten 28 der 45 dort an Bord befindlichen Hafenarbeiter lebend aus dem eiskalten Wasser gefischt werden. 1981 und 1982 ergatterte die „Peter" als schnellste Barkasse das „Blaue Band der Elbe". Da war schon Alms Schwiegersohn Willi Breuer am Ruder. Mittlerweile wird das Familienunternehmen in dritter Generation geführt: Boris steuert die „Peter", Susi kobert die vorbeiflanierenden Touristen an Bord. „Een echten Hamburger Jung und sin Deern", um einen flotten Spruch nie verlegen. Den Klabautermännern gefällt das. Und (Schwieger-)Opa „Lutn" erst recht!

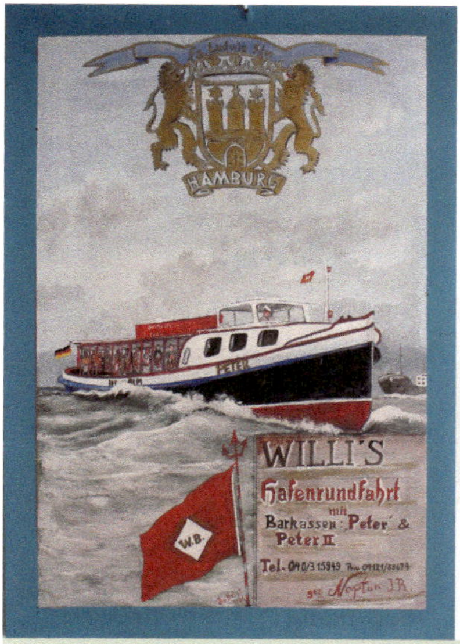

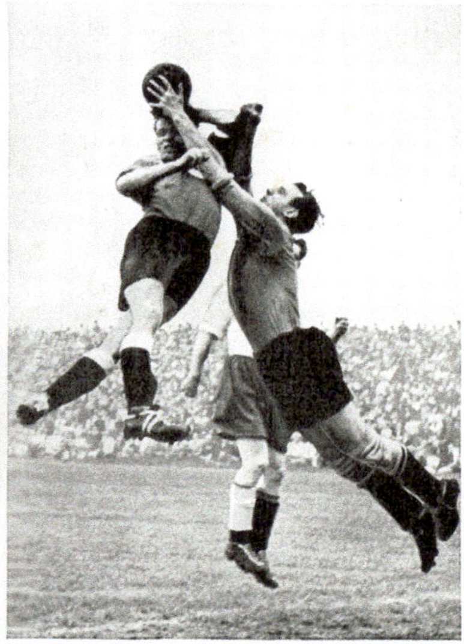

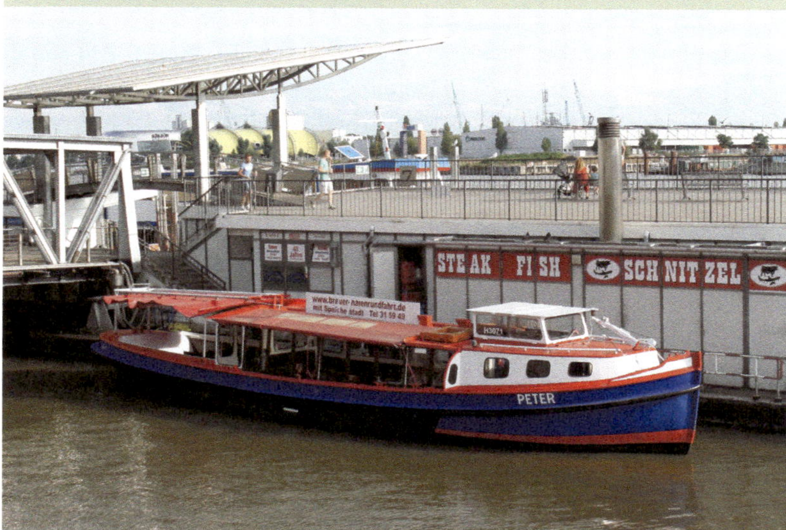

HARTE 4 FAKTEN

Adresse: Landungsbrücke 7, 20359 Hamburg

Website: https://breuer-hafenrundfahrt.de

Lutn: Baujahr 1917; Torwart bei Uhlenhorst-Herta, Victoria, St. Pauli, Werder und HTB

Peter: Baujahr 1939; Werft: Bonne; Länge: 18,36 m, Breite: 4,52 m, Tiefgang: 1,48 m; Leistung: 300 PS; Passagiere: 106

Miniatur Wunderland

Stadtmeisterschaft im Maßstab 1:87 und 1:150

Schon die „Kulisse“ ist sehenswert: Die zwischen 1883 und 1927 errichtete backsteinerne Speicherstadt, der weltgrößte historische Lagerhauskomplex, steht seit 1991 unter Denkmalschutz und seit 2015 auf der Welterbe-Liste der UNESCO. Einst wurden hier Tee, Kaffee, Kakao und Gewürze aus den deutschen Kolonien und aus aller Welt gelagert, veredelt und umgeschlagen. Heute beherbergen die Böden der Speicherstadt tausende Teppiche aus aller Welt, hippe Agenturen sowie grandiose Attraktionen, etwa das 2001 eröffnete Miniatur Wunderland. Im September 2020 kürten es Teilnehmer einer Online-Umfrage der Deutschen Zentrale für Tourismus zur beliebtesten Sehenswürdigkeit des Landes – zum dritten Mal in Folge.

Fußball wird auf den 1.500 m² an diversen Stellen gespielt. Am auffälligsten im Volksparkstadion im Hamburg-Abschnitt. Beim Bau der Arena mussten die detailversessenen Macher den herkömmlichen Maßstab von 1:87 in 1:150 ändern, da das Modell sonst 2,2 x 3 Meter groß geworden wäre. Ein Mammutprojekt wurde es mit 1.200 Arbeitsstunden und Kosten von über 20.000 Euro trotzdem. Auf den Tribünen sitzen und stehen 12.000 Figuren, alle per Hand eingeklebt. Etwa 2.000 LEDs setzen das Modell ins rechte Licht und sorgen für Derby-Stimmung. Das Duell der Erzrivalen vom HSV und FC St. Pauli findet hier an jedem einzelnen Wunderland-Tag statt. Jahrelang wurde der 4:3-Bundesliga-Sieg des HSV von 2001 abgebildet. Seit Herbst 2018 jedoch wird das Ergebnis dem jeweils letzten Vergleich beider Teams angepasst. Die 22 Akteure werden dabei exakt an der Stelle auf dem Rasen drapiert, wo sie sich bei Spielminute 30:00 gerade befanden. Ein temporäres Fußball-Denkmal, nur ein Beispiel für Ideenreichtum, Kreativität und Lebendigkeit des Projekts. Zugleich süße Verlängerung oder schmerzhafte Erinnerung an die letzte Stadtmeisterschaft.

„Kehrwieder“ – die Wunderland-Adresse ist Programm und Aufforderung, der die Besucher gerne nachkommen. Sicher ist: Beim nächsten Mal gibt es bestimmt wieder einen anderen großen Bauabschnitt oder neue witzige Mini-Details zu entdecken. Und auf der Anzeigetafel im Volksparkstadion amtiert inzwischen vielleicht ein neuer Derby-Sieger.

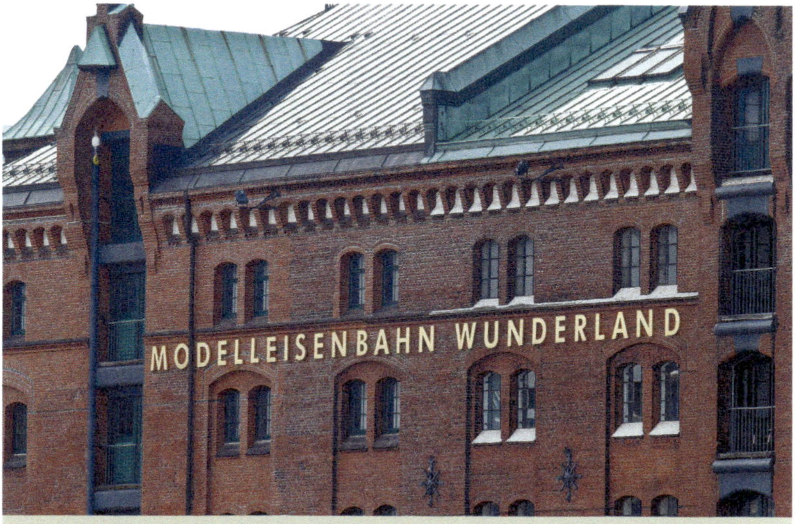

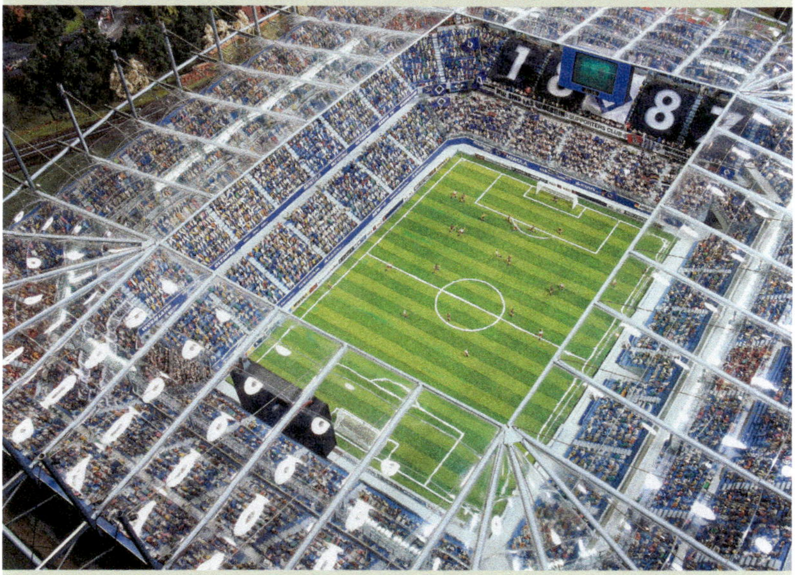

HARTE 4 FAKTEN

Adresse: Kehrwieder 2–4/Block D, 20457 Hamburg

Hattrick: Deutscher Meister 2018, 2019, 2020

Podium 2020: 2. Europa-Park Rust, 3. Schloss Neuschwanstein

Hamburg in den Top 50: Speicherstadt (Platz 18), Hafen/HafenCity (20), Maritimes Museum (46), Elbphilharmonie (49)

Oskar-Kesslau-Platz

Drahtzaun und Kristallpalast

Juli 1932: Nach dem Spiel zwischen dem SK Komet und Uhlenhorst-Hertha kam bei Journalist Paul Duysen die Empörung hoch. Er schrieb in der „Hanseatischen Sportzeitung" von „unhaltbaren Zuständen" und ging ins Detail: „Vor und während des Spiels wurde die über drei Meter hohe Maschendraht-Umzäunung, die stark in die Gefahr des Verrostens gekommen ist, von hunderten begeisterten Knaben und Halbwüchsigen überklettert oder zur luftigen Sitztribüne benutzt."

Einer dieser Jungen war Otto Kaschubowski, der gerade in den Klub eingetreten war und sich so die Eintrittskarte sparte. Für die vielen Kinder im Arbeiterviertel war Fußball eben Trumpf. Nach dem Aufstieg des Vereins 1937 in die Gauliga gab es dann sogar Stars auf dem Grandplatz zu bestaunen. Es war immer ein besonderes Schauspiel, wenn die Mannschaft des HSV in Hammerbrook eintraf und manch Kicker seinen neuen Wohlstand zur Schau stellte. „Deren Auftreten war regelrecht verpönt. Die kamen im besten Zwirn an und sind mit ihren dicken Kaschmirmänteln herumstolziert. Da haben unsere Anhänger nur mit dem Kopf geschüttelt", erinnert sich Kaschubowski. Bis zum Abstieg 1940 ging es dort manch großem Verein ans Leder. Der FC St. Pauli verlor mit 3:4 (1938), Holstein Kiel mit 1:2 (1939). Gegen den HSV konnte man am Kesslau-Platz indes nie gewinnen, aber am Rothenbaum ein sensationelles 1:1 erreichen. Der Wiederaufstieg glückte im Frühjahr 1943. Als wenige Wochen später bei den schweren Luftangriffen der Stadtteil praktisch komplett zerstört wurde, explodierten auch auf der Sportanlage Bomben. Komet ging daraufhin eine Sportgemeinschaft mit dem SC Hermannia ein und spielte zeitweise auf der Veddel.

Nach dem Krieg wurde aus dem einst dichtbesiedelten Arbeiterquartier Hammerbrook ein Gewerbegebiet. Dennoch richtete man den Kesslau-Platz wieder her. Die Kometen sollten indes nie wieder erstrahlen. Die letzten Überlebenden des Klubs taten sich mit den Schicksalsgenossen des SV Rothenburgsort zusammen, gründeten 1947 den TuS Hamburg und verließen die Anlage. Heute spielen Sporting Clube und Dynamo Hamburg auf dem Platz, der nun im Schatten eines futuristischen Glasgebäudes liegt. Ein Hauch von Crystal Palace weht!

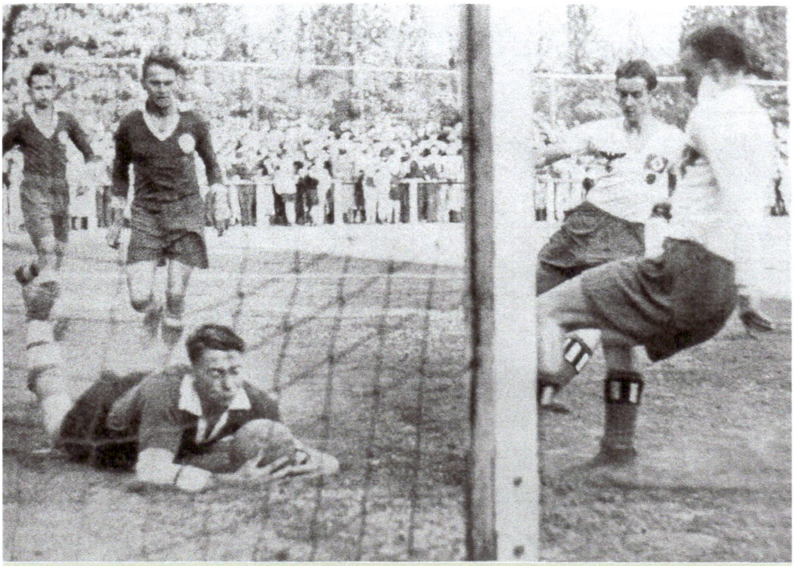

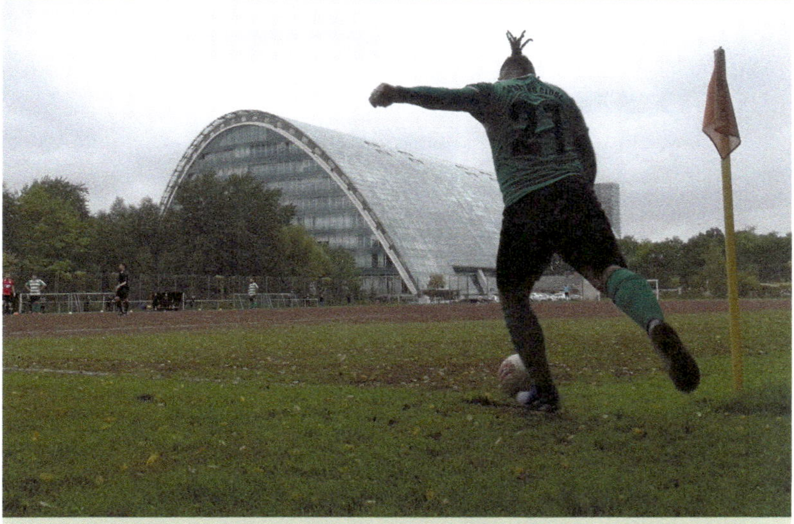

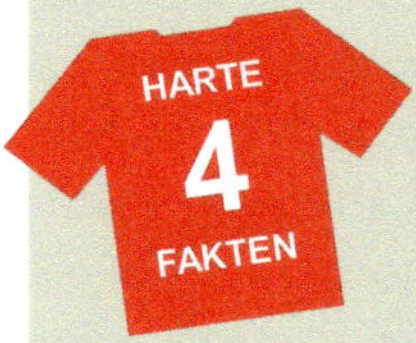

Adresse: Anckelmannsplatz 3, 20537 Hamburg

Namenspate: Funktionär im Amt für Leibesübungen (1920–1946)

Städtespiel: Hamburg vs. Harburg-Wilhelmsburg 4:6 (25.5.1935)

Rekordkulisse: 5.000 vs. HSV 1:5 (Gauliga Nordmark, 28.11.1937)

Hotel Schadendorf (historisch)

Geburtsort des organisierten Fußballs

Der renommierte englische Reiseführer „Bradshaws" war voll des Lobes: „First class family hotel with every modern comfort". Zweifelsohne gehörte das Hotel Schadendorf zu den besten Adressen der Stadt. Von außen begrüßte eine imposante Fassade den Gast, innen lud das herrschaftliche Interieur zum Verweilen ein. Kein Wunder, dass der berühmte Schriftsteller Karl Kraus hier eincheckte, ebenso wie der greise Präsident der Deutschen Turnerschaft Ferdinand Goetz, der hier 1897 mit seinem Ausschuss eine Tagung abhielt. Es war eben ein Hotel für alle, denn nicht nur die Führung der national gesinnten Turnerschaft wohnte hier, sondern auch die Vertreter des neu aufkommenden Fußballsports, der als „Aftersport aus dem perfiden Albion" diffamiert wurde.

Man schrieb den 20.10.1894, als Hermann Hambrock (Altonaer FC), Wilhelm Schaaf, Bruno Krutisch (Hamburger FC), Henry Pape (FC Association) und Emil Stuhlmann (Borgfelder FC) sich im Foyer einfanden. In einem der Gesellschaftsräume des Schadendorf gründete die illustre Runde dann mutig den „Hamburg-Altonaer Fußball- und Cricket Bund" – einen der ersten dieser Art in ganz Deutschland. Ob bei einem feinen italienischen Wein, den das Hotel auf seiner Karte führte, oder einem heimatlich-herben Hamburger Bier, das ist nicht mehr zu klären. Der neue Verband jedenfalls war eine Erfolgsgeschichte, denn es gelang, einen regulären Spielbetrieb zu installieren und Meisterschaften auszutragen. Der erste Titelträger war 1896 der HSV-Vorgänger SC Germania. Der Verband war am 28.1.1900 mit acht Clubs an der Gründung des DFB in Leipzig beteiligt, ging dann 1905 im Norddeutschen Fußball-Verband auf und verschwand.

Das Gebäude hingegen steht noch immer, obwohl es schwere Zeiten durchgemacht hat. 1919, während der Sülzeunruhen, wurde es von einer rechten Einwohnerwehr in Beschlag genommen, die auf dem Vorbau ein MG-Nest errichtete. Heftige Kämpfe um das Hotel folgten. Während des Zweiten Weltkrieges wurde das Haus dann schwer beschädigt, von der Pracht der Fassade blieb nicht mehr viel übrig. Eine kleine Erinnerungstafel an die Verbandsgründung von 1894 würde den Bau, in dem sich heute u.a. eine Apotheke befindet, zweifellos aufhübschen. Verdient hätte er es.

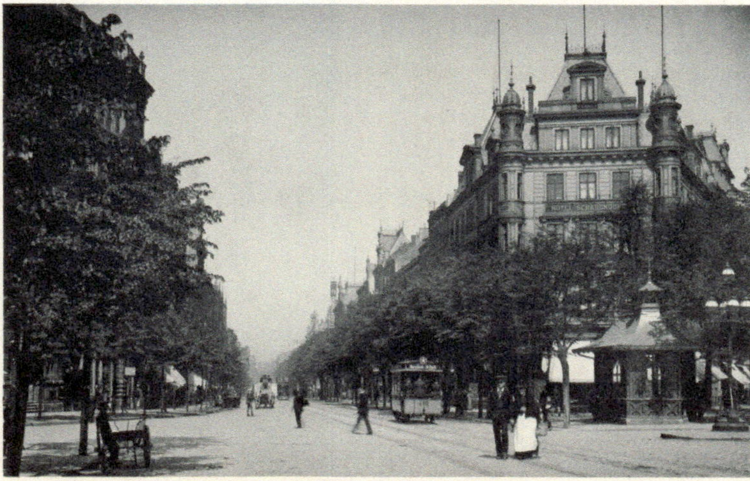

Steindamm und Hôtel Schadendorf.

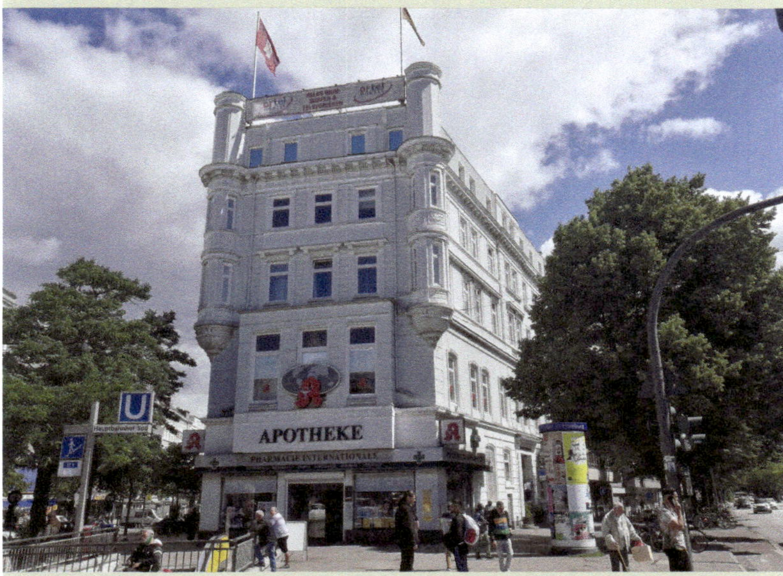

HARTE 4 FAKTEN

Adresse: Steindamm 2, 20099 Hamburg

1. Punktspiel: Altona 93 vs. FC Association 0:5 (1. 9. 1895)

1. Auswahlspiel: vs. Dansk Boldspil-Union 0:5 (18. 4. 1897)

1. Städtespiel: vs. Berlin 6:1 (Heiligengeistfeld, 4. 6. 1899)

Hotel Europäischer Hof

Der Wartesaal zur Bundesliga

Das Vier-Sterne-Haus in zentralster Lage ist eine Institution: Erbaut 1925, kriegszerstört im Juli 1943, wieder aufgebaut 1948. Der Fußball spielte in der Geschichte des Gebäudes regelmäßig eine Rolle. 1940 etwa begann hier durch Zufall eine der längsten Länderspiel-Karrieren des DFB: Heinz Dahn, der eigentlich nur mal „die Spieler aus der Nähe sehen wollte“ wurde im Foyer von Reichstrainer Herberger als Zeugwart engagiert. Er lieb es bis Ende 1990 bei insgesamt 328 Partien und 6 WM-Endrunden. Dahn war auch 1958 dabei, als die Nationalelf von Hamburg aus in die Mission Titelverteidigung bei der WM in Schweden aufbrach. Im Europäischen Hof wurden Fritz Walter & Co. eingekleidet: Giftgrüne Jacken, gelbe Krawatten, graue Flanellhosen. Bei der Rückkehr vier Wochen später checkte der DFB-Tross erneut an der Kirchenallee ein. Die begeisterten Fans trugen die Spieler quasi auf Händen (bzw. Schultern) vom Bahnsteig ins gegenüberliegende Hotel.

Auch 1963 hielt der DFB anlässlich des Länderspiels gegen Brasilien Hof im Hof. Man nutzte den Aufenthalt, um über die letzten verbliebenen sieben Startplätze für die neugegründete Bundesliga zu beraten. Die Findungskommission mit Ludwig Franz (Vorsitz, Nürnberg), Walter Baresel (Hamburg), Willi Hübner (Essen), Franz Kremer (Köln) und Hermann Neuberger (Saarbrücken) ging im Sitzungszimmer im Zwischengeschoss in Klausur. Erst rauchende Köpfe, dann weißer Rauch. DFB-Pressechef Willfried Gerhardt machte am Abend des 6.5.1963 den Boten, war Hermes und Hiob zugleich: Jubel in Braunschweig, Münster, Meiderich, Kaiserslautern, Karlsruhe, beim VfB Stuttgart und den Münchner Löwen. Und viele lange Gesichter. Besonders lang in Aachen, Offenbach und beim FC Bayern.

Böse überrascht wurde auch der Trainer von Borussia Dortmund. Ihn erwischte es am Morgen des 18.3.1970 im Frühstücksraum. Einige seiner Spieler hatten am Vorabend beim Reeperbahnbummel eine individuelle Titelseite der „St. Pauli-Nachrichten“ drucken lassen und nun akkurat neben der Kaffeetasse ihres Übungsleiters drapiert: „Hermann Lindemann im Bordell verhaftet!“ Dass der Gag schnell aufgeklärt wurde, dämpfte den Zorn des Fußballlehrers nur unwesentlich: „Ich reiß’ Euch den Arsch auf!“

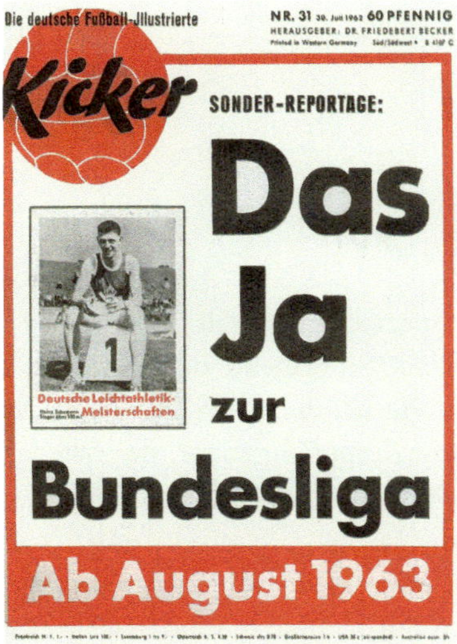

Die deutsche Fußball-Jllustrierte

NR. 31 30. Juli 1962 60 PFENNIG

HERAUSGEBER: DR. FRIEDEBERT BECKER

Printed in Western Germany

Kicker

SONDER-REPORTAGE:

Das Ja zur Bundesliga

Deutsche Leichtathletik-Meisterschaften

Ab August 1963

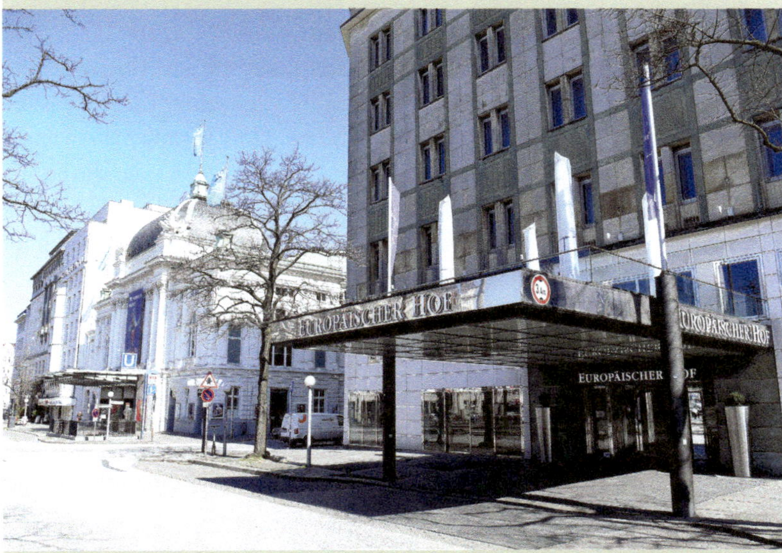

HARTE **4** FAKTEN

Adresse: Kirchenallee 45, 20099 Hamburg

BL-Quali 1: 9 Zu- und 15 Absagen, 2 Rückzüge (11. 1. 1963)

BL-Quali 2: weitere 7 Zu- und 13 Absagen (6. 5. 1963)

Logis: DZ ab 131 € („Standard“) bis 181 € („Komfort“), inkl. Frühstücksbuffet, exkl. „St. Pauli-Nachrichten“

Hauptbahnhof

Als es die Weltmeister krachen ließen

Das Leben des Homo fanaticus ist sehr speziell. Er verhält sich über weite Teile der Woche unauffällig, um dann am Sonnabend oder Sonntag in Scharen in sein Habitat zu ziehen. Wer ihn bestaunen will, in farbenfrohem Kleiderschmuck und mit prächtigem Imponiergehabe, der hat dazu am Hauptbahnhof beste Gelegenheit. Das war schon immer so. Etwa am 10. 6. 1923, als sich tausende HSV-Anhänger an den Gleisen einfanden, noch ohne Kutten und Schal, dafür hatten aber einige HSV-Fähnchen in der Hand und Strohhüte auf dem Kopf. Sie fuhren mit mehreren Sonderzügen nach Berlin und sahen dort die erste Deutsche Meisterschaft ihres Vereins – nach einem 3:0-Sieg über Union Oberschöneweide.

Auch die Mannschaften fuhren seinerzeit noch hauptsächlich mit der Bahn. Wenn die Norddeutsche Auswahl auf Reisen ging, trafen sich die Spieler vorher meist im Wartesaal Zweiter Klasse. Dort konnte man in angenehmer Atmosphäre noch kleinere Speisen zu sich nehmen oder die Sportberichte in den Zeitungen studieren. Eine Sternstunde erlebte der Hauptbahnhof dann am 8. 7. 1954, als die frischgebackenen Weltmeister Jupp Posipal und Fritz Laband im „Alpen-Express" einrollten. 100.000 Menschen säumten Bahnsteig und Empfangshalle. „Es gab kein Halten mehr. Absperrungsseile zerrissen, Anzüge und Kleider gingen in Fetzen. Nylonstrümpfe krachten in ihren besten Nähten, zierliche Damenschuhe fanden sich im Gestänge der Lokomotive wieder. Welcher Staatsmann, ob Kaiser oder König wurde in Hamburg je so begeistert empfangen?", fragte Journalist Günther Rackow. Vier Jahre später bestiegen Uwe Seeler & Co. am Hauptbahnhof den WM-Zug (Foto o.): 1. Juni, 6.56 Uhr – Abfahrt „Kopenhagen-Express" über Großenbrode/Gedser nach Malmö. Die Reisegruppe kehrte als Vierter aus Schweden an ihren Ausgangspunkt zurück; knapp 30.000 Menschen bereiteten ihr am Bahnsteig einen umjubelten Empfang.

Mit Einführung der Bundesliga stieg die Zahl der „Schlachtenbummler" massiv an. Anfang der 70er beförderte der günstige Gruppentarif der Bundesbahn Auswärtstouren und die Gründung der ersten Fanclubs, ab den 80ern sorgten dann Rowdys und Hooligans für manch zerstörten Waggon, verschreckte Mitreisende und erhöhte Polizeiaufgebote.

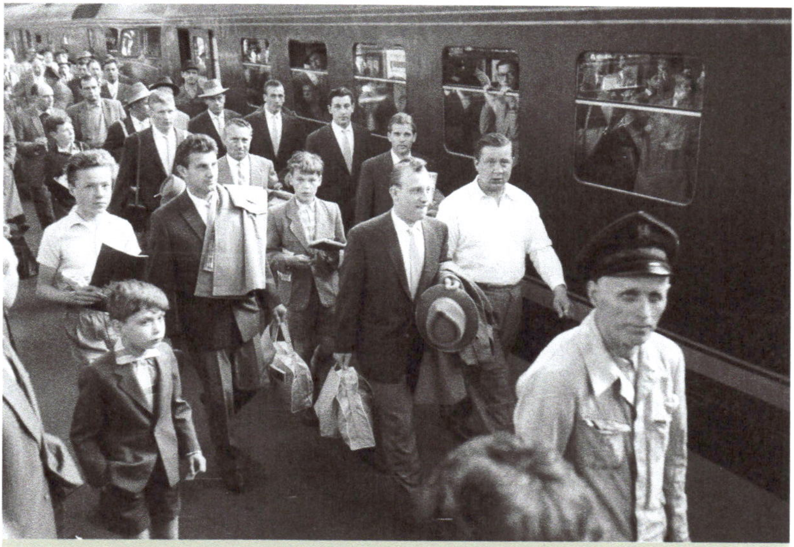

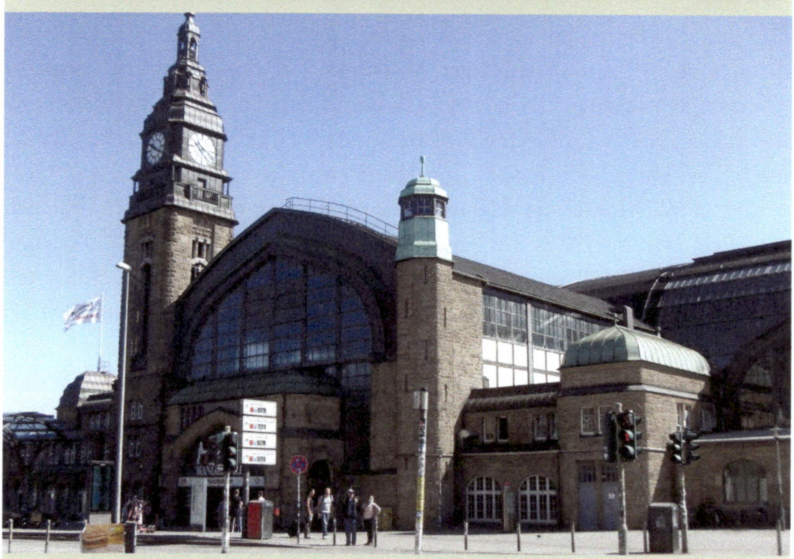

HARTE 4 FAKTEN

Adresse: Hachmannplatz 16, 20099 Hamburg

Inbetriebnahme: 6. Dezember 1906

Empfangshalle: 206 x 106 m (= ca. 4 Standard-Fußballfelder)

Verkehr: täglich 800 Fern- und Regionalzüge und 1.200 S-Bahnen auf 14 Gleisen, ca. 550.000 Reisende und Besucher

Elbphilharmonie

Harmonische Nachspielzeit

Oh, nein! Das zähe Ringen der Autoren um die Auswahl der 100 Hamburger Fußball-Erinnerungsorte war soeben erst erfolgreich und freundschaftserhaltend abgeschlossen. Was muss unbedingt noch rein? Was fliegt wieder raus? Die Ordnung war endlich hergestellt, die Expertise auf den vorgegebenen dreistelligen Nenner gebracht. Ja, man könnte sogar sagen: Die Harmonie war zurück. Da brachte die Harmonie wieder alles durcheinander. Kurz vor Redaktionsschluss wurde gemeldet: „EM 2024 – Auslosung in der Elbphilharmonie." Ein Schock. Kurzzeitig. Dann: Oh, ja! Wie toll! Wir texten einfach noch einen „Bonus-Ort"! Nummer 101. Nachspielzeit, Verlängerung, Elfmeterschießen! Das neue Wahrzeichen und für viele schönste Gebäude der schönsten Stadt als würdiger Abschluss. Nach reichlich und mitunter wehmütiger Nostalgie sowie einer gehörigen Portion Archivstaub nochmal was richtig Frisches. Ein Ort, verbunden mit einer Fußball-Geschichte, die noch gar nicht erzählt ist. Gewissermaßen ein Erinnerungsort „in spe".

Die „Elphi" bildet die Klammer. Sie fasst zusammen und steht für den Ausblick: Was war? Was wird sein? Entscheidung in Hamburg. Mal wieder. Die Hansestadt als Kulisse und Ausgangspunkt für Denkwürdiges. Dass hier die ersten Lottozahlen gezogen wurden … sicher kein Zufall. Ebenso wenig wie die Tatsache, dass die „Mutter aller fußballerischen Losverfahren" jahrelang in Hamburger Händen lag. Zunächst in denen des Concorden Walter Baresel, der, wie der Spiegel schrieb, aus der Ermittlung der DFB-Pokal-Paarungen stets „hohe Messen unfreiwilliger Komik" machte. Dann in denen des HSVers Jürgen Werner, Baresels Nachfolger im Amt des DFB-Spielausschuss-Vorsitzenden.

Was hat Fortuna noch auf Lager? 1974 bescherte sie Hamburg und der Fußball-Welt den epischen, weil einmaligen deutsch-deutschen „Systemvergleich". 1988 das nicht minder denkwürdige Halbfinale gegen die Niederlande. Und beim Sommermärchen 2006 gleich zwei Auftritte des späteren Weltmeisters. Wer macht am 2. 12. 2023 die Glücksfee? Vielleicht einer, der wie kein zweiter Fußballer Hamburg und Europa verbindet, der einst die DFB-Auswahl zum EM-Titel schoss und köpfte und den HSV bis auf Europas Klub-Thron führte: Wie wär's mit Horst Hrubesch? Wir sind gespannt!

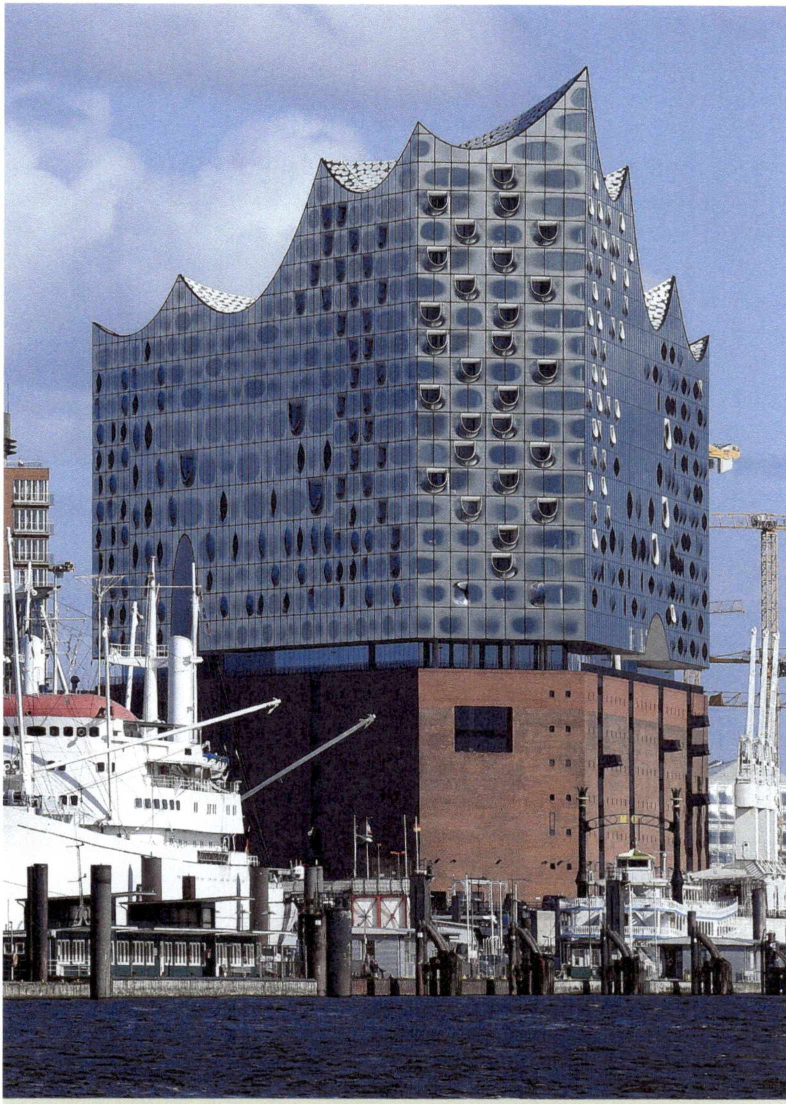

HARTE 4 FAKTEN

Adresse: Platz der Deutschen Einheit 4, 20457 Hamburg

WM 1974: Frankfurt/M., 5. 1. 1974, „Losfee“: Detlef Lange

EM 1988: Düsseldorf, 12. 1. 1988, Christian Stielike

WM 2006: Leipzig, 9. 12. 2005, Lothar Matthäus (u. a.)

Literatur (Auswahl)

Buchholz, Klaus: 100 Jahre Fußball im Harburger Turnerbund. Die Fußball-Chronik. Leverkusen: Renk Verlag 2010

Carsten, Norbert: Faszination Adolf-Jäger-Kampfbahn. Altona 93 und sein 100-jähriges Kultstadion. Göttingen: Verlag Die Werkstatt 2008

Formeseyn, Axel: Unser HSV. Bremen: Edition Temmen 2008

Galczynski, Ronny/Carstensen, Bernd: FC St. Pauli. Vereinsenzyklopädie. Göttingen: Verlag Die Werkstadt 2009

Grüne, Hardy: Legendäre Fußballvereine: Norddeutschland. Zwischen TSV Achim, Hamburger SV und TuS Zeven. Kassel: Agon Sportverlag 2000

Hamburger Fußball-Verband e.V. (Hg.) [Pickenpack, Volker, Red.]: 100 Jahre Fußball in Hamburg: Hamburg: Kruck-Sportverlag 1994

Havekost, Folke: ETV Hamburg. 100 Jahre Fußball ins Eimsbüttel. Göttingen: Verlag Die Werkstatt 2006

KZ-Gedenkstätte Neuengamme (Hg.) [Dierks, Herbert, Red.]: Hamburger Fußball im Nationalsozialismus. Einblicke in eine jahrzehntelang verklärte Geschichte. Texte, Fotos und Dokumente. (Broschüre zur Wanderausstellung). Hamburg 2016

Martens, René: Niemand siegt am Millerntor. Die Geschichte des legendären St.-Pauli-Stadions. Göttingen: Verlag Die Werkstadt 2008

Meyer, Andreas/Stahl, Volker/Wetzner, Uwe: Fußball Lexikon Hamburg. Göttingen: Verlag Die Werkstatt 2007

Mohrhof, Folkert: Altonas Fußballgeschichte 1893–1933. Altona 93 und seine lokale Fußball-Konkurrenz. Hamburg: verlag barrikade 2018

Nagel, Christoph/Pahl, Michael: FC St. Pauli. Das Buch. Der Verein und sein Viertel. Hamburg: Hoffmann und Campe 2009

Nagel, Christoph/Pahl, Michael: FC St. Pauli. Alles drin. Hamburg: Hoffmann und Campe 2010

Norddeutscher Fußballverband (Hg.) [Jankowski, Bernd/Pistorius, Harald/Prüß, Jens-Reimer, Red.]: Fußball im Norden. 100 Jahre Norddeutscher Fußball-Verband. Kassel: Agon Sportverlag 1996

Prüß, Jens Reimer (Hg.): Spundflasche mit Flachpaßkorken. Die Geschichte der Oberliga Nord 1947–1963. Essen: Klartext 1991

Skrentny, Werner: Orte der Leidenschaft. Der HSV und seine Stadien. Göttingen: Verlag Die Werkstatt 2006

Skrentny, Werner/Prüß, Jens Reimer: Mit der Raute im Herzen. Die große Geschichte des Hamburger SV. Göttingen: Verlag Die Werkstatt 2008

Skrentny, Werner/Spiegelberg, Stephan: 125 Jahre HSV. Das Jubiläumsbuch. Göttingen: Verlag Die Werkstatt 2012

Textnachweis

Dieses Buch ist vom Anstoß bis zum Abpfiff eine geschlossene Mannschaftsleistung. Das Spiel war dabei in der Regel geprägt von flüssigen Kombinationen, gewinnbringenden Doppelpässen und dem Auge und Verständnis für den vielleicht noch etwas besser postierten Mitspieler. Selten schlich sich aber auch Eigensinn ein. Ballgeschiebe, Rückpässe und letztlich unschönes Zeitspiel waren die Folge. Dann konnte es auf dem Platz auch durchaus mal lauter werden. Aber immer nur kurz. Am Ende siegte der Teamgedanke. Wer die meisten Ballkontakte hat und die Kapitänsbinde trägt, ist letztlich egal. Hauptsache das Ding ist drin. In diesem Sinne ist die nachfolgend angezeigte Autorenschaft auch lediglich eine grobe Orientierungshilfe, wer jeweils Vollstrecker und wer Vorlagengeber war.

Broder-Jürgen Trede: 006, 007, 008, 010, 011, 012, 013, 014, 019, 021, 022, 024, 027, 028, 029, 030, 032, 033, 034, 035, 036, 039, 043, 046, 049, 052, 054, 055, 058, 061, 063, 064, 065, 067, 069, 070, 073, 074, 075, 076, 078, 079, 081, 084, 085, 092, 094, 095, 096, 099, 101

Ralf Klee: 001, 002, 003, 004, 005, 009, 015, 016, 017, 018, 020, 023, 025, 026, 031, 037, 038, 040, 041, 042, 044, 045, 047, 048, 050, 051, 053, 056, 057, 059, 060, 062, 066, 068, 071, 072, 077, 080, 082, 083, 086, 087, 088, 089, 090, 091, 093, 097, 098, 100

Fotonachweis

Bundesarchiv: 086 (o.); **Deutscher Fußball-Bund** (Archiv): 053 (o.); **Eimsbütteler TV** (Archiv): 051 (o.); **Lidia Dörfel**: 021 (o.+u.); **Stefan Groenveld**: 064 (o.+u.); **FC Hamburger Berg**: 013 (o.+u.); **Hamburger Abendblatt** (Archiv): 019 (o.); **Hamburger Fußball-Verband:** 072 (u.l.+u.r.); **Hamburger SV** (Archiv): 030 (o.), 042 (o.r.), 047 (o.), 048 (o.); **Olaf Harning**: 058 (u.); **Lina Heinemann**: 047 (u.); **Kicker-Sportmagazin** (Archiv): 099 (o.l.); **Lennart Klee**: 005 (u.), 042 (u.), 089 (u.), 091; **Ralf Klee:** 001 (u.), 002 (u.), 004, 007 (u.), 014 (u.), 018 (u.), 020 (u.), 023 (u.), 024 (u.), 026 (u.), 037 (u.), 038 (u.), 040 (u.), 045 (u.), 048 (u.), 050 (u.), 051 (u.), 053 (u.), 056 (u.), 066 (u.), 075 (u.), 076 (u.), 078 (u.), 079 (u.), 080 (o.+u.), 082 (u.), 083 (u.), 086 (u.), 087 (u.), 088 (u.), 090 (u.), 093 (u.), 097 (u.), 098 (u.), 100 (u.); **Klee-Archiv** 007 (o.), 009 (o.), 020 (o.), 022 (o.l.), 023 (o.), 025 (o.), 026 (o.), 038 (o.), 045 (o.), 050 (o.), 056 (o.), 057 (o.), 060 (o.), 066 (o.), 083 (o.), 087 (o.l.+o.r.), 088 (o.), 089 (o.), 090 (o.), 093 (o.), 097 (o.), Umschlag vorne (außen: 11); **KZ-Gedenkstätte Neuengamme**: 059 (o.); **Jan Lacroix**: 054 (u.); **Miniatur Wunderland**: 096 (o.+u.); **Sabrina Adeline Nagel**: 016 (o.+u.); **Norddeutscher Rundfunk**

(Archiv): 011; **Nordwest Lotto Bilderdienst/LOTTO Hamburg:** 008 (u.); **Michael Penner/Flughafen Hamburg**: 057 (u.); **Sport BILD** (Archiv): 006 (o.l.+o.r.) ; **Stage Entertainment GmbH**: 094 (o.); **Christoffer Suhr**: 001 (o.); **transfermarkt.de**: 073 (o., Montage); **Broder-Jürgen Trede**: 006 (u.), 008 (o.), 012 (o.), 017 (o.+u.), 019 (u.), 022 (u.), 027 (u.), 028 (o.r.+u.), 029 (u.), 032 (u.), 034 (u.), 035 (o.r.), 040 (o.), 044, 046 (u.), 049 (u.), 063 (o.), 065 (u.), 067 (o.+u.), 068 (o.+u.), 069 (u.), 070 (u.), 071 (o.), 072 (o.), 073 (u.), 074 (u.), 077 (u.), 081 (o.+u.), 092 (o.+u.), 095 (o.l.+u.); **Trede-Archiv, Kaiser/Nordbild**: 002 (o.), 005 (o.), 010 (o.+u.), 014 (o.), 015 (o.), 018 (o.), 022 (o.r.), 024 (o.), 025 (u.), 027 (o.), 028 (o.l.), 029 (o.), 034 (o.), 035 (o.l.+u.), 037 (o.), 041 (o.), 042 (o.l.), 046 (o.), 049 (o.), 054 (o.l.), 055 (o.), 058 (o.), 060 (u.), 065 (o.), 070 (o.), 074 (o.), 075 (o.), 076 (o.l.+o.r.), 077 (o.), 079 (o.), 082 (o.), 095 (o.r.), 098 (o.), 099 (Montage o.r.), 100 (o.), Umschlag vorne (außen, 5); Umschlag hinten (vorne + innen); **Torkel Wächter:** 039 (o.), **Westdeutscher Rundfunk**: 052 (u.); **Witters GmbH Sportfotografie:** 003 (o.+u.), 009 (u.), 015 (u.), 030 (u.), 031 (o.+u.), 032 (o.), 033 (o.+u.), 036 (o.+u.), 039 (u.), 041 (u.), 043 (o.+u.), 052 (o.), 054 (o.r.), 055 (u.), 059 (u.), 061 (o.+u.), 062 (o.+u.), 063 (u.), 069 (o.), 071 (u.), 078 (o.), 084 (o.+u.), 085 (o.+u.), 094 (u.), 099 (u.), 101; **X Filme Creative Pool**: 012 (u.)

Danke!

Christian Becker; Lidia & Charly Dörfel; Max Gizzi; Stefan Groenveld; Tim Groothuis; Hardy Grüne; Olaf Harning; Folke Havekost; Lina Heinemann; Jürgen Hillengaß; Ralph Hoffmann; Dr. Abbi Hübner; Hans-Dietrich Kaiser (†); Otto Kaschubowski; Lennart Klee; Jan Lacroix; Prof. Dr. Jürgen Lange; Dr. Udo Lindner; Christoph Nagel; Sabrina Adeline Nagel; Michael Pahl; Volker Roggatz; Wolf Schmidt; Ilka & Uwe Seeler; Volker Stahl; Niko Stövhase; Hannah-Kristin Strobel; Annika, Matilda & Julika Trede; Hanne Trede; Uwe Wetzner; Valeria Witters; Karl Woller; Maria & Joachim Wüstmann und Lennart Wulf.

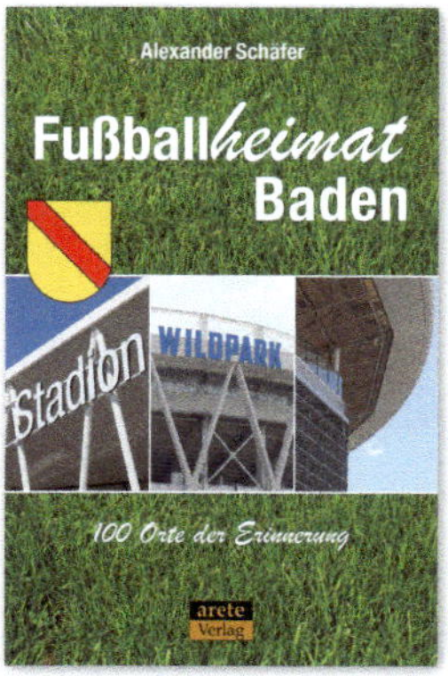

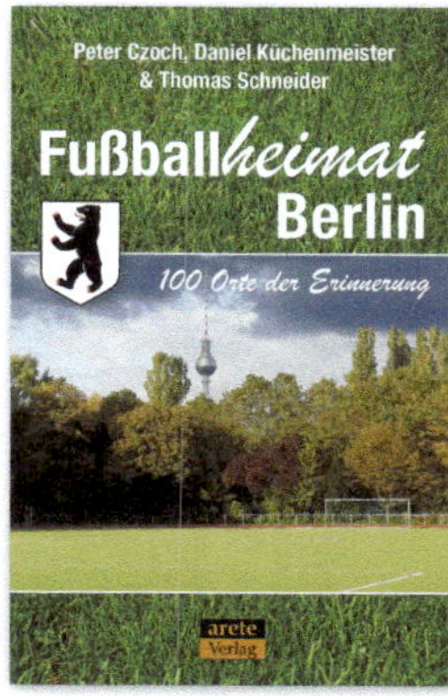

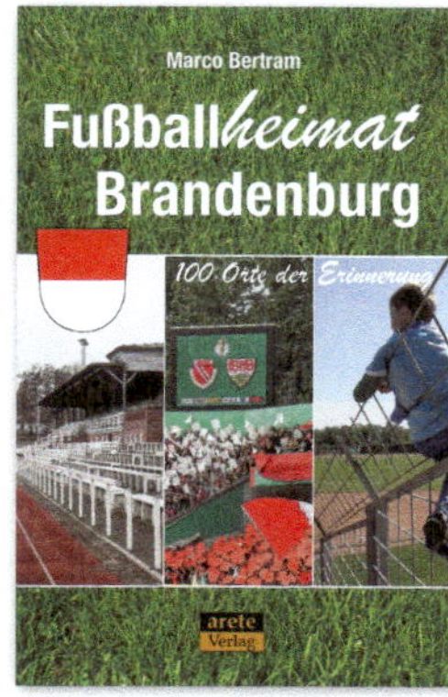

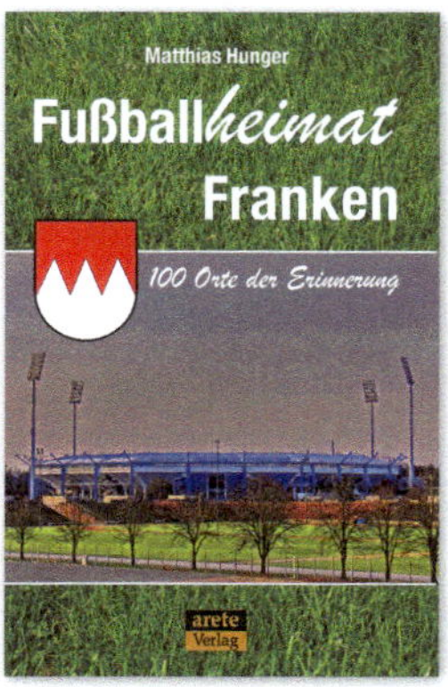

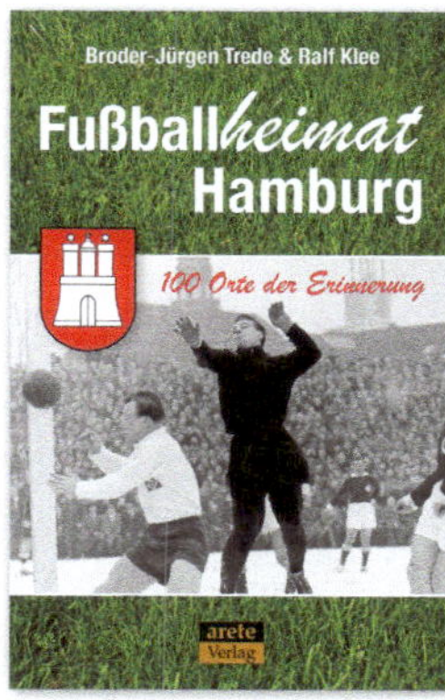

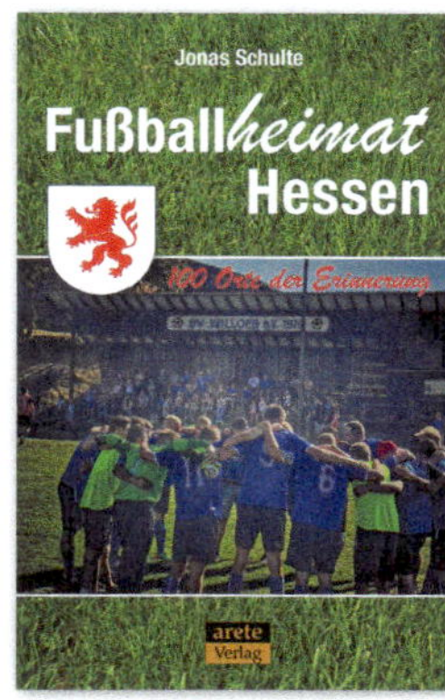

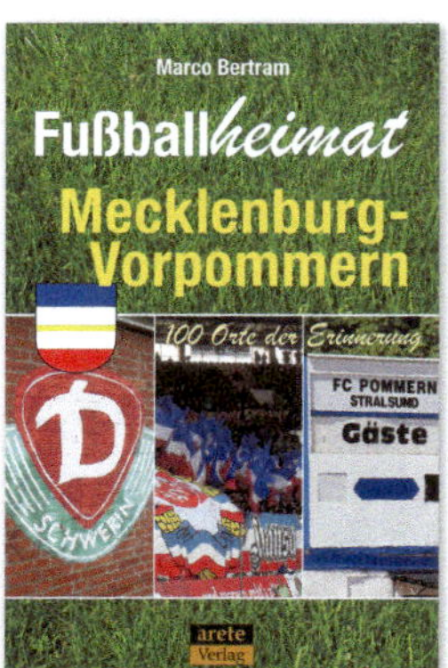

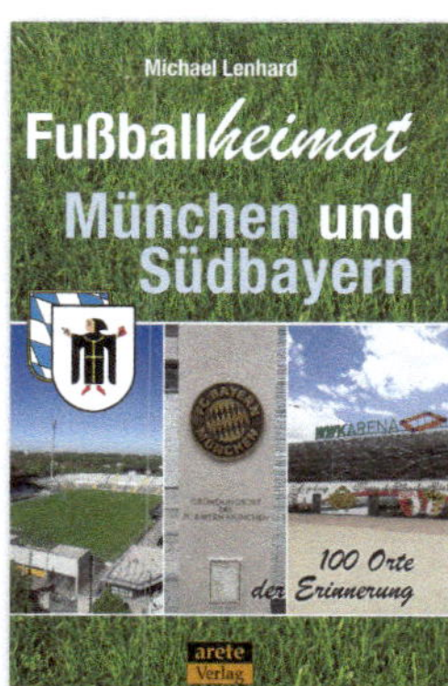

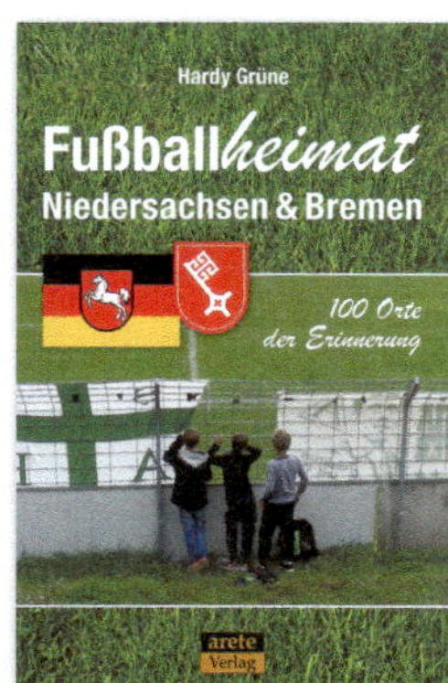

Jeder Band mit 100 Orten aus der Region – von bekannt bis unbekannt, von Bundesliga bis Kreisklasse, von Champagner-Lounge bis Bratwurstbude.

Jeweils 216 Seiten mit mehr als 100 Fotos.

www.arete-verlag.de

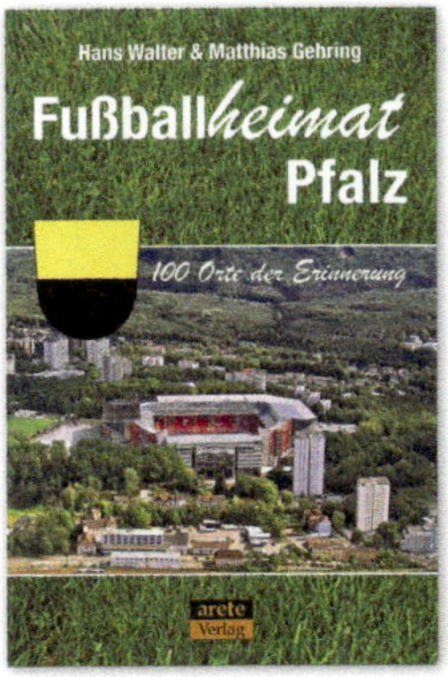

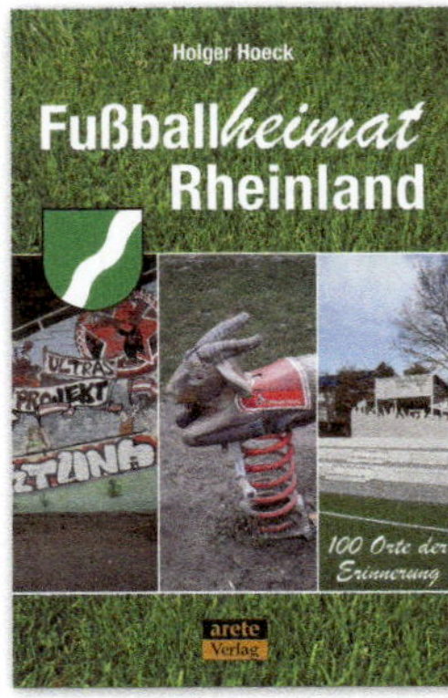

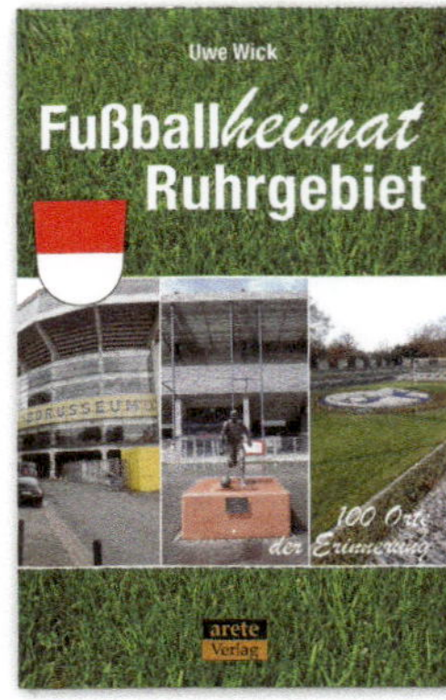

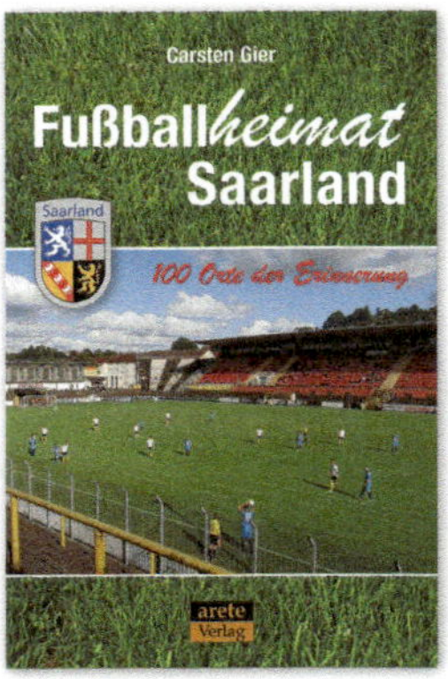

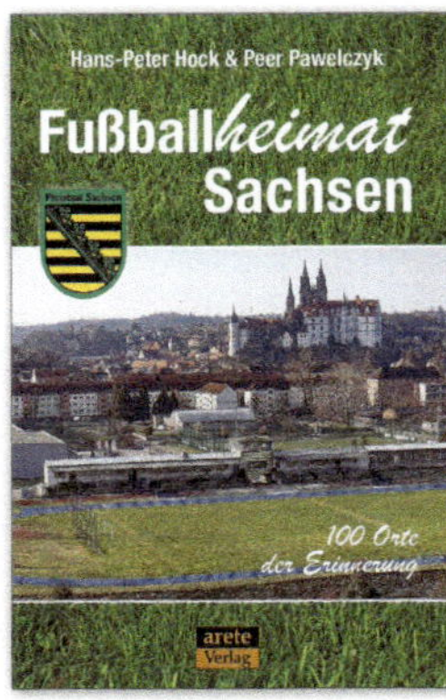

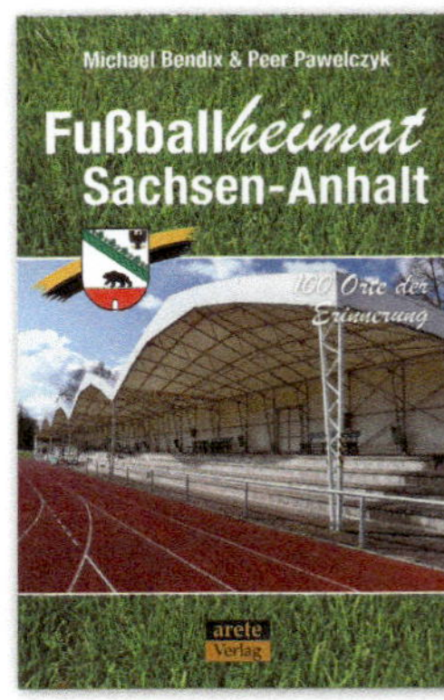

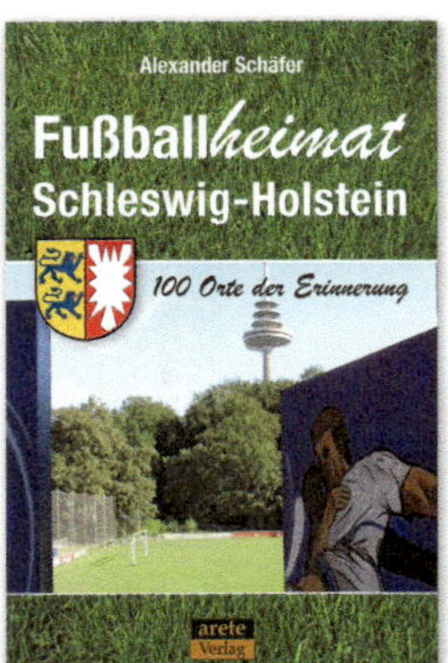

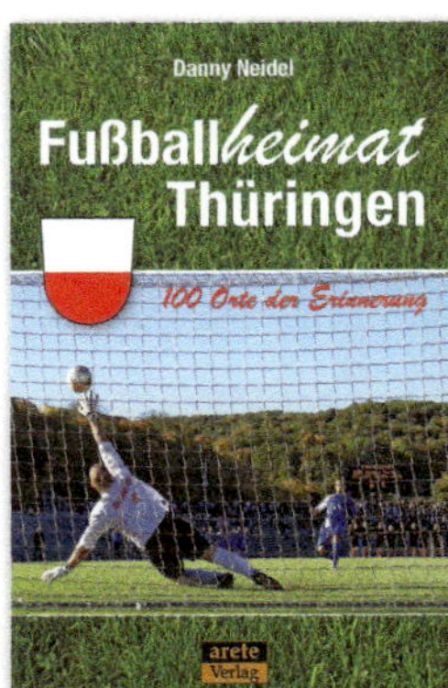

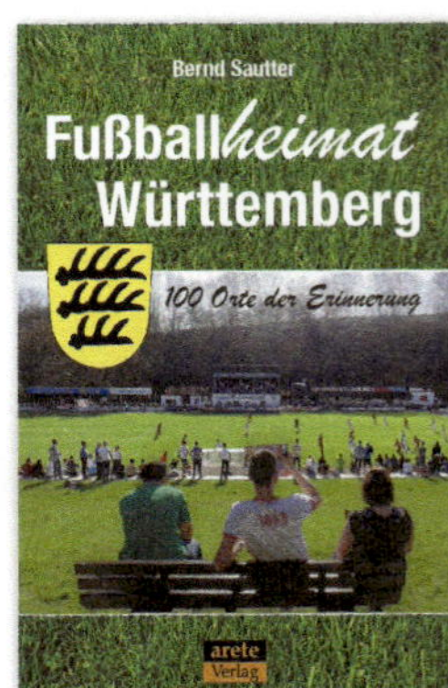

Jeder Band mit 100 Orten aus der Region – von bekannt bis unbekannt, von Bundesliga bis Kreisklasse, von Champagner-Lounge bis Bratwurstbude.

Jeweils 216 Seiten mit mehr als 100 Fotos.

www.arete-verlag.de